'훈이 아빠, 샐러리맨에서 귀농우수사례 되기까지'

귀농귀촌,
알아야 할 88가지

'훈이 아빠, 샐러리맨에서 귀농우수사례 되기까지'

귀농귀촌, 알아야 할 88가지

글·사진 조동진

심포니

인삿말

귀농 5년차.

여느 사람들처럼 돈 벌고 결혼하고 바삐 살았던 삼십여 년의 도시생활을 정리하고 하동 악양에 자리 잡았습니다. 주변 사람들의 만류도 많았지만 미련 없이 정리하고 내려왔습니다. 왠지 어색했던 남의 옷을 벗고 이제야 몸에 맞는 내 옷을 입은 것 같습니다. 도시에서 늘 마음 한 편에 자리 잡고 있던 이방인의 불안감을 내려놓고 비로소 안식처로 돌아온 것입니다.

많은 사람들이 마음으로 귀농을 그리지만 막상 실행하기는 쉽지 않습니다. 저 역시 깊은 고민과 망설임의 시간을 보냈습니다. 시골에 내려와 여러 해를 지내고 보니, 걱정했던 것보다 좋았고 기대했던 것 이상의 경험도 했습니다. 이제는 도시생활로 돌아가는 것은 상상하기도 어렵게 되었습니다.

그 동안 틈틈이 써놓은 글들을 모았습니다. 이 글들은 귀농 귀촌에 관한 거시적인 일반론도 아니고, 당위성에 대한 이야기도 아닙니다. 오로지 제가 경험하고 느끼며 헤쳐 나갔던 작은 기록들입니다. 귀농 귀촌은 실행하는 순간 실전에 돌입하는 것이므로, 몇 발짝 앞서 촌부가 된 저의 경험이 귀농하는 분들에게 시행착오를 줄이고 불필요한 비용을 절감하여 정착하는 데 도움이 되었으면 합니다.

 1, 2장에서는 귀농 시 필요한 사전정보와 시골생활에서 유의할 점을 적었습니다. 농사짓는 법이며 시골생활에서 필요한 점 등을 적었는데 귀농귀촌 후 일 년 간 이 책을 수시로 찾으면 도움이 될 것입니다. 3장에서는 집을 지을 때 건축주가 알면 비용을 훨씬 줄일 수 있는 팁들을 담았습니다. 4장에서는 저녁을 먹은 후 집주변을 산책하는 기분으로, 술자리에서 안주거리로 가볍게 얘기하듯 시골에서의 상념들을 적었습니다.

 특히 3장에서는 집짓기에 관한 내용을 다루었는데 기존의 책들은 직접 집을 짓는 방법이나 관점을 얘기해 놓은 것들이 대부분이고 건축주의 입장에서 챙겨야 할 것들을 담은 책은 없었습니다. 그래서 집을 짓는 걸 옆에서 지켜보며 필요하다고 생각되는 것들을 정리했습니다.

 귀농 귀촌을 꿈꾸는 사람들에게 집에 관한 부분은 각자의 여건과 계획에 따라 많은 편차가 있습니다. 빈 농가주택이나 폐가에라도 몸을 의탁하여 당분간을 지내겠다는 사람도 있고, 빠른 시간 내에 그림 같은 집을 완성하는 것을 정착의 상징으로 생각하는 사람도 있을 것입니다. 분명한 것은, 도시를 떠나 시골로 향한 사람들이라면 현재의 여건에 관계없이 조만간 자기만의 혹은 우리 가족만의 집을 짓는 문제와 부딪친다는 것입니다. 사람이 살아가는 한 주거의 문제, 곧 집은 안정적인 일상이 이루어지는 출발지이기 때문입니다.

대개 집을 짓기 전에 예상하던 예산보다 실제의 비용은 훨씬 더 들어갑니다. 한 번 착수하면 되돌아가기 어렵기에 웬만하면 그 방향으로 가야 하는데, 전문가가 아닌 소위 문외한인 초보자의 입장에서는 돌이킬 수 없는 상황과 마주치곤 합니다. 주로 시행착오로 인한 추가 비용이 발생해서 그런 것입니다. 제가 집을 지을 때 시행착오를 겪었던 여러 일들을 미리 알 수 있었더라면 아마도 삼천만 원 이상의 비용은 절감했을 것입니다. 집의 규모에 따라 다르긴 하겠지만, 장담컨대 이 책의 내용을 꼼꼼히 숙지하신 분이라면 추후 집을 지을 경우 최소한 천만 원 이상은 절감할 수 있을 것이라고 감히 생각해 봅니다.

이 책에 적은 내용들은 일반적인 초보자 입장에서 만날 수 있는 시행착오나 그것을 개선할 수 있는 방법들에 관한 것입니다. 물론 앞으로 더 좋은 방법이 나올 수도 있을 것이고 제가 잘못 알고 있던 부분도 있을 수 있습니다. 전문성의 부족으로 설명이 미진한 내용도 있을 것입니다.

그러나 더 중요한 것은 방향의 문제입니다. 모든 세상사는 단계적으로 진행됩니다. 대학 1학년 때 바로 전문과정으로 들어가지 않고 교양과정을 거치듯이 이 책이 제시하는 것도 그런 기초 단계의 바른 방향을 제시하는 그런 수준입니다. 세부적이고 전문적인 부분은 귀농 후 각자가 자기 여건과 목표에 맞게 파고들어야 합니다.

초보들에겐 전문가의 어려운 얘기보다 같은 입장에서 느껴본 사람의 실패담이 더 공감이 가고 도움이 될 수 있습니다. 감히 이야기 하자면, 제 경험 사항 중에는 개인적으로 특허를 내고 싶을 만큼 소중하다고 느끼는 부분도 있습니다. 그런 내용들은 건축의 전문가들도 간과하고 있던 부분이기 때문입니다. 부디 제가 경험한 시행착오를 여러분들은 건너뛰어 비용도 절감하고 시골생활에도 빨리 적응하여 행복한 귀농생활이 되는 데 작은 도움이 되길 바랍니다.

귀농이 낭만적 선택이 아니라는 것을 지금은 많은 분들이 알고 있습니다. 그래서 선택의 기로에 놓인 분들은 최적의 유람지를 낙점한다기보다는 절박한 심정으로 몸과 마음을 받아 줄 그 어떤 곳을 찾게 됩니다. 그런 고민의 여정이 깊어지다가 이내 포기하거나 몇 년의 시간만 허송세월하며 다시 원점에서 고민하는 경우도 많습니다. 급기야 도시로 되돌아가는 경우도 종종 보게 됩니다. 그만큼 진로를 변경하는 선택은 어려운 법입니다.

저는 사업으로서의 '농업'을 염두에 둔 사람을 대상으로 이 책을 쓴

것이 아닙니다. 사업으로서 업자 간에 경쟁하고 수익을 남기고 성공한다는 것은 도시에서나 농촌에서나 어렵긴 마찬가지입니다. 그게 싫어서 혹은 지쳐서 시골에 내려온 사람이 똑같은 덫에 빠진다는 것은 받아들이기 어려운 모순입니다. 물론 그 지역에 정착하여 특성을 알고 지역 주민들과 잘 섞이고 정보를 귀담아 듣게 된다면 사업적 기회도 있을 것입니다. 하지만 그것은 훗날의 이야기입니다. 걷지도 못하는 새가 날기부터 하려 하면 탈이 나게 됩니다.

우리 조상들은 '농업'이라 하지 않고 '농사'라 했습니다. 농사는 말 그대로 섬기는事 일입니다. 대접받고 누리겠다는 사람은 아예 농사를 시작하지 않아야 합니다. 그 땅과 자연, 그곳의 생물과 작물들과 더불어 조화되는 마음이 우선되어야 도시를 떠나왔던 그 이유와 선택이 후회되지 않을 것입니다. 그런 분들께 감히 말하는 것입니다.

노후의 직업으로는 농사 이상의 것이 없습니다. 농사라 하면 힘들다는 생각을 먼저 하는데 일면은 맞고 일면은 잘못된 고정관념입니다. 생계를 유지하는 것을 넘어, 자식 키우고 자식들 남부럽지 않게 성공시키기 위해 무리해서 일을 하다 보니 힘들었던 것입니다. 우리 부모 대에서는 그랬습니다. 하지만 자기 혼자 할 수 있는 규모에서 80% 정도 땅만 가지고 농사를 하면, 흙을 밟고 새소리 들으며 적당한 육체노동으로 땀 흘리는 농사일은 노동이 아닌 축제가 되는 것입니다.

정년퇴직 없고, 간섭하는 사람 없고, 굳이 애타게 매달리지 않아도 되는 그런 직장이 또 어디에 있겠습니까? 유실수에 열린 과실은 남에게 나눌 수 있어 좋고, 내가 정성들여 지은 집은 이따금 나를 알고 찾아오는 지인에게 휴식처를 제공할 수 있어 좋습니다.

우리가 지금까지 살면서 남을 위한 적이 얼마나 있었던가요? 남에게 조금이라도 나누고 살면서 인생을 마감한다면 성공적인 삶 아닐까요? 내가 나누었다고 생각하는 그 사람들이야말로, 내 귀농의 선택이 잘못된 것이 아님을 상기시켜 주고 나의 존재 의미를 확인시켜 주는 고마운 분들입니다.

여러분의 행복한 귀농에 이 책이 조금이나마 도움이 되길 간절히 바랍니다. 행복한 귀농은 행복한 삶의 시작입니다.

끝으로, 조악하고 투박한 저의 글인데도 먼길을 달려와 격려도 해주시고 출판까지 허락해주신 출판사 정사장님께 감사를 드리구요, 예쁘게 다듬어준 친구 김명기, 설태수교수님에게도 고마움을 표합니다.

그외에도 귀농경험을 제보해 준 양민호, 악양농협의 고태한주임에게도 감사를 드리구요 책 제목을 적극적으로 제언해주신 지리산학교 동문들께도 감사드립니다.

2013년 초봄 악양에서
조동진 씀

개정 증보판 서문

초판을 낸지도 삼 년이 다 되어 가네요. 생각지도 않았던 책을 펴내고서는 제게 많은 변화가 있었습니다. 방송사에서는 출연 제의가 들어오고 각 지자체며 대기업에서 귀농귀촌 강의 요청이 들어왔습니다. 방송을 보고 찾아오시는 분들도 많았고요, 강의 현장에서 제 무딘 책을 보고 도움이 되었다고 격려해 주시는 분들도 있었습니다. 제 나름의 책을 낸 보람이었고 책임감도 느꼈습니다. 그동안 많은 분을 만나본 결과 초판에 미진한 부분이 있어 3쇄(개정 증보판)에서는 그 부분을 보완하였습니다. 시골살이를 꿈꾸는 분들이 단순히 농사에만 관심 있는 게 아니라 건강한 먹을거리와 자연 친화적인 삶을 통해 삶의 질을 높이는 데 공통적인 관심이 있었습니다. 자연 친화적인 부분을 위해서는 나무에 대해서 더 깊은 공부를 하여 나무의 속성을 이해하고 더 친숙해질 수 있도록 삽입을 하였습니다. 건강을 위해서는 시골에서 본인들이 직접 재배한 먹을거리들을 맛있게 오래도록 먹을 방법을 생각하다가 식초에 대해서 추가하였습니다. 현대인의 식생활에서는 단맛과 짠맛을 줄이라고 하는데 짠맛과 단맛을 줄이면서 맛나고 건강하게 먹을 수 있는 방법은 천연식초를 직접 만들어서 먹는 방법입니다. 5년여 동안 식초를 연구한 경험을 바탕으로 구체적이고 정확한 천연식초 제조법을 소개하였습니다. 백세시대에 여러분들의 건강을 책임질 것은 다른 어느 것도 아닌 자신이 직접 만든 천연 발효식초라고 저는 확신합니다. 부디 저의 조언이 여러분들의 건강하고 행복한 시골살이에 작은 도움이라도 될 수 있다면 큰 보람으로 여기겠습니다. 고맙습니다.

2016. 보리 파릇한 평사리 들판을 바라보며…

조동진 씀

차례 …→

인삿말 4
개정 증보판 서문 10

제1장 귀농귀촌 설계하기 17

뭐 먹고 살아요? 19
Tip. [귀농인 지원 내용 정리에 대하여] 23
어느 지역으로 갈 것인가 24
Tip. [귀농 행정 처리] 28
텃세를 두려워 말라 29
시골마을의 단위 조직 32
긴 머리와 개량한복은 경계 대상 35
시골에 가면 친구가 없다? 39
소박해서 행복한 식사시간 42
자연 먹거리 45
Tip. [굴광현상] 47
문화생활과 의료시설, 걱정 없다 48
Tip. [다양한 문화 프로그램 지원] 51
Tip. [시골 보건소의 활용] 51
자녀교육 52
무엇을 심을 것인가? 56
Tip. [땅이 비옥하지 않을 때의 작물] 60
소득원의 다변화 61
Tip. [수분수(가루받이나무)] 62
좋은 땅이란? 63
Tip. [토양에 맞는 작물] 65
미리 산 땅을 임대줄 때 유의사항 66
Tip. [표고버섯 키워보기] 68
시골에서도 마케팅은 기본 69
Tip. [농작물 재해보험] 71
시작은 미약하게 72
귀농귀촌의 추세와 유의사항 74

제2장 시골생활에서 부딪히는 문제들 79

텃밭 채소 가꾸기 81
비료 주기 84
Tip. [나무재의 활용] 89
Tip. [미생물 발효통 설치] 89
거름장 만들기 90
Tip. [목초액 만들기] 92
농약, 알면 두렵지 않다 93
Tip. [석회유황합제의 사용] 98
풀과의 전쟁 99
Tip. [일소현상] 103
예초기 사용하기 104
풀독에 대하여 108
Tip. [벌에 쏘였을 때] 110
잡초라고라고라 - 약초로도 사용되는 들풀 111
Tip. [채소류의 수확] 116
나무 이식하기 117
Tip. [가식을 위한 나무 이름표 부착] 121
전지(剪枝)의 기초 122
Tip. [얼음골 사과의 비밀] 125
전지하기 126
반려동물 키우기 127
뱀, 지네 퇴치법 133
Tip. [통 방충망 설치] 137
Tip. [두더지 퇴치] 137
멧돼지 피하기 138
Tip. [야간에 정원에서 곤충 피하기] 140
내 손으로 직접 만들기 141
Tip. [작업용 장갑] 144
필요한 공구들 145
Tip. [용접은 큰 도움이 된다] 147

안전사고 예방 148
Tip. [몸풀기] 153
구증구포(九蒸九曝) 154
메주 만들기 157
효소발효액 만들기 159
유익균이 몸을 살린다 169
Tip. [깻잎 괴롭히기] 172
식초 만들기 173
상큼 달콤 182
생태 화장실 만들기 184
가마솥 길들이기 188
Tip. [동절기 파이프 녹이기] 190
실리콘 쏘기 191
필름 선팅하기 194
Tip. [보기좋은 방충문 설치] 196
부가가치세 환급받기 197

제3장 내 마음에 드는 집 짓기 201

l 건축 계획

풍수, 스스로 느껴 나만의 명당을 찾으라 203
약수헌 212
사람과 귀신에 대한 두려움 벗어내기 213
땅 살 때 생각할 것들 217
Tip. [주변 기반시설 설치] 221
집짓기 위한 행정 절차 223
Tip. [임의설치와 원상복구] 226
설계도면 그리기 227
Tip. [서류파일의 준비] 231
집은 아버지요, 땅은 어머니 232

몇 평짜리 집을 지을 것인가 234
대문의 위치를 잘 잡자 237
Tip. [담장] 239
물 관리의 중요성 240
Tip. [땅에서 스며 나오는 물] 244
내 집에 심을 나무 245
한옥과 흙집만 고집할 필요 없다 249
Tip. [창고를 예쁘게 만들려면] 251
다락과 지하실 252
마당에는 무엇을 깔까? 255
Tip. [잔디] 257
자갈마당 258

II 건축 공사

이집 짓는 데 평당 얼마예요? 259
직영이냐 도급이냐(큰돈 줄이는 중요사항) 261
발주계약서 작성하기 267
Tip. [하자보증] 269
공기는 느긋하게 잡되, 때 맞게 작업하라 270
공정별 연결 관리에 유의하라! 272
Tip. [일반적 공사 공정] 274
목수와의 관계설정은 매우 중요! 275
현장에서 사용하는 단위에 대해 알아두자 279
목재 소요량 예측 281
한옥의 원목 관리 284
비싸도 너무 비싼 측량비 287
굴삭기, 알고 이용해야 큰돈이 안 나간다 289
구들방, 처음 만들 때 잘 만들자 292
Tip. [바닥 난방 공사] 295
관 연결하기는 직접 할 수 있다 297
Tip. [설비 배관은 철저하게] 300

황토의 갈라짐을 방지하려면 301
외풍 잡기 304
Tip.[한지 방충문] 308
하방 쌓기 309
Tip.[일반 건축물의 기초공사] 311
장판 깔기 312
Tip.[벽 도배시 주의사항] 314
지붕 시공하기 315
Tip.[낙숫물 유도기] 319
천장 마무리하기 320
명품 화장실 만들기 322
Tip.[상수도 공기유입을 막아야 한다] 323
전기공사 324
Tip.[낙뢰조심] 326
고사지내기 327

제4장 시골살이의 마음산책 329

젊게 살려면 331
별나들이 334
청학동을 찾아서 336
나를 찾아서 339
시간여행 341
묘목 키우기에서 배우는 자녀교육 344
시골의 여름나기 348
쏘맥 351
천한 것이 소중하다 353
신화 만들기 357
화를 내지 않는 삶 360
충만한 삶 364
봉창 366

제1장

귀농귀촌 설계하기

뭐 먹고 살아요?

평생 먹을 것 다 준비하고 시골로 오면 그처럼 여유로운 일도 없을 것이다. 하지만 보통 사람들에게 그것은 쉬운 일이 아니다. 설사 그게 가능하다 해도 여생을 한가롭게 일 없이 산다는 건 좀 그렇다. 스트레스라는 게 과해도 문제지만 너무 적어도 문제다. 스트레스 없이 공기 좋고 먹을 것 풍부한 곳에서 무위도식하며 살라고 하면 처음엔 좋겠지만 곧 싫증이 날 것이고 몸에도 탈이 날 것이다.

일반적으로 귀농을 생각하는 사람들은 '내가 과연 시골에서 먹고 살 수 있을 것인가'라는 고민을 한다. 도시를 떠나 시골까지 왔는데 여기에서 실패하면 다음 갈 곳이 없다는 막연한 두려움도 있기 마련이다. 그러나 이런 두려움은 시골의 실상을 오인하는 선입견에서 비롯된 측면이 많다. 도시의 눈으로만 보면 시골은 정체되고 낙후되고 가난하게 보이지만, 의외로 시골에는 여지가 많다.

지역특산물

도시에서는 움직이면 돈이 나가지만 시골에선 움직이면 돈이 들어온다. 지역마다 특산물이 있다. 필자가 있는 악양에는 고로쇠, 고사리, 매실, 녹차, 밤, 취, 두릅, 대봉감, 곶감 등등의 산물이 있다. 이런 특산물로 농사를 하거나 품을 팔아도 되고 쉬엄쉬엄 가축을 키울 수도 있다.

일당 아르바이트

시골에는 젊은 사람이 부족하고 또한 다들 자기 농사가 있어 농번기에는 자기일 하기 바쁘다. 일꾼을 구하기도 힘들고 일당도 만만치 않다. 팔만원에서 십만원 정도는 보통이다. 처음에는 잡부로 일하다가 이력이 붙으면 13만 원, 전문가가 되면 15만 원은 너끈히 받는다. 돌쌓기, 미장하기, 타일붙이기, 도배하기, 굴삭기, 세렉스, 농사놉, 공공근로, 관공서 임시직 등등 찾아보면 적지 않은 일거리가 있다.

물론 계속 일이 있는 것은 아니지만 시골에서는 돈의 가치가 다르다는 점도 감안해야 한다. 이래저래 합쳐서 연 이천만 원만 되어도 도시의 사천만 원 수입에 준한다. 지출이 확 줄어들어 그런 것이다.

시골에는 생각보다 알부자가 많다. 우리 집을 지을 때 일하시던 한 분도 매일 일당 일하러 다니시면서 소가 열 마리, 산 이만 평, 과수농사 이천 평이었다. 가만히 따져보니 연수입이 억대는 됨직해 보였다. 그 분은 전문가급이라 일당도 15만 원이었다. 그런데도 절약하며 열심히 생활 하시는 모습이 대단해 보였다.

귀농인 지원

극단적으로 말해 자녀 없이 부부만 귀농한다고 보면 빈손으로 시작해도 된다. 집은 빈집들이 있기에 관리 잘해주는 조건으로 들어가면 되고 당장 먹고사는 것은 이주비, 정착비 타서 살고 일당 일거리 찾아서 일하면 된다. 주변 사람들과 점차 친해지면 외지인 소유의 과수원, 농장주가 연로하시어 내버려두는 과수원, 임야 등을 알아내어 관리해주며 지내다 보면 재산도 조금씩 붙을 것이고 그러다 임대해서 농사짓다가 나중엔 매입할 수도 있다.

정부에서 지원하는 창업비를 보조받으면 좀 더 수월해진다. 요즘은 정부 지원이 상상을 초월할 정도로 많다. 지원 혜택은 오로지 본인이 발로 뛰어다니는 만큼 찾아진다.

귀농지를 선택할 때 사전에 알아보고 결정하는 것도 하나의 방법이다. 지자체마다 지원책이 다르기 때문이다. 어떤 지역에서는 한옥을 지으면 3천만 원을 거저 준다. 비료, 농기구 구입부터 차고, 지하수 개발, 저온창고, 곶감건조장, 감 깎는 기계, 집수리, 길 포장, 영유아 육아비, 고등학교 수업료(전액무상), 대학수업료(무이자), 건축비, 본인 교육비, 전기료, 각종 영농사업비 등등 잘 찾아보면 정부혜택이 엄청 많다.

도시 인구의 분산화와 실업률 해소, FTA 농업 분야 후유증 완화, 도

농격차 해소를 위해 정부에서는 많은 지원책을 농어촌에 쏟아내고 있다. 하지만 정부 돈의 이자가 싸다고 무턱대고 받으면 낭패를 본다. 도시에서의 돈의 개념과 시골에서의 돈의 가치가 다르므로 숫자에 현혹되어서는 안 된다. 빌리는 것은 신중하게 하고 무상 지원받는 건수는 최대한 찾아서 챙겨야 한다. 관청에서는 알아서 챙겨 주지는 않는다. 우는 사람에게만 주는 것이 공무원의 어쩔 수 없는 생리이다. 매번 새로운 지원책이 나오기에 해당 지자체나 국가기관의 홈페이지를 참조해야겠지만 국가 차원의 일부 지원책을 보면 다음과 같다.

- **영농 창업 지원** 3억 한도, 2% 융자
- **주택구매 지원** 5천만 원, 2.5% 융자
- **현장실습지원** 월 80만 원, 지자체 40만 원. 5개월(인턴제)
- **토지 취득세 50% 감면**
- **주택 취득세 면제, 5년간 재산세 면제**

앞으로도 도시의 생활 여건은 점점 열악해질 것이다. 이미 감당할 수 없을 정도로 폭등해 버린 주거비, 높은 생활물가, 거기에 전반적인 저성장 시대로의 돌입, 제조업의 공동화, 외국인 노동자의 급증 등 일자리의 양과 질이 모두 급격히 떨어지고 있다. 도시 빈민은 점점 증가할 수 밖에 없다. 참으로 숨 막히는 일이 아닐 수 없다.

그에 비해 농촌은 수십 년의 경제성장기 동안 수많은 사람들이 도시로 빠져나간 빈자리에서 새로운 사람들을 기다리고 있다. 시골에 오는 즉시 풍요를 바라는 것은 과한 기대겠지만, 풍요의 가능성과 삶의 질은 월등히 높을 것이라 기대해도 좋다. 머리 굴리며 힘들게 사는 것이 아니라 별 생각 없이 손과 발로 열심히 사는 삶. 노력한 만큼만 거두는 생활. 그런 시골생활이 인간답게 사는 것 아니겠는가.

Tip 귀농인 지원사항 내용 정리에 대하여

도시와는 달리 시골에는 정부 지원이 많다. 대신 자기가 찾아야 한다. 신청 시기가 정해져 있는 것도 있고 없는 것도 있으니 귀농하기 전부터 해당 군청과 면사무소, 농업기술센터, 농협 등에 방문하여 상담을 해야 한다. 요즘 공무원들은 친절하긴 한데 자기 담당이 아닌 것은 얘기 안 하다. 본인이 그 부서에 가서 물어봐야 한다. 뛰는 만큼 혜택을 누린다. 대개 12월과 1월에 지원 신청이 몰려있다. 이주비, 정착비, 농기계 구입비, 지하수 개발비, 주택지원비, 교육비, 창업비 등등. 무상으로 주는 것도 있고 장기 저리로 융자해주는 것도 있다. 농어촌희망재단 사이트(http://www.rhof.or.kr)에 들어가면 또 다른 지원책이 있다. 귀농은 5년 정도로 간주하므로 그 기간 안에 귀농인에게 주는 혜택을 받도록 한다.

귀농인 지원은 워낙 많고 다양하며 정보도 많다. 결국은 본인이 지역을 먼저 결정하고 범위를 좁혀가며 정리해야 한다. 사실 정보가 없어서 곤란한 것이 아니라 오히려 너무 많은 정보를 어떻게 정리할 것인가를 생각해야 한다.

추천하는 방법은 개인 블로그를 만들어 각 카테고리에 관련 내용을 정리하는 것이다. 예를들면,
- 귀농관련 – 공공기관, 귀농교육, 공동체, 생협
- 건축관련 – 집 짓기 골조, 자재 및 공구, 조경
- 시골살이 – 농사정보, 시골살이, 민박, 친환경, 야생화, 농기계, 양봉, 나무, 허브

등으로 나누어서 인터넷의 정보를 정리해야 시간의 낭비를 막을 수 있다.

어느 지역으로 갈 것인가

귀농지를 어디로 할 것인가는 가장 큰 고민 중의 하나다. 확실한 연고가 있을 경우에는 그 지역을 우선적으로 고려하는 것이 좋긴 하다. 정착하는 낯선 과정을 단축할 수 있고 주변의 도움도 쉽게 얻을 수 있기 때문이다. 그러나 그러한 프리미엄이 나중에는 독으로 작용할 수도 있다. 얽혀진 관계 속으로 들어가면 그것이 속박이 되기도 하고 자유롭게 독립적으로 하나하나 만들어 가는 데 방해가 되기도 한다. 그래서 무작정 연고지만을 고집하는 것은 능사가 아니다.

지역을 선정할 때는 귀농의 목적과 방향을 분명히 정해야 한다. 그러한 목적과 방향이 정해진 이후에, 그에 적합한 세부적인 지역을 선정하는 것이 필요하다.

시설농사

작물 생산으로 수입을 높이겠다는 목적이 뚜렷하다면 시설농사를 많이 하는 지역을 택하는 것이 바른 방향이다. 물론 시설농사는 초기 자금도 상당히 필요하고 실패의 위험부담도 있기 때문에 처음부터 크게 욕심을 내면 곤란하다. 몇 년 동안은 일당벌이로 일을 돕고 배우다 보면 자연스럽게 싼 땅과 시설을 할 수 있는 정부보조금 등 기회가 생기게 마련이다.

시설농사는 기상변화에 따른 부침이 적은 편이고 단위면적당 수익도 높다. 예상수익이 높은 만큼 몸이 힘든 것은 감수해야 하고, 그 해의 재배 면적 등 시장 수급 상황에 따라 성패가 갈리는 명암도 감수해야 한다. 그러므로 신중하게 시작해야 한다. 시설농사를 하는 작물도 다양하기 때문에 작물에 따라 지역을 선택해야 한다.

풍광이 좋은 곳

지역을 선택할 때 풍광 좋은 곳을 일순위로 생각하는 사람도 있는데, 이 역시 귀농 귀촌의 목적과 맞아야 한다. 기왕이면 다홍치마이긴 하지만, 경치 좋은 곳은 대개 외진 곳이거나 높은 지대에 위치해 있다. 마을과도 떨어져 있어 농사에는 부적합할 가능성이 많다. 따라서 이런 곳은 도시인들을 대상으로 민박을 운영한다는 계획이 있으면 좋을 것이다. 대신 본인이나 가족의 기가 약하다면 외진 곳은 좋은 집터가 되기는 어렵다. 집터도 궁합이 있는 것이다.

공동체 생활

어린 자녀들의 대안 교육이나 뜻 맞는 사람들과의 공동생활을 귀농의 목적으로 두고 있다면 기존의 공동체들을 찾아보면 좋다. 지금은 전국에 아주 많은 다양한 공동체들이 있고 정보를 얻는 것도 어렵지 않기 때문에 자신에게 적합하다고 느끼는 곳을 찾으면 된다.

외딴 집

자기 혼자만의 방해받지 않는 공간을 우선시 하여 너무 외진 곳을 선택하면 실패할 확률이 높다. 시간이 지나면 그것이 족쇄가 된다. 적막강산에 혼자 오래 있게 되면 외로움도 쌓이고 정서도 예민하게 된다. 따라서 수행을 하는 나름의 특수 목적이나 피치 못할 요양이 아니라면 그런 곳은 고려하지 않는 것이 좋다. 사실 건강상의 목적인 경우에도 울창한 나무와 좋은 공기도 필요하지만 정신적인 안정감도 매우 중요한데, 사람 구경조차 어려운 곳이라면 외로움이 사무치고 고립감이 심화되어 도리어 건강을 해칠 수도 있다.

결국 사람은 사람끼리 있어야 하니, 귀농지 선택에 있어서도 너무 독특한 취향이면 부작용이 있다. 적당한 타협이 있어야 한다. 물 좋고 정자 좋은 곳만 찾다보면 평생을 가도 결정하기 어려울 것이다. 행복은 적당한 결핍이 있어야 느끼는 법 아니던가. 적당히 한적한 곳을 찾되 가까운 거리에 귀농인 모임이 활성화된 곳이라면 좋다. 이런 곳이라면 조용함을 누리면서도 오래오래 질리지 않고 사람 냄새 느끼며 살아갈 수 있다. 물 흐르듯이 먼저 자리 잡은 선배들과 함께 가는 것이 시행착오도 줄이고 성공의 가능성도 훨씬 높이는 길이다.

가족의 동의

귀농지 선택에 있어 또 하나의 중요한 사항이 가족 간의 동의와 합의다. 아무리 탁월한 결정이라 해도 자기만의 독단적인 생각으로 밀어붙이면 후회하는 일이 생기고 더 큰 것을 잃을 수도 있다. 가정불화는 물론 심지어 가정 파탄으로 이어지는 경우도 있다. 예비 귀농지가 잠정적으로 정해지면, 반드시 가족들과 여러 차례 들러 마음속으로 받아들이는 과정을 거쳐야 한다. 낯선 곳에 대한 두려움과 이질감을 서서히 없애면서, 이곳에서 함께 이루어 갈 꿈에 대해 깊이 이야기해 보라. 가족보다 더 큰 원군이 어디 있겠는가?

어떤 TV 다큐 중에, 도시에서 살다 농촌 공동체로 되돌아 간 청년이 남긴 말이 기억난다. 도시는 사람을 내치지만 이곳은 사람을 받아들인다고. 사람을 내치는 도시를 도저히 용납할 수 없는 사람들이 귀농을 꿈꾼다. 당신이 선택하는 어떤 귀농지도 내치기보다는 당신을 그대로 받아들일 것이다. 그러니 두려워 말라. 귀농지는 그 선택의 첫 단계일 뿐이다. 실질적인 성공귀농은 귀농지 선택 이후에서부터 시작된다. 어느 지역을 넘어 '어떻게'가 관건이다.

귀농 행정 처리

인허가 관계도 어지간하면 풀 수 있다. 기본적으로 시골은 인구 유입을 장려하는 정책을 갖고 있으므로 크게 위반하는 것이 아니면 관청에서는 도와주려는 입장이다. 공무원의 자세도 옛날과 많이 달라졌다. 사업자로서 인허가 때문에 관에 가면 좀 그렇지만 개인이 민원인으로서 가면 전혀 걱정할 것이 없다. 공무원은 민원인을 제일 우선으로 한다. 그러나 민원이 발생할 소지가 있는 사항은 어쩔 수 없이 불허한다.
필자가 악양면사무소에 처음 방문했을 때 누군가 창구로 나와 커피를 갖다 주며 상냥하게 인사하길래, 누군가 했더니 부면장이었다. 감동 받았다. 관은 귀농을 도와주는 편이니 어렵게 생각할 것 없고 마을 사람들도 내가 그 정서를 받아들이기만 하면 대부분 도와준다.

텃세를 두려워 말라

귀농을 계획하는 사람들은 시골 마을의 텃세를 많이 고민한다. 심지어 자기가 들어가려는 마을이 유별나게 텃세가 심하다고 불평하기도 한다.

그런데 입장을 바꿔놓고 생각해보라. 내가 사는 공간에 누군가 들어오면 혹 내게 해를 끼치지 않을까 하여 경계하는 것은 당연하다. 동물들도 본능적으로 그렇게 한다. 자연스런 현상이다. 낯설기로 말하면 서로가 서로에게 마찬가지다. 그래서 기존 거주자들은 이방인에 대해 일정 기간 살펴보고 별다른 위험인자가 없다고 느낄 때 비로소 이들을 받아들이게 되는 법이다.

농사지으며 조용히 살아가는 게 시골의 정서다. 새로 이사 온 사람이 유람 나온 것처럼 좋은 차에 깔끔한 옷에 방문객들 오락가락 하고 부산을 떨면 누가 좋아하겠는가? 검은 안경 쓰고 인사도 없이 차 몰고 휙휙 지나다니면 어느 누군들 반겨하겠는가?

방법은 두 가지

텃세는 들어가는 사람이 하기 나름이다. 전략은 두 가지다. 아예 처음부터 담을 쌓고 마을주민과 일체 왕래하지 않는 방법이 하나다. 이렇게 하려면 어느 정도 마을과 떨어지고 진입로도 별도로 있어야 한다. 수천 평의 땅을 매입하여 별장급으로 살겠다는 사람이나, 또는 애초부터 별도의 공동체를 목표로 들어오는 사람들에게나 해당되지 보통의 귀농자에게는 어불성설이다.

통상 외지에서 들어가는 사람은 마을을 지나 위쪽으로 올라가는 경우가 대부분이다. 앞으로 남은 평생 오랜 시간을 그곳에서 살아가야 하는데, 서로가 소 닭 보듯 지나치며 살아간다는 것은 쉽지 않은 일이다. 아니 불가능한 일이다. 그리고 스트레스를 많이 받는 일이기도 하다.

두 번째 방법은 서로 섞이는 것이다. 텃세의 바깥에 있지 말고 텃세의 안쪽에 있으라는 말이다. 빠르면 빠를수록 좋다. 거기에 엄청난 노하우가 필요한 것은 아니다. 비굴한 일은 더더욱 아니다.

시골에는 자식들 외지로 보내고 혼자계시는 분들이 많다. 부모님처럼 생각하고 인사 꼬박꼬박 하고 튀는 행동하지 않으면 걱정하지 않아도 된다. 시골에는 젊은 사람이 부족하기 때문에 한 살이라도 젊은 사람이 오면 환영하게 마련이다. 누가 뭐라 해도 아직까지 시골엔 정이 훈훈하다. 도시 아파트에서는 정말이지 이웃이라고 변변히 없지만 시골이웃들은 사촌이다.

필자가 자리 잡은 마을은 관광지이지만 마을 분들이 자식처럼 대해 주고 오다가다 만나면 뭐든 하나라도 손에 쥐어주시고 웃으며 반겨주신다. 어릴 적 고향마을에 온 것보다 더 따스하다. 텃세는 자기 하기 나름이다.

물론 마을 속에 살다보면 이웃들의 관심이 과해서 사생활을 침해받을 수 있다. 독립적인 생활을 특히 중시하는 사람이라면 상당히 중요한 대목인데, 처음 자리 잡을 때부터 참고하는 것이 좋다. 즉 동네와 좀 떨어진 곳에 위치를 잡되, 대신 마을일에는 동참하는 게 좋다.

대개 귀촌자들은 기존에 형성된 마을의 위쪽으로 올라가게 되는데 그 길들은 사실 대부분이 동네 분들의 기부체납으로 형성된 길이다. 동네 초입의 여러 가지 시설물들도 마을 사람들이 공동으로 일을 해서 만든 것들이 많다. 따라서 뒤에 들어가는 입장에서는 무임승차한다는 의미도 있다.

그러니까 고맙다는 생각을 갖고 들어가는 것이 당연하다. 이런 마음 자세를 갖고 기본적인 예의만 지킨다면 텃세는 아무 문제가 될 것이 없다. 간혹 한 두 사람 정도가 딴죽을 거는 경우가 있을 수 있다. 이런 때는 뭔가 이유가 있을 터이니 곰곰이 생각해 보고, 다른 이에게 자문을 구하여 이유를 파악하고 적극적으로 접근하면 쉽게 풀린다. 생각보다 시골의 정서는 단순하다.

시골마을의 단위 조직

시골엔 마을단위로 자치제가 잘 되고 있는 편이다. 도시에서도 물론 그 조직은 있지만 거의 참여를 안하다보니 모르고 지낸다. 우선 그 조직을 알아놓는 것도 필요하다.

이장

마을마다 이장이 있다. 농협에서는 마을마다 영농회장을 따로 선정해야하나 편의상 이장을 영농회장으로 위촉한다. 따라서 이장은 마을 주민들이 갹출해주는 수당과 농협의 수당, 면사무소에서 주는 수당으로 월급을 받지만 그 금액이 50만원 안팎이어서 미미한 수준이다. 오히려 알게 모르게 쓰는 교통비나 대관업무에 소요되는 비용들, 주민들에게 사용되는 비용을 합하면 지출이 더 많다. 따라서 이장은 봉사직으로 생각해야 하고 지역민을 이해하고 동화되는데 도움이 되는 정도로 생각하면 된다. 이장의 주요 임무는 관공서와 농협의 행정들을 마을 사람들에게 전파하고 그에 따른 서류들을 취합하여 보고하는 일이다.

새마을지도자

새마을운동의 기수로서 새마을지도자가 각 마을마다 선정되어 별도의 봉사활동과 마을 사업을 했지만 요즘은 새마을운동이 유명무실한지라 새마을지도자는 이장을 도와 마을 일을 보는 정도이다.

6명 남짓의 개발위원이 있는데 이들은 마을 전체회의를 개최하기 힘들 때 약식으로 마을의 주요안건을 결의한다.

농협 대의원

그 외 농협에서 필요한 대의원이 있는데 이는 인구수에 비례해서 한두 명씩 마을에서 선출하고 농협의 회의에 참석한다. 시골에 있는 단위농협은 금융사업도 하지만 공제사업도 많이 하므로 조합원이나 대의원, 이사들의 의견을 수렴하는 절차들이 있다.

주민 총회

마을주민 전체가 모이는 총회는 일 년에 한 번 내지 두 번 하는 대동제가 있고 임시총회가 있다. 주요안건은 마을 전체주민이 마을회관에 모여 결정한다. 연말에 하는 대동제 때는 한 해의 회계를 보고도 하고 차기 이장도 뽑고 새해의 덕담도 나누며 음식을 나눠 먹는다. 따라서 대동제 때는 꼭 참석하여 마을 주민으로서의 소속감도 누리고 자연스레 어른들에게 새해인사를 할 수 있도록 한다.

연령대는 마을마다 다르지만 60세 이상 가입하는 노인회가 있고 그 이하는 청년회, 부녀자들 모임인 부녀회, 조사가 있을 때 장례절차를 도우는 상조회喪助會가 있다. 물론 이 모든 모임은 의무가입은 아니다. 본인이 판단하여 적절히 가입한다.

마을 공동재산

시골마을엔 마을공동재산이 있다. 마을 주민들이 공동부역을 해서 만든 논밭도 있고 공동재산으로 구입한 산도 있다. 마을에 신규로 들어가면 그 재산권을 받을 수 있는지는 마을의 규약에 따른다. 또한 관에서도 마을단위로 지급하는 사업비들이 있기 때문에 어느 정도는 마을 모임에 참석하는 편이 좋고 또한 한 살이라도 젊은 사람이 궂은일에 나서주면 외지인이라도 흔쾌히 받아주고 고마워한다.

긴 머리와 개량한복은 경계 대상

예전에 귀농하던 사람들 중에는 약속이나 한 듯이 개량한복을 입고 덥수룩이 수염을 기르고 머리를 기른 사람들이 많았다. 그런 모습은 넥타이 매고 단정한 머리를 하고 열심히 사람 만나며 꽉 짜인 회사 생활을 하던 사람들에게는 일종의 자유인의 모습처럼 보여 선망의 대상이 되기도 했다.

그런데 문제는 너무 튄다는 것이다. 정작 시골에 사는 사람들 눈에는 별로 좋게 보이지 않는다. 이질감을 주기 때문이다. 필자 역시 귀농 초기에 수염도 기르고 머리도 기르고 개량한복 입고, 이를테면 도인의 풍모로 지낸 적이 있다. 사람의 외양이 갑자기 변했으니 이런 저런 말이 나오지 않을 수 없다. 몇 가지 에피소드를 소개한다.

우리 집을 찾아오던 지인이 마을 주민에게 길을 물었다.
"저기, 이 마을에 귀농해서 한옥집 짓고 사는 사람 혹시 아시나요?"

"아…. 그 쑥쑥한 사람 말인교?… 이 길로 계속 올라가이소."

칠십이 다 되신 큰 누님이 누님의 지인과 함께 찾아와서 그 분에게 안타까운 눈빛으로 나를 소개하며 하는 말씀이다.
"긍게, 원래는 얘가 안 이랬는데, 요기 들어와서 요래 돼버렸다 아잉교"
"아…. 네…. 그래도 참고 볼만하네요"

동네 할머니가 필자의 긴 머리를 보며 한마디 하신다.
"무슨 지랄한다고 머시매가 머리를 기르고 그라노?"
"할매, 조선시대 땐 원래 다 길렀다 아잉교. 일본 놈들이 잘라라 케서 그랬지."
"그땐 그때고…. 씸지라도 잘라라"

나중에 머리를 자른 뒤 다시 그 할머니를 만났다.
"아이고 이래 이쁜 얼굴인데…. 인자 사람같네."

기존에 살던 동네 사람들은 개량한복 입고 머리와 수염을 기른 귀농인들을 별로 반기지 않는다. 이질감도 들고 거부감도 들기 때문이다. 동네 사람들에게 잘 보이고 못 보이고를 떠나, 머리를 길게 기르면 불편한

수염 기르고 황토 비비기

것이 한두 가지가 아니다.

특히 여름에 일할 때는 엄청 불편하다. 수시로 땀이 나서 머리가 근질거리고 긴 머리가 내려와서 걸리적거린다. 오전에 일하고 땀범벅이 된 머리로는 점심 밥 먹는 시간도 고역이다. 여름엔 점심 먹고 한숨 자고 일해야 하는데 머리 감고 잘 수도 없고, 안 감고 자기에는 찜찜하니 여간 불편하지 않다. 매일 자주 감는다고는 감았지만 급기야 머리에 부스럼까지 났다. 지금은 다 깎았더니 간편하고 시원하다. 내가 그 때는 왜 그랬던가 하는 생각도 들 정도다.

혹시, 귀농인의 풍모에 대한 로망 같은 것이 있다면 이렇게 절충점을 찾아보면 어떨까? 귀농 초기에는 기존의 옛 생활과 단절하여 내멋대로의 생활을 만끽한다는 의미에서 일정 기간 덥수룩하게 길러 본다. 그러고 나서 별로 흥도 나지 않고 여러모로 불편하다고 느낄 때 자르면 미련이 남지 않을 것이다.

어쩌다 서울에 일이 있어 올라갔을 때, 지리산 도사의 모습으로 대중교통을 이용할라치면 남들의 시선도 여간 신경 쓰이는 게 아니다. 남들과 비슷하게 사는 것이 가장 마음 편한 방식이다. 귀농인 티 내지 않아도 귀농했으면 귀농인인 것이다.

시골에 가면 친구가 없다?

도시에서는 여러 가지 모임이 있다. 동창 모임, 직장 모임, 향우회 모임, 동호회, 종교, 학부모 모임 등등. 그렇게 모임이 많긴 하지만 부담 없고 마음 편한 모임이 얼마나 되는지는 의문이다. 알게 모르게 이해관계의 사슬에 얽혀있고, 어쩔 수 없이 참석해야 하는 모임도 많기 때문이다.

시골에 오면 그런 모임들이 거의 없어진다. 그래서 너무 심심하지는 않을까, 외롭게 되지는 않을까 걱정하기도 한다. 물론 도시에서 익숙했던 일상에 공백이 생기니 시골 생활에 익숙해질 때까지는 허전함을 느낄 수도 있다. 하지만 시골도 사람이 사는 곳이다. 이웃을 알게 되고, 특히 귀농 귀촌을 한 사람들끼리 만나면 성향이나 지향하는 것이 비슷함을 발견하며 오래된 지기를 만난 듯 금세 친하게 된다.

시골에서의 만남에는 이해관계가 없다. 부담도 없고 불편하지도 않다. 뭔가 있으면 나누고 싶은 만남이 된다. 정해진 모임은 많지 않지만 형식과 체면치레가 사라져 만남의 진정성은 훨씬 깊어진다.

지리산 학교 작품 발표

　모름지기 친구 중에 최고의 친구는 저승길 친구다. 사람에게 벗이 가장 절실하게 필요할 때는 늙고 병들고 외로울 때가 아니겠는가? 능력 있고 건강할 때는 친구 없이도 혼자서 잘 지낼 수 있다. 늙고 병들면 수많았던 사회 친구들이 어느덧 내 곁에 없다. 하지만 시골의 이웃은 어차피 죽을 때까지 한 고을에서 살아야 하므로 동병상련의 마음으로 서로의 저승길 동무가 되어 위로하고 손 잡아주게 된다.
　그리고 시골 생활에서 심심할 것을 우려한다면 걱정하지 않아도 된다. 마음만 먹으면 널려 있는 것이 일이다. 어린 잎 따서 차 만들고, 텃밭 가꾸고, 야생화에 대해 익히고, 풀을 뽑고, 메주 만들고, 마당 가꾸고, 나무 하고, 열매 따고, 김장 하고 등등 이루 말할 수 없이 할 일들이 많다. 웬만해서는 심심할 틈이 없는 게 시골 생활이다.
　특히 내가 살고 있는 지리산 자락에는 지리산학교가 있어 재능나누기를 하는데 유용한 분야가 많다. 사진, 글짓기, 기타치기, 옷 만들기, 발효식품 만들기, 목공예, 판화, 그림 그리기, 염색, 퀼트, 도자기, 숲길 걷기, 산야초 배우기, 가죽공예, 태극권 등의 과목이 있다. 뿐만 아니라 군청에서 운영하는 요가, 댄스, 풍물, 약초 등 다양한 과목들이 있어 배움의 기회도 많고 도반들을 알게 되니 자연스레 사람들과 친해진다. 시골이라고 무료할 것이라는 선입견은 버려도 된다.

  도시에서는 시간과 돈 때문에 못했던 것들이 오히려 시골에서는 모두 가능하다. 즐기면서 배우고 사람과 어울리면서 즐기는 삶. 자연과 친구 되고, 형식적인 모임 대신 충만한 존재감으로 만나는 사람과의 교감이 있는 삶. 그런 삶을 아무나 누리는 것은 아니니, 당신이 선택한 길 또한 행복하지 않겠는가?

소박해서 행복한 식사시간

도시에서의 식사 시간은 그야말로 한 끼 때우는 수준이었다. 아침에는 출근시간에 쫓겨 눈 비비며 허겁지겁 채워 넣거나 시늉만 하고, 저녁은 먹고 들어오다 보니 아내 혼자 집에서 먹어야 하는 재미없는 시간들이다. 하지만 시골에서의 식사는 전혀 다르다.

아침에 일찍 일어나면 물 한잔 들이키고 개를 데리고 산보도 하고 풀도 뽑고 과수원 한 바퀴 돌고 오면 배도 출출하고 상쾌하다. 입맛도 살아나니 기분 좋게 아침을 먹는다.

아침은 조촐해도 된다. 감자가 있으면 감자 찌고 떡이 있으면 떡 데워 먹으면 되고, 옥수수나 고구마를 찌고, 밭에서 갓 거둔 것들로 간단히 차린다. 수시로 가래떡을 해서 떡국으로도 먹고 그냥으로도 먹는다. 어차피 같은 쌀이니까.

굳이 밥을 하지 않아도 보이는 것을 집어, 맘에 드는 대로 차리면 된다. 대신 음악 켜고 의자에 등 기대고 느긋하게 담소를 나누며 과자 먹

듯이 아침을 먹는다.

　기름진 음식으로 요란하게 차리는 것이 아니니 설거지 거리도 별로 없다. 음식 쓰레기도 거의 나오지 않는다. 남는 것들은 개가 먹어도 되고 퇴비로 사용하면 된다. 집에서 나는 것들을 먹으니 도시에서처럼 처치 곤란한 수많은 포장재나 비닐봉지도 필요 없다.

　저녁이 되면 하루 내 흘린 땀 샤워하고 개운한 몸과 맘으로 시원한 맥주에 소주로 간 맞추어 한잔 쭉 들이키며 하루를 정리하고 저녁을 먹으면 천국이 따로 없다.

　도시에서 사회생활을 할 때는 술잔을 주거니 받거니, 2차 3차로 무리하여 술이 과했고 다음날 후유증도 있었지만, 저녁에 반주로 간단히 하는 술은 약주이고 피로회복제다. 당연히 다음날 아침은 더욱 개운하다.

　음악은 턴테이블과 CD 플레이어를 준비했지만 FM 음악방송 켜면 그것으로 충분하다. 때 맞춰 좋아하는 곡이 나오면 복권당첨 된 듯 기분이 날아간다.

시골의 밥상은 화려하지는 않지만 건강하다. 똑 같은 이름의 채소를 하나 먹더라도 도시의 마트에서 사먹는 것과 어찌 비교하랴. 겉은 비슷해도 속은 전혀 다르다. 모름지기 자연 속에서 자란 제 철의 음식이라야 사람의 몸에 가장 좋다. 사람도 자연의 일부이니 그 순환에 몸을 맞추는 것이다.

한 끼를 때우기 위해서 급히 밀어 넣는 도시의 식사는 몸에 대한 예의가 아니다. 과도하게 풍성하고 많은 음식 역시 몸을 혹사시키는 일이다. 계절에 맞춰 직접 기른 야채나 과일들을 적절하게 느긋하게 먹는 하루하루. 그런 시골의 식사는 몸이 즐거워한다. 그래서 행복한 식사 시간이 된다.

자연 먹거리

시골에서는 온 주변이 먹거리 천지다. 봄에는 갓 나온 나물들과 새로 돋아나는 잎, 그리고 피어나는 꽃들이 기다리고 여름과 가을에는 온갖 과일 열매가 순서를 기다리며 반긴다.

추운 겨울이 끝나고 봄기운이 올라올 때쯤이면 겨울의 지기를 가득 품은 부추를 뜯어 먹는다. 작은 개울가나 습지에서 자연 그대로 올라온 돌미나리는 상큼한 향에 아삭한 질감 또한 으뜸이다. 쫄깃한 고사리와 향긋한 두릅, 상큼한 참나물도 연이어 자신을 알아줄 주인을 기다리며 머리를 내민다.

향으로 말하자면 취나물과 머위, 엄나물, 참죽나무(가죽나무라고 잘못 알고 있다)도 빼놓을 수 없다. 구수한 향으로는 보리순 나물도 있다. 아삭한 돌나물은 물김치로 담아도 맛있다. 부드러운 비름나물도 있다. 명아주 어린잎으로는 된장국도 끓여 먹는다. 머위는 어릴 땐 잎을 데쳐먹고 좀 크면 대를 잘라 장아찌도 하고 무쳐도 먹는다. 장아찌로 해먹을

수 있는 잎은 지천이다. 제 피잎도 그 중의 하나다.

참나물, 미나리, 취나물, 쑥부쟁이, 원추리, 민들레, 고들빼기, 달래, 냉이 등은 나물로 먹어도 좋고, 부지런한 사람들은 여린 잎으로 차를 만들어서도 먹는다. 봄에 올라오는 여린 잎은 웬만하면 다 먹을 수 있는 것들이다.

텃밭에는 상추와 깻잎과 쑥갓과 치커리 등등 온갖 채소들이 자라며 밥상을 채운다. 여름이면 방울토마토, 오이, 가지, 고추, 토마토, 파프리카, 감자, 옥수수 등도 텃밭에서 거둬들이는 것들이다. 이맘때쯤이면 자두와 살구도 익어 과일들의 향연을 시작한다. 싱싱한 야채나 과일들을 후식으로도 먹고 일하다 목마르면 그냥 슥슥 문질러 먹는다. 진달래가 피면 화전을 부쳐 꽃지짐도 먹고 아카시아꽃이 피면 튀김도 해 먹는다. 그 향긋하고 탐스런 모습이란….

그러다 더위가 다가오면 물앵두와 산딸기와 오디가 상큼한 입맛을 선사한다. 여러 가지 산나물을 넣고 물김치를 담아 시원하게 먹으면 더위는 물러앉는다. 이때쯤이면 죽순도 쑥쑥 올라온다. 부드러운 죽순도 한 맛 한다.

필자는 여러 나무들을 종류 별로 한두 그루씩 심었기에 감과 배와 사과는 말할 것도 없고 대추와 밤 석류와 무화과 그리고 호두까지 직접 키운 것들로 맛볼 것이다. 사먹지 않고 직접 키운 야채나 과일을 먹는다는 것은 경제적인 이유를 넘어 행복을 덤으로 먹는 것이다.

깊은 산에 가지 않고 집주변 야산에서 흔히 만날 수 있는 먹거리들과 직접 키운 열매들. 연중 나오는 자연의 먹거리들을 보고 느끼고 맛볼 때면 비로소, 누군가로부터 공급받아야만 유지되던 도시인의 생활로부터 스스로 누리는 자연인의 삶으로 들어왔음을 실감한다. 필자도 아직은 초보라 자연의 먹거리에 대해 충분히 알지는 못한다. 아마 세월이 흐르면 훨씬 다양하고 귀한 먹거리들을 접하게 될 것이고, 자연이 차려 준 풍성한 식단에 놀라며 감사하게 될 것이다.

 굴광현상

나무는 햇빛이 오는 방향으로 굽어지게 되는데 이를 굴광현상이라 한다. 이것은 햇빛을 받는 반대편에 옥신이라는 생장촉진 호르몬이 분비되어 생장이 촉진되는 현상이다. 뿌리는 반대로 굽는다(배광현상).

문화생활과 의료시설, 걱정 없다

귀농하겠다고 마음먹은 사람들, 특히 여자들의 경우 문화생활과 의료시설에 대해 많은 걱정을 한다. 평소 도시에서 별로 문화생활을 하지 않았다 해도 막상 시골로 내려간다는 생각을 하면 문화의 소외지대로 떨어진다는 걱정이 드는 모양이다.

물론 도시에서는 문화공연이 많다. 그러나 과연 연극을 몇 번이나 보고 연주회나 전시회를 몇 번이나 가 봤는가? 볼 수 있다는 가능성의 착각에 빠져 문화생활을 누리고 있다고 생각했던 것은 아닌지 자문해 보라.

어쩌다 한 번 문화행사를 하려다 보면, 예매하고 차려입고 복잡한 길 찾아가고 힘들게 주차하고… 한 번 갔다 오면 정서가 함양되는 게 아니라 탈진하게 된다. 그러다보니 자연스레 그런 기회를 갖는다는 게 부담이 된다. 돈 들고 시간 뺏기고 부대비용이 너무 많이 든다.

오붓한 문화공연

하지만 시골은 다르다. 공연의 질은 좀 낮겠지만 그게 그렇게 중요한 것은 아니다. 오히려 오붓하고 가족적이어서 공연자나 관객이나 하나가 된다. 그리고 거의 무료이고 오가는 길도 드라이브 코스인 즐거운 길이 된다. 그래서 공연을 보고 오면 흐뭇하다.

영화도 개봉관에서 상영이 종료된 지 한 달 후 정도면 무료로 관람할 수 있다. 예약도 필요 없이 넓은 공간에서 쾌적하고 느긋하게 즐길 수 있다. 한 달 정도만 늦게 볼 뿐이다.

필자는 시골에 내려온 뒤에 임형주, 이은미, 인순이, 윤도현, 손소희 등 유명인 공연을 봤으며 국립오페라극단 공연도 봤다. 군립회관에서도 보고 인근 백운아트홀에서도 무료로 본다. 봄이나 가을이면 각종 사찰에서 산사음악회가 열리고 지자체에서는 축제행사 등을 벌인다. 하동에선 매주 주말마다 최 참판 댁 마당, 섬진강 변 송림에서 풍물공연, 국악 공연을 한다.

내 평생 감동받은 공연은 비싼 돈주고 도시에서 봤던 사라브라이트만, 조용필, 캐츠 같은 공연이 아니라 화엄사의 영성음악 축제, 구례 박정선 명창 공연이었다. 이런 공연은 도시가 아니기에 즐길 수 있었고, 도시라는 닫힌 공간이 아니었기에 감동이 더 클 수 있었다. 시골에서는 문화행사를 즐길 수 없다는 것은 선입견일 뿐이다.

일상생활에 충분한 의료서비스

의료 문제도 마찬가지다. 큰 병이 있어 종합병원을 찾을 때 서울에서도 예약하고 오랜 기간을 기다리기 일쑤다. 기다리다 지쳐 죽을 판이다. 자잘한 병에 관련된 병원은 시골에도 충분히 있다. 노인이 많기에 당연히 병원이 성업을 하는 것이다. 읍 소재지에 가면 안과, 치과, 내과, 외과 등이 전부 고만고만하게 붙어 있기에 걸어서 이동하여 빠른 시간에 두루두루 진료를 다 마칠 수 있다. 병원에 간 김에 시장도 보고 생필품도 구입하고 잠시 걸으면서 모든 걸 다 해결할 수 있다.

흔히 발생하는 질병이나 상처치료에 치료의 품질 차이가 있다면 얼마나 있겠는가. 의료서비스를 받는 우리들의 의식에도 알게 모르게 허영심이 많이 들어가 있다. 유명 병원의 이름이 있다는 명의의 손을 거치지 않으면 사소한 병도 치료받았다는 느낌이 안 들도록 세뇌되어 있는지도 모른다. 특별한 첨단 장비나 의료진 다수가 요구되는 대수술을 받는 경우가 아니라면 웬만한 의료서비스는 시골에서도 가능하다. 그러니 너무 걱정하지 마시라.

일반적으로 만성질환이나 지병이 있지 않으면 보통 사람들이 병원을 찾을 일이 그렇게 많지 않다. 집사람도 몸이 불편한 곳이 있어 병원을 자주 찾는 편인데, 시골에 내려와서도 병원으로 인한 불편함은 별로 없다고 말한다.

그리고 시골에 있으면 이런저런 민간요법도 접하게 되고 제 스스로 치유할 수 있는 능력도 늘어간다. 물 좋고 공기 좋고 스트레스 적으니 도시에 있을 때에 비해 아플 일도 적어진다. 약에 덜 의존하며 스스로 몸을 돌볼 수 있으면 그것이 최선의 예방이고 최고의 의료서비스가 아니겠는가?

다양한 문화 프로그램 지원

교육 프로그램도 다양하다. 지자체의 평생교육 담당부서에 알아보면 된다. 필자도 30만 원 하는 약초강의를 10만 원에 들었다. 나머지는 정부 지원이다. 올해는 전액 무료이다. 자녀교육도 생각만 바꾸면 최소한의 돈으로 시골생활을 시작할 수 있다. 돈 쓸 일은 적고 돈 벌 일은 널렸다. 물론 그만큼 몸을 부지런히 놀려야 한다. 정직하게 몸으로 열심히 살아가는 게 인간다운 삶 아니겠는가. 콩 심어서 콩 수확하는 삶. 이 단순함이 얼마나 건강한가.

시골 보건소의 활용

보건소를 잘 활용한다. 간단한 치료는 굳이 병원에 가지 않더라도 보건소에 가면 어지간한 건 해결할 수 있다. 치과치료도 되고 임산부를 위한 지원, 기타 문화적 공간을 제공하는 곳도 있다. 지역 보건소마다 지원내용이 다르므로 각자 알아봐야겠지만, 보건소는 가깝고 저렴하고 신속하다.

자녀교육

어린 자녀들을 데리고 귀농하는 경우 부모들이 가장 마음에 걸려하는 것이 교육 문제다. 남들은 아이를 위해 학군 좋은 곳으로 이사하기도 하고, 등골이 휘는 사교육비를 무리인 줄 알면서도 감당하는데 시골로 가는 것이 과연 아이 장래에 도움이 되는 걸까? 도시에서 벗어나 낙향하는 부모의 선택이 결국 아이를 세상의 실패자로 만드는 것은 아닐까?

물론 도시의 전쟁터 같은 치열한 경쟁의 틈바구니에서 아이를 키우면 안 되겠다는 생각으로 시골로 이주를 결심하는 사람도 있지만, 많은 경우 아이의 장래에 대한 불안감을 떨치지 못하는 것이 현실이다. 시골에서 자연과 더불어 해맑게 크는 것까지는 좋다고 하더라도, 막상 그 아이가 사회에 나아가야 할 때는 과연 어떤 스펙과 경쟁력을 가질 수 있을까 하는 것이 고민이 되는 것이다.

이 문제는 부모들이 내면에 품고 있는 한 가지 불안증을 고치지 않으면 해결되지 않는다. 그것은 곧 일류병이다. 일류 대학에 보내려다 보니 학군이 문제가 되고 사교육이 문제가 되는 것이다. 이렇게 말하면 한가한 소리 무책임하게 하고 있다고 할지 모르겠다. 그렇다면 '일류'라는 것의 실상을 한 번 냉정하게 들여다보자. 일류라는 것이 과연 행복을 보장하는 티켓인지도 살펴보자.

일류대학을 나온 후 과연 그렇게 목숨 걸었던 만큼 보상이 있을까? 지금은 소위 일류대학을 나온 젊은이들도 취직자리를 걱정할 정도로 일자리가 부족하다. 다른 대학에 비해 일자리를 얻는 데 있어 조금 유리한 위치에 있고 결혼에서도 상대방이 선호하는 것은 사실이라고 해도 예전 시대만큼의 프리미엄은 없다. 더구나 조금 나은 직장에 조건 좋은 혼처를 찾았다고 해서 행복한 삶이 이루어지는가?

일류에 젖은 사람은 일류에 머무르기 위해 평생 긴장하고 쫓기는 삶을 산다. 주변에서는 외면만 보고 부러워 할지 모르지만 정작 본인은 행복할까? 그리고 인간답게 살고 있을까?

일류대학을 졸업하는 것이 훌륭한 사회생활을 보장해 주는지도 의문이다. 학벌은 하나의 조건일 뿐이다. 그 학벌을 이용해서 사회생활 잘하는 사람이라면, 굳이 일류 학벌이 없었다고 해도 어떤 조직이나 다른 일자리에서 잘 어울리며 충분히 성과를 낼 것이다. 요즘 같은 사회에서 소위 영업마인드가 없거나 숫기가 없는 사람에겐 일류대학 간판은 그냥 장식품일 뿐, 별 소용이 되지 않는다. 이상만 높아 현실에서는 부적응자가 될 수도 있다.

　우리 사회의 지독한 일류대학 열망은 어쩌면 일제시대와 산업화시대의 산물이다. 자식 하나 일류대학 보내 판검사 되면 집안 일으키고 인생역전 하는 시대가 있긴 있었다. 우리 사회가 성장가도를 달리던 시대에, 좋은 학벌이 있으면 관계나 학계나 경제계에서 자기 능력 이상의 자리가 주어지고 힘을 발휘하던 때가 있었다. 그 열매는 지금의 오십대 이상에서 다 누렸다. 그러니 착각하지 말자. 일류대학을 애써 보낸다고 해도 노력 대비 수익은 예전에 비해 한참 떨어진다.

　행복은 전파된다고 한다. 행복한 어떤 사람이 있으면 그와 만나는 사람도 조금씩 행복해진다는 것이다.

　당연한 말이다. 징징 짜는 사람을 만나면 나도 우울해지고 명랑한 사람을 만나면 덩달아 즐겁지 않던가. 그런데 직업 중에서 가장 불행한 사람을 만나는 직업은 무엇인가. 몸의 불행은 병이고 마음의 불행은 범죄이다. 환자를 매일 상대하고 범죄자를 만나는 사람은 누구인가. 과연 그 직업이 행복하겠는가. 그런데 우리 부모들은 그 불행한 직업으로 자기 자식을 밀어 넣지 못해서 안달이다. 과연 그 길을 부모가 권해야 할 것인가. 진정 내 자식의 행복을 생각한다면 어떤 길을 권해야 할 것인가.

　결론적으로 일류대학은 조금 나은 직장을 얻기에는 유리하지만 그다지 큰 것을 주지 못한다. 더 중요한 것은 그것이 행복한 삶을 보장하지 않는다는 점이다. 돈이 아니라 충만하고 행복한 삶에 초점을 맞추면 새로운 세계가 열린다.

  초등학교 때는 산야에서 물고기도 잡고 나무도 어루만지며 자라고, 중학교 때는 만화든 교양서적이든 재미있는 것 보고, 가족과 같이 산이나 들판 쏘다니고 엄마와 별을 헤고 아버지와 산길에서 산야초도 캐보면 된다. 고등학교 때는 첫사랑도 하고 학교공부는 중간정도 유지하다가 기술전문학교에 들어가 봉급 좀 적은 기술직으로 취직하고 적게 벌지만 절약하고 작은 걸 소중하게 여기며 오순도순 가족과 함께 살아간다면 그게 더 행복한 삶 아니겠는가?

  사회를 이끌어 가는 리더는 0.1%도 안 되니 그것은 많이 똑똑한 사람에게 맡기고 평범한 우리 애들은 (물론 어릴 땐 다들 영재였지만) 그냥 중간치에서 살면 여유도 있고 제 가족도 돌보고 취미도 즐기면 웃음이 함께 할 것이다.

  일류, 일등, 최고에서 벗어나면 신경성병, 스트레스, 울화 등이 사라지고 웃음, 여유, 따뜻함이 살아날 것이다. 자기들도 가지 못한 일류대학, 애들에게 굳이 강요하고 싶은가? 자녀들이 가야할 진정한 길이 어딘지 우리 어른들의 아집과 욕심으로 잘못 인도하고 있는 게 아닌지 솔직한 진단과 혜안이 필요하다.

무엇을 심을 것인가?

귀농을 결정할 때 가장 고민스러운 게 수입원이다. 그 수입원이란 결국 무엇을 키울 것인가의 문제다. 어릴 적 농사에 경험이 있었던 귀농자건 도시에서만 생활했던 사람이건 마찬가지로 겪는 문제다.

특수작물

귀농하기 전에는 대개 특수작물에 관심을 두는 경우가 많다. 하지만 특수작물은 위험하다. 특수작물은 경험이 있는 전문가가 해야 한다. 기술 습득과 판로 개척 등을 혼자서 이루어야 하기 때문이다. 굳이 특수작물을 하려면 많이 공부하고 오랜 경험을 쌓아 결정적인 시행착오를 피할 정도가 되었을 때 시작하는 게 좋다.

지역 특산물

그래서 필자는 그 지역 특산물을 권한다. 이웃에서 다들 재배하고 노하우도 쌓여있으니 대충 따라하면 되고 관에서도 자재나 기술지도를 적극적으로 해 준다. 또한 지역 특산물이라는 소리가 나올 정도라면 그 지역의 땅이나 기후에 가장 적합하다는 얘기다. 검증되었다는 얘기고 실패의 확률이 그만큼 적다는 보증이기도 하다.

주작물과 보조작물

 특산물인 경우 영농법인이나 농협에서 공동판매, 공동 자재구입 등을 하므로 편리하고 저렴하게 모든 걸 할 수 있다. 대신 한 가지 작물만 하지 말고 주작물과 보조작물을 같이 재배하길 권한다. 과수나 나무는 유행이나 기후를 탈 수 있기에 보험이라 생각하고 보조작물을 선택해 조금씩 재배기술을 익혀가는 것도 좋다. 일하는 시기를 분산하여 봄가을 고루 적정한 일을 할 수 있다면 생활의 리듬으로 보아도 바람직하다.

기획작물

 필자는 가을 수확인 악양 대봉감을 주작물로 하고 봄 수확인 매실을 보조작물로, 그리고 신품종인 칼슘나무를 기획작물로 하고 있다. 가을엔 감, 겨울엔 곶감, 봄엔 매실, 여름엔 칼슘열매를 한다.
 물론 주 소득원은 곶감이고 나머지는 아직 소득에는 별반 도움이 되지 않는다. 하지만 대규모로 하는 것이 아니니 조급해 하지는 않는다. 남는 것들은 지인들에게 나누어 줄 여유도 있고 미래의 가능성을 보며 여전히 관찰하며 타진 중에 있기 때문이다.

신품종

조심해야 할 점은 초기에 너무 욕심내어 무리하게 시작해서는 안 된다는 점이다. 종묘상에서 고소득 작물이라고 선전하는 신품종들은 거의 검증이 안 되었고, 묘목을 팔기 위해 과장광고를 하는 경우가 많다. 그래서 다른 사람 말에만 솔깃하여 저지르면 곤란하다.

마음에 둔 작물이 있을 경우에는 수확이 가능한 상태의 나무를 구해 재배 해보고 점차 수량을 늘려나가는 게 좋다. 지역특산물은 이런 검증절차가 이미 수많은 다른 사람들에 의해 이루어졌기에 안전하다는 것이다.

야생작물 재배

그리고 농약이나 전지剪枝가 별로 필요 없는 작물을 연구해서 조금씩 해 볼 수 있다. 꼭 과실에만 국한시키지 말고 나물로 먹을 수 있는 것도 고려해 본다. 그런 것들은 야생상태의 작물이다. 아직 사람 손에 의해 길들여지지 않은 것들이다. 예를 들어 돌배(약재, 효소용), 돌복숭아(약재, 효소용), 두릅(나물), 엄나무(나물) 같은 것들이 되겠다.

거름 안 하고 약 치지 않고 그냥 수확만 해서 수익이 난다면 환상적이 아니겠는가. 각자 나름대로 그런 작물을 찾아내면 쏠쏠한 재미가 있을 것이다. 시간이 걸린다는 것이 문제라면 문제인데, 시간을 들인 만큼 자기만의 경험이고 노하우가 된다. 급하게 마음먹는다고 좋은 결과가 나오는 것은 아니다.

옛 중국의 송나라에 농부가 있었다. 그는 심어놓은 모가 빨리 자라기를 바라 도와준다는 생각으로 모를 들추어 주었다. 나중에 이것들은 들떠서 다 말라 죽었다. 우리가 잘 아는 조장助長이라는 단어의 어원인데, 아무리 조급해도 기다려야 할 것이 있다. 자연은 자연의 시간표가 있으니 인간의 시간표에 맞추려 애쓰지 마시라.

농작물 포트폴리오

시골에 살면서 본인의 의지와 호기심만 있다면 여러 작물들을 테스트해 볼 수 있다. 내 경우도 한 가지 작물에 올인 하기 보다는 소량의 좋은 농산물을 생산해서 제 값을 받도록 하는 게 앞으로의 방향이다.

출하를 앞둔 곶감

자산 투자에서 뿐만 아니라 농작물에서도 포트폴리오가 필요하다. 당장 수익이 나지 않더라도 R&D 투자가 필요하듯이, 나만의 미래를 위한 준비와 투자는 하면 할수록 좋다.

무슨 작물을 심어야 할 것인지, 시작은 안전한 것으로 하되 실험정신도 잊지 마시라. 도시에서라면 마음만 있지 할 수 없는 것들을 시골에서는 할 수 있다. 왜냐하면 땅이라는 거대한 연구소가 있기 때문이다. 무엇을 심기 전에 당신의 마음속에 그 무엇을 심고, 그것을 실행해 보라. 노력한 만큼 그 보답도 있을 것이다.

 땅이 비옥하지 않을 때의 작물

거름 끼가 없는 묵정밭에는 들깨를 심으면 좋다. 들깨는 모종을 심으면 초기에 한 번만 풀을 매주면 그다음부터는 풀 걱정을 하지 않아도 된다. 들깨 잎이 무성하여 잡초가 발을 못 붙인다. 그리고 거름이 많으면 키만 크고 씨를 제대로 맺지 않는다. 즉, 풀도 안 매고, 약도 안 치고 거름도 필요 없는 게 들깨인 셈이다. 삼겹살에 깻잎을 싸서 먹기도 하고 생들기름을 짜서 먹는 고소한 맛이란….

소득원의 다변화

 필자의 소득원은 감과 매실, 효소발효액, 식초이다. 그런데 1차 상품을 재배해서 팔아봐야 별로 도움이 되질 않는다. 여러 가지 방법으로 부가가치를 높이는 가공 방법을 생각해야 한다.

 감에서 나오는 제품은 그대로의 홍시감과 곶감, 감식초, 감와인 등이 있는데 현재는 곶감이 주 소득원이다. 곶감을 맛있고 위생적으로 말리기 위해 곶감 건조장을 짓고 저온창고도 지었다. 대량으로 만들어 판매하는 농가들은 폐쇄형으로 해서 난방기, 온풍기, 냉방기 등을 갖추고 일정한 품질의 곶감을 생산하지만 내 경우에는 혼자서 하는 규모(1동-만개)이다 보니 자연건조에 의존한다.

 자연건조는 바람과 별과 햇빛이 넘나드는 전통방법이다. 춥거나 비가 오면 문을 닫고 한낮엔 맑은 바람으로 말린다. 때깔이나 모양이 뛰어나게 예쁘지는 않지만 지리산과 섬진강의 기운이 녹아있어 자연의 기운을 그대로 맛보기에는 더 없이 좋다. 효소발효액은 지리산 자락에 피어

곶감 건조장

나는 산야초를 재료로 항아리에 담았다. 앞으로 식품제조 허가를 득하고 판매를 할 것이다. 일단은 일 년 목표 2천만 원이다. 이력이 붙어 더 확장할 지는 차차 생각해 볼 것이다.

Tip 수분수(가루받이나무)

식물도 사람처럼 사랑을 해야 자식을 낳는다. 근데 한 나무에 암꽃과 수꽃이 있어서 자가수정을 하면 문제가 없는데 자웅이주인 나무도 있고 자웅동주이지만 꽃피는 시기가 달라 사랑을 못 하는 나무도 있다. 그런 경우엔 별도로 수꽃이 피는 나무, 즉 수분수를 심어 줘야 결실이 순조롭다. 본 나무의 25% 정도 비율로 개화 시기가 일치하는 나무를 심는다. 수정이 되지 않은 열매는 결국 떨어진다. 자기 새끼를 잉태하지 않았다고 나무가 떨어뜨리는 것이다. 자웅이주인 작물로는 시금치, 은행 등이 있고 자웅동주이지만 꽃 피는 시기가 달라 수정을 못 하는 것으로는 옥수수, 감, 딸기, 밤, 오이, 수박 등이 있고 양성화이지만 수정이 안 되는 것으로는 양파, 마늘, 무, 고구마, 사과 등이 있다. 이런 작물들이 따로 수분수를 심지 않았는데 열매가 열리는 것은 이웃 과수원이나 야생 어딘가에 수꽃이 있다는 얘기다. 따라서 누군지 모르는 이웃이나 산신령님께 감사할 일이다.

좋은 땅이란?

　좋은 흙이란 가뭄이나 홍수를 덜 타고 거름의 효과가 좋고 병충해의 저항성이 높으며 다수확 고품질의 과수를 생산하는 땅이다. 사람도 기초체력이 튼튼하면 감기에도 안 걸리고 힘이 좋듯이 땅도 기본이 탄탄하면 모든 게 효율적이다. 흙은 고체와 물, 공기로 구성되어 있는데 고체상태 50%, 액체상태 25%, 기체상태 25%로 구성될 때 작물 생육에 가장 적합하다. 땅이 단단하게 굳어있거나(경반층) 물에 오랫동안 잠겨 있으면 뿌리가 호흡을 못 해 영양흡수가 안 되고 혐기성 미생물이 증가해 병해가 일어날 가능성이 크다.

　세부적인 토양관리는 귀농 후 각자가 자기 토양에 맞게 관리해야 하므로 여기서는 기초적이고 상식적인 부분만 언급한다.

사토와 식토

　흙은 모래 성분이 많은 사토와 점토질이 많은 식토, 그 중간 상태인

양토가 있다. 대개 강이 범람해서 형성된 밭은 사토일 것이고 논으로 사용되던 곳은 식토이다. 작물에 따라 적합한 토양이 있으니 자기가 관심 있는 작물이 있으면 거기에 적합한 토양을 구하면 된다. 땅을 먼저 구입했다면 땅의 성질을 파악하여 알맞은 작물을 선택한다.

사토는 배수는 좋으나 영양분 유실이 많고 식토는 영양분은 간직하나 통기나 배수가 불량하다. 좋은 땅이 되려면 영양분이 풍부하고 배수가 잘 되며 통기성이 좋아야 한다. 부엽토가 좋다는 것은 위의 세 가지 요소를 모두 충족시키기 때문이다.

나쁜 땅

비료 사용이 많았던 땅이라면 땅속에 다양한 유기물이 부족할 것이고 산성화되었을 것이므로 이삼 년에 한 번씩 석회를 뿌려준다. 지대가 낮거나 평평한 땅은 배수가 불량하므로 배수로를 확보한다. 제초제 등 농약을 많이 쓰면 땅이 굳어져 통기성도 나빠지고 땅속에서 활동하던 미생물들이 죽어 그야말로 죽은 땅이 된다. 중장비를 많이 쓰거나 제초제를 많이 쓰면 딱딱한 경반층[1]이 생겨 작물의 뿌리내림이 좋지 않아

---

1) 경반층이란 트랙터 등 대형 농기계 사용 등으로 작물의 뿌리가 뻗어 내릴 수 없는 단단한 토양층으로서 뿌리가 자랄 수 있는 근권의 깊이를 결정하게 되며, 토양배수를 어렵게 할 뿐만 아니라 토양수분 및 양분 전달체계도 원활하지 못하다.
2) 풀로 토양표면을 덮고 작물이나 과수(果樹) 등을 재배하는 방법. 땅의 침식을 막고, 자란 풀은 베어서 거름으로 쓰기도 하며, 유기물 보급의 효과가 크다.

성장장애와 영양부족이 생기기 쉽다.

초보자의 토질 관리

 좋은 땅을 고민하는 귀농자 입장에서는 간단히 이렇게 보면 되겠다. 논을 사서 주변에 집을 짓고 나무를 심겠다면 그 땅은 식토이기 때문에 나무를 심기 전에 사토를 넣어서 배수가 원활히 되도록 신경 써야 한다. 일반적으로 배수가 잘 되기 위해서는 5도 정도의 경사가 좋다. 경사가 심하면 흙이나 영양분의 유실이 있을 수 있다. 계단식 밭일 경우에는 축대 밑부분에 물이 고이기 쉬우므로 그 부분에 유공관을 묻든지 해서 애초 토목공사를 할 때 보완해 놓는 것이 좋다. 경사진 임야는 배수나 영양분 통기성 등이 일반적으로 좋으나 장비 운용이 어렵다.

 땅의 영양 상태나 통기성은 초생 재배[2]나 미생물 증식으로 차차 보완 할 수 있으니 처음에 집을 짓고 공사하는 시점에서는 배수관계에 신경을 쓰는 것이 우선이다. 대신 과수원을 살 때는 되도록 제초제 사용을 하지 않은 곳, 완만한 경사로 배수가 원활한 곳, 입구까지 차량의 진입이 되는 곳 등을 감안해서 구입하면 실수가 적다.

토양에 맞는 작물

산성 토양에 강한 작물: 벼, 귀리, 감자, 땅콩, 오이, 포도, 토마토, 고구마, 당근
알칼리성 토양에 강한 작물: 수수, 보리, 유채, 목화

미리 산 땅을 임대줄 때 유의사항

예비 귀농자들 중에는 훗날에 들어가기 위해 땅을 먼저 사놓고 그 땅을 남에게 임대를 주는 경우가 있다. 이 때 꼭 짚고 넘어가야 할 사항이 있다. 임대료를 더 받고 덜 받고를 떠나 아주 중요한 문제이기 때문이다. 여기에서는 필자의 경험이 있는 과수원의 경우를 중심으로 설명하려고 한다.

첫째, 제초제 사용을 금해야 한다.

풀은 초여름부터 무섭게 자라기 때문에 농사짓는 사람에겐 뗄 수 없는 골칫거리다. 그래서 편하고 쉬운 방법으로 제초제를 사용하는 경우가 왕왕 있다. 자기 땅이라면 그렇게 하지 않겠지만 남의 땅인 경우에는 그런 유혹을 뿌리치기 어려울 것이다.

제초제는 땅을 죽인다. 풀만 죽이는 게 아니라 땅속에 있는 미생물을 죽이고 그 활동을 위축시킨다. 그렇게 되면 나무는 영양부족 상태가 되고, 그 다음부터는 할 수 없이 비료를 주지 않을 수 없게 된다. 비료 사용이 과다하면 토양이 산성화되어 딱딱해지고 나무의 뿌리내림이 힘들어진다.

땅이 이런 방식으로 오랜 기간 관리되다 보면, 결국 농장주가 귀농해서 들어갈 때쯤이 되면 땅은 죽어 있다. 그런 땅에서 유기농이나 친환경 재배는 꿈도 꾸지 못한다. 땅심을 되돌리기 위해 상당기간 노력하지 않으면 안 된다.

제초제를 뿌린 땅은 금방 표시가 난다. 풀이 없고 풀이 있어도 누렇게 타들어 말라있다. 사실 관리하는 사람이 조금만 노력하면 제초제를 쓰지 않고도 충분히 농사를 지을 수 있는데 안타까운 일이다.

둘째, 매년 수형 관리를 해야 한다.

나무 전지를 하지 않으면 가지들끼리 엉켜, 갈수록 결실은 줄어든다. 수고樹高를 낮추지 않으면 높은 가지에 있는 과일은 수확하기도, 약 치기도 어렵다. 또한 높은 가지는 바람을 많이 맞아 매달리는 과실의 상태도 좋지 않다. 관리자가 수형관리를 하지 않은 상태에서 농장주가 농사를 다시 시작하면 할 수 없이 강전지[3]를 해야 한다. 그러면 나무에도 무리가 가게 되고 몇 년간은 수확량이 급감하게 된다.

---

[3] 만약 가지가 10개인데 2개만 남기고 전지를 하면 강전지가 됩니다. 식물의 광합성을 막아 나무가 죽을 수도 있습니다.

셋째, 비료사용을 과다하게 하지 말고 퇴비와 적정하게 섞어 사용케 한다.

즉, 땅심을 살리는 농사를 해야 나중에 초보자가 들어가도 쉽게 적응할 수 있다. 땅심이 좋으면 병도 덜하고 과실도 좋다.

꿈에 부풀어 귀농지에 내려갔을 때 멀쩡한 땅이 죽은 땅이 되어 있다면 이처럼 어이없는 낭패도 없다. 놀리느니 몇 푼 임대료라도 건지겠다는 계산보다는 어떤 사람이 맡아야 살아있는 땅이 될 수 있을지 유념하고 확인하는 것이 돌이킬 수 없는 실수를 피하는 길이다.

 표고버섯 키워보기

반찬용으로 재미삼아 표고버섯을 키울 수도 있다. 겨울에 직경 15센티 내외의 참나무를 베어서 노지에서 내버려두어 말렸다가 매화꽃이 피고 벚꽃이 필 정도에 종균을 심는다. 70% 정도의 그늘진 곳에 눕혔다가 가을에 세워 놓으면 다음 해부터 수확이 가능하고 4년 정도까지 수확할 수 있다.

시골에서도 마케팅은 기본

농사를 갈수록 힘들게 하는 두 가지 요인이 있다. 하나는 값싼 외국 농산물이고 하나는 이상기후다. 이상기후로 인해 수확량이 줄어드는데 수입농산물은 많아진다. 당연히 가격으로는 이길 수가 없다. 그러기에 고가 전략을 펼쳐야 하고 그러려면 고품질의 농산물을 생산해야 한다.

오프라인 소비자집단

필자는 박리다매 보다 고품질 고가전략이 향후에 살아남는 길이 되리라 생각한다. 고가의 생산물을 팔기 위해서는 충성고객이 있어야 한다. 따라서 시골에 들어오기 전에 이 사항을 염두에 두고 평소에 소비자집단을 형성하고 유지해 놓는 것도 방법이다. 물론 홈페이지를 만들어 인터넷으로 판매를 하면 되지만 충성고객은 온라인 고객보다 오프라인으로 형성된 고객에서 많이 나온다. 그리고 대량주문은 온라인으로는 잘 나오지 않는다.

홈페이지를 하나 가지는 건 기본이기에 배울 수 있으면 배우는 게 좋다. 물론 시골에 오면 무료 전산교육이 있어 배울 수 있지만 사전에 준비하고 관리하면 그만큼 빠르다.

방문체험

온라인으로 맺어진 고객이라 하더라도 방문체험을 하게 해서 오프라인으로 만나게 되면 충성고객이 될 확률이 높아진다. 따라서 농장과 집을 지을 때 방문체험이 이루어질 수 있도록 공간을 마련하면 좋다.

기후에 대한 대비를 해야 한다. 시설재배를 하든지, 가공공정을 거쳐 부가가치를 올리는 상품을 개발하든지, 유통망을 확보하든지 하는 방법이 있다. 시설재배는 그만큼 초기투자비용이 많이 들어가니 신중하게 선택을 해야 하고, 가공공정에 대해서는 귀농하기 전부터도 관심을 갖고 공부를 하면 좋다. 원제품을 그대로 파는 것보다 가공을 하여 부가가치를 높이면 소득이 증가된다. 농산물 가공에 대해서는 많은 연구가 필요하다.

유통망을 확보하여 자기가 직접 재배를 하지 않고 소위 밭떼기나 계약재배를 해서 생산된 물품을 구입하여 팔기만 하는 방법도 있다. 생산에 대한 리스크는 줄어들겠지만, 이렇게 되면 농민이라기보다 상인이 되는 것이라 좀 그렇다.

갈수록 이상저온과 이상고온, 긴 우기가 심해지니 각자가 이에 대한 대비를 해야 할 것이다. 난관 때문에 어렵다고 생각만 할 것이 아니라 오히려 전화위복이 될 수 있으니 관행농법을 탈피해서 아이디어를 내면 좋은 결과가 나올 수 있다.

자체 디자인 한 곶감박스

 농작물 재해보험

태풍이나 이상기온으로 피해를 보는 경우 이전에는 고스란히 당하기만 했지만, 요즘은 농작물 재해보험이 시행되어 그 손실을 줄인다. 보험료의 85%는 보조이기 때문에 농민은 15%의 서럼한 비용으로 새해보험에 가입할 수 있다. 보험 가입은 해낭 시역 농협에서 접수한다.

시작은 미약하게

　산행을 시작할 때 들뜬 마음에 처음부터 급히 오르면 중간에 아주 빨리 지쳐 버린다. 처음에는 천천히 가며 온 몸의 근육들에게 이제부터 산행을 시작하니 준비하라고 얘기해 주며 올라가면 지치지 않고 갈 수 있다. 마라톤을 뛰는 사람이 처음에 백 미터 달리기 하듯 한다면 세상의 어떤 장사도 당해낼 수 없다.

　자동차도 급발진을 하면 연료 소모가 많다. 가게를 열어 장사를 할 때도 인테리어에 너무 많은 돈을 투입하면 망할 확률이 많다. 특허를 낸 많은 사람들 중 연구개발비에 너무 많은 투자를 해서 정작 특허 획득 후, 생산을 시작할 때 생산비가 없어 한숨을 쉬는 경우가 많다.

　자연법칙 중에도 관성의 법칙이 있다. 움직이지 않은 물체는 계속 움직이지 않으려는 성질이 있다. 처음 움직이려 할 때는 서서히 시작해야 무리 없이 진행된다. 처음 시작하면서 빨리 움직이려면 엄청난 에너지를 투입해야 한다. 에너지란 곧 돈이다. 빨리 움직이려는 욕심, 빨리 결과를 내보고자 하는 욕심을 채우려면 과도한 자금을 투입하게 마련인데, 뒷심도 없이 하다 보면 작은 착오가 생겨도 망하는 지름길이 된다.

귀농이라고 다르겠는가? 새로운 일의 시작인데 처음부터 속도를 낼 수는 없다. 1단 2단 기어도 올리지 않았는데 4단 5단 기어를 넣는다고 속도가 오르는 것도 아니고, 차에 무리가 가는 것과 마찬가지 이치다.

귀농 후 욕심이 앞서 무리하게 땅을 사고 집을 짓고 사업을 벌여서 고생하는 경우를 왕왕 보았다. 땅을 사면 놀릴 수 없기에 뭐라도 심어야 하고 심은 후에는 가꾸어야 하기에, 그때부터는 온 종일 그곳에 매달리게 된다. 무슨 일이든, 한 번 발을 들인 후 빼기는 상당히 어렵다. 사서 고생만 진탕하다가 뒤로 자빠져 포기하는 경우가 있다. 그래서 처음에는 신중해야 한다. 신중에 신중을 거듭해도 예기치 못한 일들이 벌어지는 게 인생이다.

집도 너무 크거나 비싸게 지어서 관리유지에 비용이 많이 들어가거나 집 짓는데 돈이 다 소모되어 생활비에 쫓기는 경우도 있다. 뜻이 앞서 시설하우스나 창고 펜션 등을 돈을 빌려 무리하게 하는 경우도 있다. 이런 일들은 전부 피해야 할 것들이다. 돈이 되고 안 되고를 떠나서 귀농 자체에 대한 회의가 들게 되고 결국은 포기하게 만든다.

처음엔 작게 시작해야 한다. 땅 사는 것도 서두를 필요가 없다. 천천히 시간을 두고 살펴보면 싸고 좋은 땅이 나오게 되어 있다. 사람을 알고 돌아가는 분위기도 익히고 해서 점차 하고픈 바를 늘려나가야 한다.

귀농귀촌의 추세와 주의사항

2010년 이후 귀농귀촌인은 점차 늘어나다가 2012년부터는 귀촌인이 폭발적으로 늘어나고 있다. 베이비붐 세대의 선두주자인 55년생들이 정년퇴직을 시작하였기 때문이다. 앞으로 귀농귀촌 인구는 더욱더 늘어날 것이다.

귀농보다는 귀촌인구가 급격히 늘어나는 데는 이유가 있다. 농촌은 더는 농사만 짓는 곳이 아니다. 돈이 필요한 사람에게는 도시에서는 구하기 힘든 일자리나 창업의 기회가 주어지고 건강관리를 하면서 행복한 생활을 하고 싶은 사람에게는 텃밭 가꾸며 여유롭게 살 수 있는 곳이다. 평생 바라던 꿈의 생활을 펼칠 수 있는 곳이다.

정부는 정부대로 도시의 문제점, 일자리 창출, FTA에 대응하는 농산물의 고급화를 꾀하기 위해 전폭적으로 농어민들에게 지원하고 있다. 이제 블루오션은 시골로 옮겨가고 있다. 2014년도 통계청 자료에 따르면 귀농귀촌 후 다시 도시로 돌아가는 비율이 2%에 그친다고 발표했다. 예상외의 통계치이다. 그만큼 시골생활에 대부분 만족한다는 것이다. 학생 수가 줄어가던 초등학교에 다시 학생 수가 늘고 있고 읍내 철물점은 성업 중이다. 농촌은 더는 옛날의 농촌이 아니다. 퇴직 예정자들을 필자가 상담한 결과 농사를 지어서 돈을 벌겠다는 사람은 거의 없었다. 공기 좋고 물 좋은 곳에 텃밭이나 가꾸면서 놀러 다니고 맘 맞는 사람 친구 삼고 배우고 싶은 것 찾아서 배우며 살겠다는 사람이 대부분이었다. 경제적인 기반이 되는 분은 시기가 문제이지 결국 들어오시겠다는 것이고 기반이 없는 젊은 층에서도 기회를 찾아 시골로 들어오고 있다.

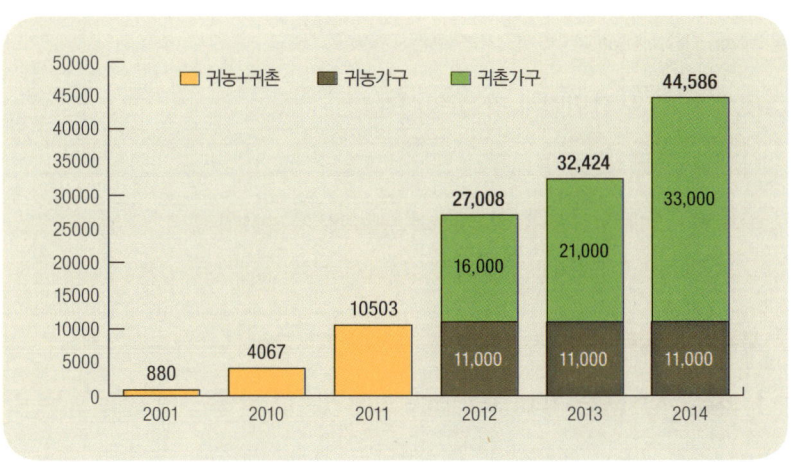

〈농촌경제연구원 조사 귀농귀촌인 1,000명 설문(2014년)〉

• 매우 실패한 편 : 1%   • 실패한 편 : 4%   • 성공한 편 : 38%   • 매우 성공한 편 : 7%   • 아직 모르겠다 : 50%

귀농귀촌의 순서

첫째, 귀농귀촌 전 도시에서 먼저 해야 할 일은 집에 대한 공부이다. 집의 구조, 배치, 형태, 건축자재 종류, 가격 등을 파일로 만들어 준비한다. 다른 집에 놀러 가면 그때마다 유심히 살펴본다. 공부한 만큼 비용을 절약할 수 있고 좋은 집을 지을 수 있다.

둘째, 살고 싶은 지역을 정한다. 귀촌인는 되도록 귀촌인이 몰리는 지역을 돌아보고 귀농인은 관심 있는 작물의 대량 재배지를 돌아본다. 각 지자체의 홈페이지에 들어가면 전입인구 현황이 있으니 참조하고 해당 농업기술센터에 귀농귀촌 상담센터가 있으니 방문하면 정보를 제공해 준다.

셋째. 그 지역에 임시로 거주한다.

넷째. 이웃을 사귀면서 땅을 알아본다.

다섯째. 집을 짓는다.

여섯째. 재배할 작물을 선택하여 농사를 시작한다.

시골살이 실패 유형

1. **의욕이 앞서 땅을 많이 사고 집을 크게 짓는다** 처음부터 일을 크게 벌이면, 일에 매여서 중노동에 시달리고 시골살이에 대한 환상이 깨진다. 땅이 있으면 놀릴 수는 없으니까 뭐라도 하게 된다. 특히 농업자금이 싸다고 융자를 많이 내어 초기 투자를 많이 하면 결실이 빨리 나오지 않

을 때 마음이 급해지고 빚에 쫓겨 다시 도시로 도망가듯 돌아간다.

따라서 땅은 천 평을 넘기지 말고 이삼백 평 이내로 시작하고, 살면서 과수원을 추가로 사든지 결정한다. 집은 25평 이내로 짓는다.

2. 동네 안에 싼 집이 나왔다고 덜컥 매입한다 시골의 기존 동네는 대개 전망이 없고, 옆집과 붙어 있어서 사생활 보장이 어렵다. 시골집은 대부분 대문이 있어도 잠그지 않으니까 기척도 없이 불쑥불쑥 이웃이 들어온다. 노인들은 외로우니까 관심을 보이는 것이지만 외지에서 들어간 사람은 당황하게 된다. 동네 안에 집을 살 땐 이런 점을 생각하고 들어가야 한다.

3. 친구가 없는 한적한 곳을 택한다 처음에는 한적하여 좋을지 모르지만, 시간이 지나고 나이가 들면 사람은 사람과 부대끼며 살고 싶어진다. 말이 통하는 또래나 귀촌인이 없는 동네는 무인도에 있는 듯 외롭다. 따라서 집은 외떨어져 있더라도 5분 안에 맘 맞는 친구가 있는 귀촌인이 많이 모이는 장소를 선택하는 것이 좋다.

4. 처음부터 유기농이나 특수작물을 재배한다 유기농이나 특수작물은 전문적인 지식이 필요하다. 고소득이라는 광고나 친환경에 집착하면 처음에 너무 어려운 과제에 직면하게 되어 좌절하게 된다. 따라서 처음에

는 토양이나 나무에 관한 공부를 해서 농사에 관해 좀 알게 될 때 유기농이나 특수작물을 해도 늦지 않다.

제2장
시골생활에서 부딪히는 문제들

텃밭 채소 가꾸기

 텃밭 채소는 나름 공부할 부분이 많으니 별도로 작물에 따라 공부하시고 여기서는 중요한 사항이나 간과하기 쉬운 것들만 기술한다.

 1. 작물을 심으려면 보름 전에 거름을 뿌리고 삽으로 파 엎어 둔다(밑거름 시비). 물론 이때 배수나 병해충의 예방과 잡초 제거, 관리의 편리를 위해 이랑과 고랑을 만든다. 특히 고추는 흙에서 탄저균이 전염되므로 이랑을 높이(30센티) 조성 한다.

 2. 모종을 살 때 초보 농사꾼은 종자를 뿌리는 것보다 모종을 심는 게 좋다. 모종은 키가 큰 것보다 작고 짱짱하고 마디 사이가 짧은 것이 좋고 잔뿌리가 발달 되어 흙을 부서지지 않게 감싸 쥐고 있는 게 좋다. 모종 구매 후에 바로 심지 말고 노지 적응훈련을 시킨다. 모종은 대개 하우스에서 재배된 것이라 노지 환경에 적응하지 못해 고사하는 게 있기 때문이다. 햇볕을 쬐고 물을 주지 말고 추위에도 노출해 적응하게 하고 이에 견디지 못한 모종은 도태시킨다. 밭에 심고 난 후 죽으면 그

자리가 뻥 뚫리게 되니 좋지 않다.

  3, 씨를 뿌려야 할 경우엔 씨 두께의 2~3배로 흙을 덮어준다. 단지 씨가 너무 작은 경우엔 흙과 씨를 섞어서 뿌려 주면 된다. 씨를 줄뿌림한 경우에 어느 정도 자라면 솎아 주어야 한다. 그렇지 않으면 자잘한 것들만 수확하게 될 것이다.

  4. 작물은 연작 장해가 있다. 즉 한 작물을 같은 장소에 계속 심으면 병충해가 심해지고 영양보충이 제대로 되지 않는다. 인삼 같은 경우는 한번 심으면 10년 후에나 다시 심는다. 연작 피해가 약하여 1년 후에 심을 수 있는 건 생강, 시금치, 콩, 파 등이고 열매가 계속 열리는 고추, 가지, 토마토 등은 5년 후에 심는다.

  5. 고추가 자라면 Y자로 가지가 벌어지는데 첫 번째 Y자로 벌어지는 곳에 달리는 고추를 방아다리 고추라 하고 이것을 따 주어야 한다. 그리고 그 밑에 있는 잎들도 따주어서 탄저균이 침입 못 하게 한다.

  6. 토마토는 곁순을 제거해 주어야 하는데 본 가지와 갈라지는 가지 사이, 겨드랑이 같은 곳에 나오는 줄기를 제거해 주어야 한다. 그렇지 않으면 영양생장이 과대해져서는 열매가 제대로 맺히지 않는다. 그리고 7월 초쯤에 순지르기를 한다. 자라는 순의 끝을 잘라주는 것이다. 그러면 키는 그만 크고 열매를 튼실하게 키운다. 방울토마토는 7번째 화방, 일반 토마토는 5번째 화방을 잘라 준다. 가위로 자르면 오염될 수 있으니 손으로 툭 따준다. 토마토는 배수가 제대로 되지 않으면 장마 후 뜨

거운 햇살에 열과현상으로 갈라지므로 배수가 좋은 곳에 심는다.

7. 감자는 깊게(15센티) 심어야 하고 순이 돋아나면 튼실한 줄기 하나만 남기고 밑부분까지 제거한다.

또한, 꽃이 피면 꽃도 따 준다. 감자는 수정과 상관없이 결실이 되므로 꽃으로 가는 영양분을 줄이기 위함이다.

8. 잡초 방지와 보습을 위해 멀칭(비닐 덮는 것)을 하는데 투명비닐 보다는 검은 비닐이 낫고 그보다는 공기가 통하는 잡초 방지 부직포가 낫다.

9. 열매가 계속 열리는 고추, 토마토, 가지 등은 웃거름을 지속적으로 준다. 작물은 받은 만큼 내어 준다.

10. 진딧물은 바이러스를 옮기는 매개체이므로 초기에 박멸한다. 줄기에 개미나 무당벌레가 있으면 진딧물이 온 것이다. 텃밭 채소에 농약을 뿌리기 그러니 쑥이나, 땡초, 마늘, 생강 등을 설탕에 재워서 그 액을 뿌리면 박멸 된다(1% 정도 희석). 물론 식초를 만들어 뿌리면 효과가 배가 되고 중성 세제를 섞어도 효과가 배가된다.

비료 주기

예전에는 집집마다 거름 만들기를 매우 소중히 여겼다. 똥이나 오줌, 재, 음식 찌꺼기, 깻묵, 퇴비 등이 땅의 지력을 높이는 유일한 방법이었기에 그 어느 것 하나도 쓸모없는 것이 없었다. 심지어 남의 집에 있다가도 오줌이 마려우면 자기 집에 와서 두엄자리에 싼다고 했다. 귀중한 것을 남의 집에 보태주고 오면 안 되기 때문이었다. 이처럼 자가 생산하는 거름은 요즘 용어에 따르면 유기질 비료라 할 수 있다.

유기비료와 무기비료

비료를 원료로 구분하면 유기질비료와 무기질비료가 있는데, 학술적으로는 탄소가 있으면 유기질비료이고 없으면 무기질비료라 한다. 일반인에게는 익숙하지 않은 개념이기에 그냥 화학비료는 무기비료이고 자연비료는 유기비료라 보면 된다. 물론 화학비료 중에도 유기비료가 있다. 더 쉽게 말하면 식물이나 동물 등 살아있는 유기체를 형성했던 것들을 썩히고 발효시켜 만들어진 것이 유기비료이고, 식물에 필요한 핵심적인 영양 성분만을 화학적으로 조합하여 공장에서 생산한 것이 무기비료라 이해하면 되겠다.

유기질비료에는 숙성이 필요한 부산물비료가 있고 숙성이 필요 없는 유박油粕(기름 짜고 남은 찌꺼기) 같은 비료가 있다. 식물은 유기물 상태인 거름으로는 영양섭취를 못하므로 미생물이 유기물을 무기물로 분해하고 그 무기물을 식물이 흡수한다. 따라서 미생물이 없으면 거름을 아무리 많이 줘도 소용없다. 지렁이 또한 같은 맥락이다. 지렁이는 유기물을 먹고 칼슘 등 영양소가 많은 배설물을 내보낸다.

유기거름, 소위 퇴비는 영양공급의 효과보다 토양 개량의 효과가 더 크다. 그러므로 땅 위에 뿌리는 것은 그 효과가 반감된다. 그렇다고 일일이 땅을 파서 묻기도 만만찮다. 필자가 생각해 낸 방법은 나무의 주간(主幹)에서 어느 정도 떨어진 곳에(영양분을 흡수하는 잔뿌리는 뿌리의 끝에 있다) 삽으로 파서 퇴비를 묻는다.

다음 해는 그 옆에 구덩이를 파서 묻는다. 퇴비의 효과는 오래 지속하므로 이렇게 빙 돌아가며 구덩이를 파서 묻으면 퇴비의 효과를 극대화 시킬 것이다.

미생물 활성화

소위 땅이 살아있다 함은 미생물이 많다는 말이다. 제초제를 사용하면 미생물이 죽고 무기물로 되는 분해가 어려워 영양섭취가 안 된다. 유기농법이라 함은 미생물을 활성화시켜 재배하는 방법으로 나쁜 균들이 득세하기 전에 유익한 미생물들을 배양하여 나쁜 균이 발붙이지 못하게 하여 병해충을 줄이는 것이다. 그런 연후에 천연농약으로 병해충을 박멸하는 것이다.

미생물은 EM(유익 미생물)이라 하여 기술센터나 관계기관에서 저렴하게 살 수 있다. 다만 미생물의 종류가 워낙 방대하기 때문에 몇 가지의 미생물만 투입한다는 건 문제가 있다. 집 주변 산에서 부엽토를 채취해서 미생물을 배양하면 공짜로 훨씬 다양한 미생물을 얻을 수 있다. 표층의 나뭇잎 부스러기를 걷어내고 그 밑의 부드러운 부엽토를 갖고 와서 물에 희석하여 뿌려도 되고 미생물에게 먹이를 주어 배양해서 뿌려도 된다.

미생물 먹이는 배지라고 하는데 음식물 쓰레기, 쌀뜨물, 잡곡, 상한 과일 등 여러 가지가 있으니 각자가 공부하여 땅심을 높인다면 훌륭한 농부가 될 것이다. 퇴비는 충분히(최소 1년 이상) 썩혀서 익힌 후 사용한다. 부숙腐熟되지 않은 퇴비는 부숙 과정의 열기와 가스로 인해 작물이 죽을 수 있다.

무기비료는 식물이 필요한 핵심영양 성분을 갖고 있지만 지속적으로 사용하면 토양이 산성화 된다. 산성화가 심해지면 미생물이 줄어든다.

식물이 자라기엔 PH 6~6.5가 적당한데 산성화가 진행되면 이 수치 이하로 떨어진다. 따라서 2~3년에 한 번씩 석회비료를 주어 산성화를 방지하는 것이 좋다.

유기비료는 흡수는 느리지만 다양한 영양소가 있으므로 유기비료와 무기비료를 복합해서 사용한다. 물론 자기 땅에 대한 토질 분석을 하여 처방대로 비율을 조정해 주는 게 가장 좋다. 지자체에 따라 다르지만 해당 지자체 농업기술센터에서 무료로 토양분석을 해준다.

비료 주는 시기

비료 주는 시기로는 수확 후 다음 해 초봄의 생장과 냉해 방지를 위해 감사비료를 준다. 이때는 흡수율이 빠른 무기질 비료를 준다. 뿌리의 생장이 멈춘 겨울에 다음 한 해 먹고 살 밑거름을 준다(유기질). 그 다음 낙엽과수에는 5~6월에 유기질 비료를 한 번 더 준다.

비료는 되도록 조심스럽게 소량을 사용해야 한다. 과하면 약해藥害가 있다. 긴 장마 후에는 뿌리에 물이 과다해 영양흡수가 불량하므로 소량의 비료를 주면 좋다. 뿌리가 물에 오랫동안 잠기면 뿌리가 호흡을 못하여 비실거리고, 가물면 토양의 공기 함량이 많아져 물을 사용한 삼투압이 일어나지 못한다. 결국, 영양이 부족하여 열매가 많이 떨어진다. 따라서 오랜 장마 후에는 비료를 소량 주고 일주일 이상 비가 안 오면 물을 준다.

거름은 많아도 웃자람 때문에 좋지 않고 모자라도 영양부족으로 좋지 않으니 꼭 토양분석을 하여 적정비율의 시비施肥를 하여야 할 것이다. 인터넷으로는 흙토람 사이트(http://soil.rda.go.kr)를 참고하면 개괄적인 토양분석이 된다.

그리고 시비는 표준량을 기준으로 각각의 나무 수세를 보고 양을 조절한다. 수세가 강하면 적게 주고 약하면 많이 준다. 수세가 강하다는 것은 대충 도장지[4]가 1미터 이상 쭉쭉 뻗는 나무라 보면 된다. 열매를 많이 달아 영양분 소모가 많은 나무는 많이 준다.

유박비료의 주의사항

한 가지 첨언할 점, 특히 반려동물이나 가축을 키우고 있는 분들이 주의할 점이 있다. 유박비료[5]를 동물이 먹으면 치명적인데 살충효과가 있는 비소성분이 섞여있기 때문이다. 혹시 먹었을 경우에는 비눗물이나 조미료를 섞은 소금을 억지로 먹여 토하게 한다. 깻묵처럼 기름을 짜낸 찌꺼기인 유박비료는 동물들이 그 냄새를 좋아하여 먹다가 일을 당하

---

[4] 자라는 가지 가운데 질소질 비료의 과다 등으로 특히 세력이 왕성하여 지나치게 자란 가지. 웃자람가지라고도 한다. 도장지의 경우는 꽃눈이 거의 붙지 않으므로 과수(果樹) · 화목(花木) 등에서는 처음부터 자르거나 약간 남기고 잘랐다가 후에 원가지[主枝]의 갱신 때 대신 쓰는 일도 있다.

[5] 식물성 기름을 짜고 난 깻묵(oil cake)을 펠렛 형태로 압착한 순식물성 퇴비이다. 유박은 아주까리, 유채, 대두(콩), 미강(쌀겨) 등의 순 식물성 재료를 가공한다.

는 경우가 종종 있다. 그래서 유박비료는 보관할 때도 조심해야 한다.

위에 언급한 내용들은 거름과 비료의 기초개념과 간단한 사용 방법 등만을 다룬 것이라서 실전에 적용할 때 충분치 못하다. 자기 토양의 성질과 심고 있는 작물에 적합한 세부적인 시비에 대한 공부는 각자가 해야 할 몫이다.

나무재의 활용

나무재는 알칼리성으로 소독 효과가 있고 칼슘이 많다. 그러므로 옛 조상들은 부추밭에 재를 많이 뿌렸다. 생각보다 바람에 많이 날리지 않으니 채소밭에 뿌리면 좋다. 병해충 예방도 되고 채소를 힘 있고 싱싱하게 해준다.

미생물 발효통 설치

미생물 발효통을 한 개 설치한다. 그냥 아무 통이나 직사광선이 내리쬐지 않는 곳에 놓으면 된다. 주변에 있는 부엽토(나뭇잎이나 작은 가지 등이 부패분해(腐敗分解)하여 생긴 흙)를 넣고 쌀 씻은 물을 버리지 말고 모으면 된다. 물을 부어 희석시켜서는 틈틈이 텃밭이며 과수에 뿌려준다. 냄새나는 곳에도 뿌려주면 냄새가 금방 없어진다.

거름장 만들기

시골에서는 음식물쓰레기를 버리는 경우는 거의 없다. 대부분 2차 활용을 한다. 우선은 개에게 주고 개가 먹을 수 없는 것은 닭에게 준다. 닭은 웬만큼 상한 것도 잘 먹는다. 그러고도 남는 음식물은 거름장에 버린다.

기존의 거름장은 나무상자 형태로 만들어 그 안에 내용물을 부숙시켜 퍼내 사용하는 시스템이다. 그런데 이 방식은 냄새가 고약하고 파리들의 성화도 심하다. 미관상도 그다지 좋아 보이지 않는다. 또한 만들기도 번거롭고 관리하기도 힘이 든다.

거름장 만드는 방법

필자가 만들어 사용하는 거름장을 소개해 본다. 우선 농약 희석용 물통으로 사용되는 큰 고무물통이 있으면 된다. 약간 깨져있는 물통이라도 상관없다. 그것을 그냥 엎어버린 뒤 사용한다. 물론 바닥은 침출수

가 빠질 수 있도록 배수로를 확보하고 자갈 등을 깔아 배수가 잘 되도록 해야 한다. 물이 고이면 숙성되는 게 아니고 썩기 때문이다.

자갈 위에는 인근 산자락에 있는 부엽토(썩은 나뭇잎 흙)를 깔아준다. 음식물은 미생물(인근 토종미생물)이 있어야 나무가 먹기 좋게 분해된다. 또한 이 미생물은 냄새까지 없애주므로 하얀 균사가 있는 부엽토를 물에 몇 일 동안 담궈 두었다가 그 물을 거름장에 뿌리면 냄새도 없어지고 좋은 거름도 된다. 그냥 부엽토를 뿌려주어도 냄새는 없어진다. 이

물을 과수원에 뿌려주면 살아있는 땅이 된다.

본래의 물통 바닥이 이제 뚜껑이 되었는데, 이것을 절반 정도 절단해서 거기에 장석을 단다. 그러면 끝이다. 단지 절단할 때 가장자리 끝까지 자르지 말고 테두리는 남기고 잘라야 시간이 지난 후 거름장의 원형이 유지된다.

거름장 하단부에 구멍을 내어 부숙된 거름을 꺼내 쓸 수도 있으나 굳이 어렵게 할 필요 없다. 그냥 사용하다 꽉 차면 통만 들어내 옮겨 설치하고 1년 정도 부숙시켜 거름으로 사용하면 된다.

필자의 집에 있는 거름장은 가득 차는 데 3년은 족히 걸린 것 같다. 2인 가족에서 나온, 음식물 기준이니, 가족 수에 따라 달라질 것이다. 이렇게 2년 정도 되면 고무통을 빼서 다른 곳으로 옮기고 부숙된 거름은 몇 달 뒀다가 사용한다. 음식물 쓰레기는 부숙되면서 양이 엄청 줄어든다. 파리나 깍다귀가 붙으면 나무재나 부엽토, EM, 톱밥 등을 뿌려주면 사라진다.

> **Tip 목초액 만들기**
>
> 굴뚝을 만들 때 금속 연통을 사용하면 목초액을 만들 수 있다. 굴뚝의 밑 부분은 돌과 흙으로 두껍게 만들고 중간 지점에 연통을 꽂으면 된다. 연기가 올라가다 연통 부분에서 냉각되어 밑으로 떨어진다. 밑에다 통을 설치해 놓으면 간단하다. 농업 분야에서는 농약 대신 이용을 하며, 특히 축산업에서는 분뇨 냄새나 악취 등을 제거할 때, 이용한다. 목초액을 담장에 뿌려주면 뱀이나 지네 등 벌레들의 침입을 막는다.

농약, 알면 두렵지 않다

 어떤 현상에 너무 관대해도 문제지만 너무 민감해도 문제다. 일단 농약이란 말을 들으면 부정적인 의미로 받아들여지고 방송에서 자주 접하던 자살이라는 단어도 떠올리게 된다.
 필자 역시 농약에 대해 상당히 민감하게 그리고 두렵게 생각했다. 그래서 웬만한 과수에는 농약을 사용하지 않았다. 감나무의 경우는 우리 지역의 주요 작물이라 약을 치긴 치는데 가능하면 횟수를 줄였고, 방제할 때는 완전무장을 하고 임했다.
 감나무에 약을 치는 유월이면 제법 더운 날씨인데 공기가 통하지 않는 비옷을 입고 장화 신고 마스크 하고 비닐 방수모자 둘러쓰고 서너 시간을 보내야 한다. 그리고 나면 온몸은 땀으로 범벅이 되고 바람의 방향이 갑자기 바뀌어 분무 방울이 날아올 때면 기겁을 하고 피하곤 했다. 한 방울이라도 흡입하면 크게 해로울까 두려웠던 것이다.
 그런데 요즘의 농약이 생각만큼 그렇게 위험하지 않다는 것을 알기 시작했다. 예전에 고엽제나 자살용으로 쓰이던 그라목손이라는 제초제가 극약이다 보니 농약에 대한 전반적인 이미지가 그렇게 극단적이었다. 지금은 고엽제는 물론 그라목손을 포함한 맹독성 농약은 생산되지 않는다.

그래서 어지간한 농약을 조금 마셔도 죽지는 않는다. 사실 전에는 농약을 치다가 중독되는 경우가 가끔 있었는데 요즘은 거의 그런 사례는 없다고 한다. 우리 동네에서 농사를 오래 지은 사람들은 마스크도 쓰지 않고 비옷도 입지 않고 방제하는 것이 보통이다. 농약에 대해 제대로 알고 난 후에는 필자도 방제 작업할 때 예전처럼 그렇게 긴장하지 않고 조금은 편하게 한다. 사실 그 전에는 약치는 일이 가장 신경 쓰이는 일이었다.

참고로 농약에 대한 간단한 개요를 소개해 두겠다.

농약 개요

농약은 독성에 따라 맹독성, 고독성, 중독성, 저독성으로 구분하는데, 지금은 고독성 농약은 시판되지 않고 대부분 저독성 농약이 사용된다. 사람이 아프면 약을 먹듯이 나무나 채소도 아프면 약을 먹고 치료를 해야 한다. 이렇게 치유되는 덕분에 인류의 식량 생산은 비약적으로 증가되었다. 옛날엔 지금보다 농토가 많았지만 대부분의 농작물이 귀하지 않았던가. 만약 농약을 사용하지 않는다면 곡물류는 지금의 60%, 과일류는 10% 정도만 생산될 것이라고 한다. 따라서 농약이 없다면 기아에 허덕이는 사람이 엄청 늘어날 것이다. 농약은 필수불가결한 약품이므로 사용은 하되 그 후유증을 최소화시키며 개발해 나가야 할 것이다.

농약의 사용법은 제품에 표기되어 있는데 사용자는 이를 잘 지켜야 한다. 농약이 방제되고 비나 공기 중에 날아간 후 사람이 먹어도 상관없이 되는 정도를 잔류농약기준이라 하는데 그 기준에 도달할 때까지의 기간이 정해져 있다. 잔류농약기준은 사람이 평생 매일 먹어도 상관없는 정도를 말한다. 그러므로 농약안전사용기준(특히 최종방제일 기준)을 꼭 지켜야 한다.

농약의 구별 방법

농약을 사용대상에 따라 구분하면 살균제, 살충제, 제초제가 있다. 균을 죽이는 살균제는 분홍색으로 표시된다. 살충제는 각종 벌레를 죽이는데 이는 녹색으로 표시한다. 풀을 없애는 제초제가 있는데 이는 황색으로 표시된다. 병으로 나오는 것은 뚜껑의 색으로, 봉투로 나오는 것은 표면에 색상이 표시된다.

제초제는 잡초의 싹이 돋기 전 살포하는 토양살포제가 있고 풀이 돋아난 후 살포하는 경엽(줄기, 잎)살포제가 있다. 그밖에도 선택적으로 제

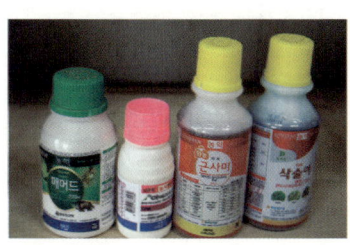

농약의 색깔별로 구분하기

초하는 여러 종류의 제초제가 있으므로 유심히 알아보고 사용한다. 하지만 제초제(특히 비선택성 제초제)는 다른 농약에 비해 후유증이 심하므로 가능하면 사용을 자제하고 스스로 좀 더 부지런히 움직여 다양한 방법으로 직접 풀을 제거하는 것이 좋다.

농약치기

농약을 칠 때는 바람 없는 맑은 날, 아침이나 저녁 무렵에 한다. 한낮에는 뜨거운 햇살 때문에 나뭇잎이 화상을 입는다. 물을 줄 때도 마찬가지다. 바람이 불면 약이 날리므로 당연히 피하고 바람이 불 때는 등지고 뿌린다. 농약 통에 농약을 붓고 농도가 균일하게 잘 저어야 하는데, 이때 막대기로 어렵게 젓지 말고 분무기를 통 안에 대고 쏘면 신속하고 쉽게 희석이 된다.

비가 많아 습하면 균의 활동이 활발하니 방제에 신경을 써야 한다. 반대로 가물고 건조하면 방제기간을 좀 늘려 잡아도 된다. 방제는 이미 균이나 충이 발생한 후에 하면 효과가 떨어지므로 사전 예방하는 것이 효과적이다. 초보인 경우엔 그 시기를 잘 알 수 없다. 농협에 가면 농약담당이 있으므로 그 직원과 상의하면 쉽게 그 시기와 적합한 농약을 구할 수 있다.

농약을 칠 때는 흠뻑 치는 게 중요하다. 균이나 충은 숨어있기에 방제가 안 되는 경우가 많으므로 되도록이면 흠뻑 주어서 숨어있는 경우도 잡아내어야 효과적이다. 일반적으로 건조한 시기에는 충이 번성하고 습한 시기에는 균이 번성한다. 따라서 일반적으로 비가 오고 나면 균의 확산이 일어나므로 비가 오기 전날 방제하면 나무나 잎에 도포되어 병의 예방이 이루어진다.

농약의 사용횟수를 줄이기 위해 나무의 껍질을 벗기고 유황합제를 치는 경우도 있다. 적은 양을 칠 때는 무동력으로 어깨에 메는 한말짜리 통으로 방제하지만 나무가 높고 면적이 넓을 때는 동력분무기를 사용한다. 경운기가 있으면 그걸 이용하지만 초보 귀농자들은 경운기 사용을 자제하는 것이 좋다. 아주 위험하다. 반고정식 동력분무기는 과수원 넓이에 따라 호스 굵기도 다르고 동력도 다를 수 있으니 선험자에게 자문을 구하고 자기 과수원에 맞는 제품을 구입한다.

친환경 농약

농약에 대해서는 여전히 부정적인 인식이 지배적인 상황에서 생태계 보호 차원에서 미생물을 이용한 농약도 개발되어 사용되고 있다. 하지만 아직은 초보 단계라서 그 실효성은 크지 않은 실정이다.

친환경 농약도 다양하게 제조할 수 있으므로 그 부분은 각자가 별도로 공부해 두면 좋을 것이다. 단지 친환경농약은 공부하는 노력이 필요하고 정확하고 부지런히 방제작업을 해야 한다. 저렴하게 천연농약을 자가제조하여 사용하고 싶으면 '자연을 닮은 사람들'(www.naturei.net)

이라는 사이트를 활용해 봄직하다. 하지만 아직 천연농약은 완전 검증되지는 않았으므로 장기적인 안목에서 자기 스스로 연구개발과 경험을 쌓아야 할 것이다.

참고로 마늘이나 땡초, 쑥 발효액을 만들어 희석해 뿌리면 소독의 효과가 있고 그 발효액을 식초로 만들어 뿌리면 효과는 배가 된다. 좀 더 강력한 효과를 보려면 주방 세제를 섞어 주면 되고 미국자리공이나 돼지감자의 발효액이나 식초를 만들어 사용하면 살균·살충 효과가 더 있다.

> **Tip 석회유황합제의 사용**
>
> 석회유황합제는 생석회와 유황화(硫黃華)를 물에 조합조제(調合調製)하여 만든 투명한 액체이다. 알칼리성으로 농작물의 살균·살충제 및 토양의 소독제로 쓰인다. 잎이 필 무렵 석회유황합제를 뿌려주면 농약 사용을 줄일 수 있다. 이것은 농약방에서 파는데 친환경 소재다. 석회보다 더 좋은 것은 황토다. 인터넷에서 황토유황합제를 검색해서 본인이 만들어 사용하면 가장 좋다. 그런데 유황합제를 뿌리면 초봄에 나는 나물 등을 먹을 수가 없다. 그래서 필자는 개체수가 적은 과수나무들엔 따로 약을 안치기에 질통으로 유황합제를 치고 주작물인 감나무엔 5, 6월에 약을 치기로 했다.

풀과의 전쟁

시골의 생활은 풀과의 전쟁이다. 봄부터 여름 내내 풀과 씨름한다. 환삼덩쿨 같은 넝쿨식물은 나무를 잡아먹으며 오르는 기세가 악마처럼 무섭다. 특히 씨앗을 뿌린 후 싹이 돋을 땐 파종한 싹인지 잡초인지 구별도 어렵고 이 때 잡초의 기세가 세면 심은 씨앗의 싹은 노릇노릇 골아 죽는다.

잡초가 밉다 해도 먹는 과실나무나 채소밭엔 제초제를 뿌리면 안 된다. 농약은 단기간에 분해되지만 제초제는 분해되는데 시간이 걸린다. 시중에 유통되던 '그라목손'(Gramoxone)이라는 제초제는 분해 기간이 5개월 정도로 가장 길다. 지금은 판매금지가 되었고 여타 제초제들의 분해 기간은 대개 한달 이내라고 발표되어 있다.

그래서 제초제는 관상용나무(식용이 아닌 나무들)를 재배하는 곳에만 뿌려야 한다. 물론 뿌리지 않는 것이 최선이지만, 대신 그런 곳엔 녹비작물[6]을 심어주면 효과가 좋다. 녹비작물은 다른 풀의 자람을 막아주면서 토심을 증대시켜 준다.

풀은 어릴 때 뽑는 게 상책이다. 하지만 뽑아도 뽑아도 자고 나면 머리를 내미는 것이 풀인지라, 봄 여름 내내 씨름해야 한다. 아래는 풀을 없애는 여러 가지 방법들을 예시해 본 것이다.

■ **예초기로 베기**

풀이 어느 정도 자란 후에 사용하는 보편적 방법이다. 이때는 돌이나 지형을 잘 알고 있어야 안전하다. 때문에 겨울 동안에 나뭇가지를 주워내고 돌이나 요철을 최대한 없애 놓는 것이 필요하다.

■ **개 묶어두기**

개가 밟고 다니면서 풀을 없애고 개줄이 훑어주면 웬만한 풀은 제거된다. 개를 묶어놓는 위치를 때때로 옮겨주면 나름 효과가 있다.

■ **판자나 비닐,천막 등으로 덮기**

텃밭이 아닌 평지에서 손쉽게 사용하는 방법이다.

■ **괭이나 갈고리로 긁기**

싹이 어릴 때는 날이 사다리꼴인 넓은 괭이로 긁어준다. 싹이 자랐을 경우 밭의 풀과 넝쿨풀은 갈고리로 긁어도 된다. 일반 갈고리의 날이 가늘다 생각되면 화재 진압용 갈고리로 한다. 독자 중에 누군가 날

---

6) 녹색식물의 줄기와 잎을 비료로 사용하는 것. 대부분 콩과식물임. 예를 들면 자운영, 거여목, 클로버 등. 화본과 작물에는 풋베기 귀리, 옥수수, 쌀보리 등이 있다.

의 간격을 조정할 수 있는 제초용 갈고리를 개발해 봄직하다.

■ 부탄가스 토치(불총)로 굽기

흙마당에 어린싹이 잔디처럼 무수히 돋아나올 때 강력한 불꽃으로 제압하는 방법이다.

■ 닭을 풀어 쪼아 먹이기

과수원 같은 나무 밑이나 마당 등의 잡초 제거에 활용한다. 지네나 벌레까지도 해결해 준다.

■ 녹비작물 키우기

호밀, 유채, 토끼풀 등 기세가 센 녹비작물을 키운다. 이것들은 관에서 무상으로 보급해 준다. '헤어리베치'(hairy vetch) 같은 녹비작물은 수고가 최소 1미터 이상인 나무의 과수원에 뿌려야 한다. 낮은 수고의 나무에는 덩굴이 되어 감아 올라가 오히려 일이 더 많아질 수 있다.

■ 수행으로 여기고 손으로 뽑기

수시로 마음속에 있는 독초를 뽑아낸다는 생각으로 임한다. 수행도 하고 잡초도 뽑으니 일석이조다.

■ 검정 비닐로 덮어주기

텃밭의 감자 등 덩이줄기나 모종을 심을 때는 검정비닐을 덮어주면 완벽하게 잡초를 방지한다. 하지만 이때 비닐이 지온을 상승시켜 작물에 타격을 준다. 일정 온도 이상이 되면 뿌리는 활동을 중지하기에 비닐 속의 뿌리는 하절기에 영양섭취를 못하고 영양이 부족하여 부실한 열매를 조기에 맺고 마감한다. 때문에 공기가 통하고 빗물이 스며드는 제초용 부직포를 사용해야 한다. 유사한 방법으로 텃밭에 씨를 뿌리는 경우 짚을 덮어주는 방법도 있다.

■ 그냥 버려두기

생명이라는 넓은 관점에서 보면 유익한 풀과 나쁜 풀이 있을 수 없다. 그래서 인디언들에게는 잡초라는 단어가 없다. 마음먹기에 따라, 끌어안고 함께 공생하며 사는 것도 방법이다.

그리고 풀의 종류에 따라 예초기 날을 바꿔주는 것이 필요하다. 일반적인 잡초 베기에는 나이론 줄, 억새 등의 거센 풀은 일자형 쇠날, 대나무 등 작은 나무 및 평평하고 섬세하게 할 경우에는 원형 톱날을 사용하면 편리하다.

한편, 과수원에는 흙의 유실 방지, 땅의 경화 방지, 보습, 영양분 뿌리 침투 등을 위해 어느 정도의 풀(10센티 정도 유지)이 있는 게 좋다. 풀을 모조리 없애는 것만이 능사는 아닌 것이다.

잡초를 뽑을 때 나를 귀찮게 하는 풀을 뽑는다 생각하면 재미없다. 하지만 흔한 그 풀이 약초임을 알고 유용하게 쓰기 위해서 뽑는다면 신이 날 것이다. 우리가 제거해야 할 대상으로만 알고 있는 잡초 중에는 유익한 것들이 많다. 바랭이풀, 쇠비름, 질경이, 명아주, 환삼덩굴, 개망초, 며느리밑씻개, 별꽃, 물가의 고마리, 그리고 조금 귀하지만 비단풀

잡초 제거용 비닐 덮기

등은 유용한 풀들이다. 전문적인 도감이나 인터넷에서 각자의 생김새와 효능을 알아보고 효소의 재료나 나물, 약초로 사용하기 바란다.

> **일소현상**
>
> 나뭇잎은 증산작용을 하므로 온도유지가 되지만 과실은 증산작용을 하지 못해 잎보다 온도가 높고, 고온의 햇살에 노출되면 타버리는 해를 입는다. 이를 일소현상이라 한다. 고온이 지속한 2015년에는 일소 피해를 보아 조기 낙과한 과실이 많다. 이때에는 관수를 하여 피해를 줄여야 한다.

예초기 사용하기

예초기는 날이 날카롭고 회전이 빠르기에 위험하다. 날이 빠지지는 않지만 돌에 부딪쳐 날이 깨져 튀고, 돌이 튀어서도 다친다. 때문에 가능하면 쇠날 대신 나일론 줄을 사용할 것을 권한다. 나일론 줄로 된 예초기는 굴곡이 있는 곳이나 돌이 있는 곳 등 지형이 어려운 곳에서 두루 사용할 수 있다. 무엇보다 안전하고, 줄을 길게 빼서 사용하면 쇠날에 비해 작업도 훨씬 빠르게 할 수 있다.

나일론 줄 사용

잔디를 깎을 때에도(특히 중간마다 돌이 있는 잔디밭의 경우) 나일론 줄이 효과적이다. 억새 같은 거친 풀을 벨 때에는 쇠날이 유용하지만 그 밖의 대부분의 경우 잡초 제거에는 나일론 줄로도 충분하다. 사실 잡초 정도는 회초리로 휘둘러도 날아간다. 굳이 쇠날이 필요하지 않은 것이다.

나일론 줄을 쓰면 초보처럼 보이고 잘린 면이 매끄럽지 않다고 쇠날을 사용하지만, 그러다가 다칠 수 있다. 초보자 소리 듣는 것이 사고나는 것보다 훨씬 낫다. 굳이 쇠날을 사용하려면 안전날을 사용하길 권한다. 안전날은 조금 비싸긴 하지만 날이 돌에 부딪치면 접혀지기 때문에 안전하다.

예초기 사용 방법

예초기를 사용할 때는 얼굴 가림망, 무릎 보호대, 장화, 장갑 등을 필수적으로 착용해야 한다. 나일론 줄을 사용할 경우 풀찌꺼기가 좀 많이 튀니, 허름한 옷을 입고 작업하는 것이 좋다. 예초기를 30분 이상 하면 왼손이 후들거리고, 더 오래 하면 오른손도 그렇게 되어 숟가락도 들지 못할 지경이 된다. 예초기를 처음 사용하는 사람들은 누구나 겪는 일이다. 예초기를 장시간 사용해도 무리가 가지 않는 방법이 있는데, 그것은 넓은 끈을 예초기 중간에 묶고 목에 걸어 사용하면 된다. 이렇게 하면 손에 전달되는 피로도가 적어 장시간 작업도 할 수 있다.

예초기 날을 교환할 때는 오른쪽으로 돌려야 풀린다. 대부분의 장비가 왼쪽으로 돌려야 풀어지는 것과 달리 반대로 되어 있는데, 이는 안전을 고려하여 쉽게 풀리지 않도록 한 설계다. 예초기 날을 교체한 뒤 작동시켰을 때, 덜덜덜 흔들리면 뭔가 장착이 제대로 되지 않았거나 날의 한쪽에 문제가 있어 균형이 맞지 않는다는 소리니까 작동을 중지하고 날을 교체하든지 결합을 다시 한다.

예초기 관리

예초기 연료는 휘발유와 오일을 20:1로 혼합하여 사용하는데 전용 플라스틱 통이 있다. 전용 용기를 구입하면 눈금이 있으니 혼합하기가 간편하다. 예초기에 섞는 오일은 점도가 낮은 오일이고 전동톱에 넣는 (섞지 않고 따로 넣음) 오일은 점도가 좀 더 높은 오일을 사용하는 게 좋다. 예초기 오일은 주유소에 있고 전동톱에 사용하는 오일은 공구상에 있다. 물론 예초기 오일을 전동톱에 넣어도 되지만, 점도가 낮아 사용하지 않을 때 새어나오는 문제가 있다. 혼합된 연료를 오래두었다 사용하면 예초기 엔진의 고장 원인이 된다. 연료가 오래되면 공기 중의 습기가 침투되어 기계 고장의 원인이 되고 수리비가 더 많이 드니 한 달 이상 된 연료는 버리고 새로 사서 쓰는 것이 현명하다.

예초기를 보관할 때는 엔진이 꺼질 때까지 가동시켜 연료가 하나도 남아 있지 않게 하는 것이 좋다. 장기 보관 시에는 초크밸브를 풀어 밸브 안의 연료를 완전히 제거한 후 오일을 한방울 적셔 다시 잠가준다. 장시간 사용하지 않으면 기름이 굳어 고장을 유발하기 때문이다.

예초기 날이 돌에 부딪쳐 휘어졌을 경우, 이것을 망치로 두드려 펴서 사용하는 것은 매우 위험한 일이다. 날이 한 번 큰 충격을 받으면 육안으로는 보이지 않지만 미세한 균열이 생겼을 수 있고, 이로 인해 재사용시 가벼운 충격에도 부서져 파편이 튄다면 치명적이다. 사망사고까지 날 수 있으니 각별히 유념해야 한다.

예초기를 집주변에서만 간단하게 사용할 예정이면 가스예초기가 간편하여 추천할 만 하다. 가볍고 잔고장이 적고 편리하다. 물론 과수원 등 제초할 면적이 넓으면 가스비가 많이 든다. 그밖에 예초기 보조용구도 많으니 인터넷에서 검색해보시길…

예초기 사용할 때 회전수는 그냥 지나갈 정도면 된다. 미숙할수록 세게 하고 익숙할수록 약하게 한다. 회전수가 높으면 연료 소모도 많고 엔진 부하도 높아져 사고의 위험성도 커진다.

풀독에 대하여

제초작업을 하고 나면 소위 풀독이라는 것 때문에 고생을 한다. 풀독이란 병원에서는 접촉성피부염이라 말하는 것인데 벌레나 곤충의 분비물, 비늘 등이 풀의 표면이나, 열매의 털에 묻어 있다가 사람의 피부나 코로 이동하여 피부염을 일으키는 것을 말한다.

벌레나 곤충에 직접 쏘이면 그 자리에만 자국이 생기지만 풀독은 넓은 부분에서 붉은 반점들이나 돌기가 솟아오른다. 옻독은 그 식물의 독성에 의해 생기는 알레르기 반응이다. 그러니까 풀독은 벌레, 곤충, 풀 등 모든 게 매체가 되는 것이다.

풀독이 오르면 아주 가렵고 열이 나는데 그렇다고 긁으면 덧난다. 풀독을 방지하기 위해서는 긴팔과 긴바지, 장화, 모자, 목단추, 마스크, 토시까지 끼고 작업을 해야 한다. 일반적인 체질의 사람들은 이 정도로 대개 방비가 되지만 민감한 체질인 사람들은 이렇게 해도 막질 못한다.

특히, 땀에 젖은 옷으로 아무도 스치지 않은 풀을 만지면 그 분비물이 옷 표면에 묻어 물기를 통해 피부까지 오게 된다. 그래서 긴팔을 입어도 풀독이 오른다. 이슬이나 비에 젖은 풀밭에서 풀독이 쉽게 오르는 것이 그런 이유에서다.

방수토시와 코팅장갑

필자 역시 매년 풀독으로 고생한다. 올해는 그 원인을 드디어 찾아낸 것이다. 그래서 방수복(골프 바람막이)을 입고 작업했다. 한 시간도 채 지나지 않아 줄줄 흐르는 땀 때문에 감당이 안 된다. 이 방법은 너무 힘들었다. 그래서 생각한 것이 방수 토시였다. 한 벌에 이천원 하는 방수 토시를 끼고 코팅장갑을 끼고 작업을 한다. 손이 좀 덥긴 하지만 가려워 잠을 설치는 고생과 비교할 수는 없다.

매실이나 돌복숭아 등은 잔털이 많은데 벌레나 곤충이 지나다닐 때 이 잔털에 이물질이 많이 묻을 것이다. 그래서 잔털이 많은 과실을 채취할 때도 풀독이 많이 오른다. 특히 약을 한 번도 치지 않은 나무나 야생의 상태에 있는 과실을 채취할 땐 더욱 조심해야 할 것이다.

그리고 풀밭에 가기 전에, 뿌리는 모기약을 옷에 뿌리고 간다. 얼굴에 각다귀가 붙을 수 있으므로 모자창에 감자망을 바느질해서 벌치는 사람들 모자처럼 만들어 쓰고 작업하면 각다귀를 피할 수 있다. 여름날 아침, 저녁 선선해서 일하기 좋을 때 각다귀가 많이 설친다.

일단 제초작업을 하고나면 옷가지를 털고 최대한 빨리 샤워를 해야 한다. 팔뚝의 안쪽 등 여린 피부 쪽으로 많이 나타나니까 그 부분을 집중적으로 씻는다. 그래도 쌀알 같은 반점이 올라와 가려우면 냉찜질을 하고 병원에 가서 주사 맞고 처방을 받아 내복약과 항히스타민 연고를 발라야 한다. 풀독에 강한 체질이라고 방심하면 안 된다. 체질이란 해마다 자신의 건강상태에 따라 달라질 수 있기 때문이다.

 벌에 쏘였을 때

벌에게 쏘였을 때는 카드로 침을 빼고 독을 빨아낸다. 쏘인 자리를 조그맣게 절개하여 빨아내면 좋다. 응급조치가 잘 되지 않으면 벌겋게 부어오르고 며칠 동안 가렵다. 얼음 냉찜질이나 냉한 식물(오이,녹차, 머위)을 찧어 바른다.
말벌의 침은 벌의 몸에서 이탈되지 않는다. 그래서 연거푸 쏠 수가 있으니 조심한다.

잡초라고라고라 – 약초로도 사용되는 들풀

뭐라구요? 잡초라구요? 이러언 덜 유식한….
우리도 어엿하게 이름도 있고 나름의 재주도 있답니다.
소개 드릴테니 앞으론 잡초라고 하지 마세요….
알고 보면 우리도 약초라고요. 어릴 땐 나물로도 먹구요, 효소재료로도 좋지요. 애들아 각자 소개하고 장기자랑도 좀 해. 잘들 기억하시게.
바랭이부터 할까

바랭이풀

저는 바랭이풀이라 해요. 꽃이삭이 벼처럼 생겼지요. 벼과예요. 아이들이 저를 갖고 우산도 만들며 놀았지요. 그렇게 묶은 모양이 스님들 바랑 같다고 해서 바랭이라고 했나 봐요. 소나 말이 저를 엄청 좋아해요. 말이 사탕처럼 먹는다 해서 마당馬糖이라고도 하지요.

눈을 맑게 하구요 소화 안 되시면 저를 찾으세요.

쇠비름

저는 쇠비름이예요. 비름은 잎이 비듬처럼 생겼다고 붙여준 이름 같아요. 근데 참비름은 나물로 많이들 먹는데 저는 참비름이 아니라고 쇠비름, 개비름이라고 천대받았어요.

하지만 요즘은 오히려 제가 더 대우받아요. 잎은 청, 줄기는 적, 뿌리는 백, 꽃은 황, 열매는 흑 그래서 오행초라고 불리는데요. 그만큼 모든 곳에 다 좋아요. 특히 여드름, 종기, 무좀 등 피부병에 좋고, 이질, 만성대장염은 물론이고 뱀독이나 곤충독을 없애는 데도 좋습니다. 진돌이(개)가 뱀에 물렸을 때 제가 이것으로 치료해 줬지요.

저는 비단풀이예요. 본명은 땅빈대예요. 이름이 촌스러워 비단처럼 귀하게 쓰인다고 비단풀로 닉을 바꿨어요.

사실 저는 쪼끔 귀하신 몸이랍니다. 어느 약초연구가가 남미 아마존

정글에까지 저를 만나러 갔다는데요. 호호호 참, 가까이 있는줄도 모르고….

인디언들은 저를 사마귀풀이라 할 정도로 종기나 악창을 잘 삭인답니다.

비단풀(땅빈대)

그러니까 뇌종양, 골수암 등에 효과가 있답니다. 그 외에도 신장염, 천식, 당뇨, 상처난 데도 사용되는 등 제가 좀 다재다능해요.

저는 아주 질긴 질경이랍니다. 많이들 보셨지요. 그냥 밟고 무시하고 지나치지만요 후회하실 걸요.

저는 나쁜 암세포를 날려 버린답니다. 또 뒤가 갑갑하신 분들도 시원하

질경이

게 뚫어주고요. 아참 앞도 뚫어줘요. 뭔지 아시겠지요.

소변줄기가 시원찮으면 제게 부탁하세요.

명아주

제 차례네요. 연세 드신 분들은 저의 몸통을 갖고 만든 지팡이를 짚어보세요. 그러면 중풍이나 신경통이 예방된답니다.

청려장이라 하는데요. 예부터 장수 노인 분께 나라에서 높은 분이 선물로 하사하곤 했답니다. 다이어트에 관심 있으신 분 주목하세요. 콜레스테롤까지 낮춘답니다. 그것 외에 해독도 하고 고혈압, 대장염에도 효과가 있답니다. 제 이름은 명아주입니다.

환삼덩굴

저를 보면 고개 절레절레 흔드시는 분 많지요…. 하하하…. 악명높은 환삼덩쿨입니다.

하지만 저도 잘만 활용하면 약이 됩니다. 고혈압에도 좋구요, 천식에도 들어요. 글구 우리 초딩들 키 크고 싶지요?

그러면 저를 애용하세요. 성장판이 닫히기전 저를 말려서 우려먹으면 성장에 도움이 된답니다. 제가 쑥쑥 자라는 거 보셨죠?

쬐끔 거시기한 며느리밑씻개입니다. 가시 때문에 고생 많으시지요. 넘 미워하지 마세요.

시엄마가 뒤를 보고 닦다가 어쩌고저쩌고 이러면서 제 이름을 거론하지

며느리밑씻개

만요, 사실은 이름 그대로 여성분들 밑을 청결하게 하는데 아주 좋기 땜에 붙은 이름이랍니다. 냉증이나 부인병. 음부 가려울 때, 옴 같은 거 소독이 깨끗이 된답니다.

며느리배꼽하고 헷갈리죠? 잎의 밑부분에 줄기가 있으면 밑씻개이구요, 잎의 중간쯤에 줄기가 있으면 며느리배꼽이예요.

지는 개망초랍니다. 닉네임은 계란꽃이라고요. 저는 귀화했어요. 울나라에 철도를 첨 놓을 때 침

개망초(계란꽃)

제2장 시골생활에서 부딪히는 문제들   115

목에 붙어 들어왔나 봐요.

하필 1910년 그 어려운 시기에 제가 무성하게 번졌어요. 빈터라는 곳엔 몽땅이요. 그래서 저 땜에 나라가 망했다고 亡草예요.

거기다가 한 번 더 저주가 붙어 개망초가 되었죠. 저는 망초보다 키는 작지만 꽃은 더 크고 예쁘답니다. 제가 애물덩어리만은 아니예요. 염증을 잘 삭이거던요. 그래서 간염, 장염, 위염 등에 좋구요. 설사가 자꾸 나서 민망할 때는 제게 부탁하세요.

> **Tip 채소류의 수확**
>
> 열매나 과실을 먹는 나무는 꽃을 피워 생식 성장을 하도록 해야 하지만, 잎이나 줄기를 먹는 대개의 경엽채류는 꽃이 피면 영양분이 꽃과 씨앗으로 간다. 따라서 꽃이나 씨앗, 열매가 필요 없는 채소류인 경우 꽃이 피기 전에 먹어야 좋다. 감자꽃이 피면 따 버리는 이유이고 무나 배추를 꽃이 피기 전에 수확하는 이유이다.

나무 이식하기

나무는 언제 옮겨 심으면 좋을까? 익히 아는대로 식목일 인근의 날을 잡아 옮겨 심으면 된다고 생각했다. 잘 옮겨 심는 방법 역시, 심고 나서 꾹꾹 밟아주고 물을 주면 된다는 상식 수준의 이해였지, 그간 깊이 생각해 보지는 않았다.

그러다가 내 문제가 되면서 가만히 이치를 생각해 보게 되었다. 어떻게 하면 나무를 안 죽이고 잘 옮겨 심을 수 있을까? 나무는 뿌리, 특히 잔뿌리로 흙을 거머쥐고 영양분과 물을 흡수한다. 그 흙이 제 밥그릇인 셈이다. 그렇다면 간단하다. 나무의 제 밥그릇을 건드리지 않는 것이다. 그래서 분을 많이 붙이라고 했던가 보다.

분 뜨는 방법

분을 뜰 때는 먼저 삽날을 예리하게 갈고 묘목 주변을 발로 밟아 다진 뒤, 삽날을 바깥쪽으로 가게 해서 파내야 할 위치에 둥글게 원을 그려 어느 정도 파낸다. 그러고 나서는 잘라야 할 뿌리를 가늠하여 칼로 자르듯이 삽으로 싹둑 자른다. 네 방향, 최소한 세 방향에서 삽질을 해야 한다.

분을 묶을 때는 마끈(풀지 않고 그대로 심어도 썩어 없어지는 소재)등으로 묶는데 흙을 묶는다는 생각으로 해야 한다. 먼저 분의 중간을 한번 돌리고 그 다음에 아래위로 묶어 흙이 깨지지 않도록 한다. 이 때 잘려지지 않은 뿌리가 붙어있으면 분이 깨지므로 잘 확인해야 한다.

옮겨심기를 하지 않은 자연 상태의 묘목들은 잔뿌리 발달이 좋지 않다. 당연히 활착이 어렵다. 야생의 어린나무들을 옮겨심기가 어려운 것도 이러한 이유 때문이다.

분을 붙이지 못한 경우

간혹 분을 붙이지 못할 경우가 있는데, 이런 때는 가능하면 빨리 잔뿌리가 흙과 잘 흡착되도록 하는 방법을 써야 한다. 즉 구덩이를 파고 흙을 넣은 후(물론 부드러운 흙을 밑에 깔고 나무를 세운다) 발로 밟지 말고(밟으면 흙이 다져져 물이 흡수되지 않음) 흙을 지면보다 약간 낮게 설핏하게 넣은 후 진탕이 되도록 물을 붓고 다시 마른 흙을 얹은 뒤 밟아주면 될 것 같다.

발로 세게 밟은 후에 물을 주게 되면 아무리 많은 물을 줘도 밑으로 2, 3센티 정도 밖에는 스며들지 못한다. 그래서 호스 끝에 뽀족한 파이프를 연결하여 땅에 꽂아두고 물을 주면 좋다.

대개의 나무는 물빠짐이 좋은 곳을 좋아한다. 나무는 물을 좋아하지만 물이 고이면 좋지 않기 때문이다. 배수가 잘 되어야한다. 2,3일 물이 고여 있으면 뿌리가 숨을 쉬지 못하여 썩을 우려가 있다. 어린 묘목일 경우 거름을 많이 주면 감당이 되지 않아 썩어 죽는다. 어린 아기에게 어른이 먹는 보약을 주면 되겠는가? 특히 비료가 뿌리에 닿으면 뿌리가 상해서 죽을 수 있다.

이식시기

이식하기에 좋은 때는 나무의 성장이 멈춰있는 시기다. 즉 뿌리가 본격적으로 활동하기 직전인 초봄이 좋다. 뿌리눈이 막 자라고 있을 때 옮기다 보면 자연히 그 눈이 떨어지게 되어 나무가 힘들어 할 것이다. 그리고 이식한 초기에는 뿌리의 힘이 없어 땅의 양분을 빨아올리기 어려우므로 가지치기를 해서 부담을 덜어줘야 한다. 달린 잎들은 적당히 떼어 주고 키도 낮춰주는 것이 좋다.

상록수는 장마기간에 옮기면 좋다고들 한다. 아마도 비가 계속 와서 뿌리의 활착이 잘 될 것이라는 이야기인 것 같다. 이치가 그러하다면 다른 계절에 옮길 때는 물을 충분히 주면 될 것이다. 물론 물이 얼어버리는 그런 시기에 옮기면 안 되겠지만….

나무를 옮긴 직후에는 직사광선을 피하도록 하는 것이 좋다. 차양을 쳐서 광선을 가려주면 활착률이 높아진다. 나무는 햇빛바라기를 하므로 관상수인 경우에는 가지가 균형 있게 뻗도록 햇볕이 고루 내리는 장소에 심는 게 좋다. 한쪽으로만 햇빛을 받으면 햇빛 반대편에 옥신이라는 물질이 분비된다. 그쪽으로 생장이 촉진되어 햇빛 쪽으로 굽어지게 된다.(굴광현상) 뿌리는 반대이다.

나무 이식에 관해 정리하자면, 배수가 잘되는 마사토에 거름기를 약하게 하고, 가지치기를 충분히 하여 나무가 잠자는 시기에 실뿌리가 흙과 잘 합쳐질 수 있는 방법으로 이식을 하면 활착률이 높아질 것이다. 물론 옮긴 후의 급수는 기본이다.

튼튼하게 심겠다고 땅속 깊이 심는 것은 좋지 않다. 특히 천근성(뿌리가 얕게 퍼지는)의 나무들은 얕게 심어야 한다. 뿌리도 숨을 쉬는데 너무 깊으면 숨을 쉬지 못해 발육이 더디거나 죽는다. 따라서 땅위에 도톰하게 분을 만들듯이 해 주는 게 좋다.

특히 논으로 사용하던 땅에 나무를 심을 때는 반드시 올려 심어야 한다. 점토 성분이 많이 함유되어 있는 식토에 배수를 원만하게 하려면 땅을 깊이 파고 왕겨를 묻는 방법도 있다. 이식 후에는 바람에 흔들려 활착이 어려울 수 있으니 지지대를 세워 잡아주면 활착이 빠르다.

가식을 위한 나무 이름표 부착

묘목을 사와서 심을 땐 이름표를 붙인다. 묘목들은 비슷하기에 이것저것 심다보면 나중엔 무슨 나무인지 모른다. 특히 토목공사나 집이 완성되기 전에는 나무의 정위치를 잡기가 쉽지 않아 가식을 해야 하는데 이땐 꼭 필요하다. 이름표는 물이 들어가지 않게 코팅을 해야 한다. 그렇지 않으면 글이 지워진다. 그리고 부착할 때는 고리를 여유 있게 해줘야 한다. 훗날 고리가 나무속으로 파고 들어가 고사하는 수가 있다. 어느 정도 지난 후엔 떼어 준다. 화원에 가면 이름표를 판다.

전지(剪枝)의 기초

전지는 나름 어려운 기술이다. 전지만 잘 해도 나무를 훌륭하게 키우고 과실도 만족하게 딸 수 있다. 하지만 전지의 기술을 배우기가 쉽지 않다. 기회가 오면 꼭 배우시길 바란다.

미숙하지만 나름대로 배운 기초를 말하자면,

비스듬하게 절단

전지면은 경사를 주어 빗물이 잘 미끄러지도록 비스듬하게 절단한다. 썩는 걸 조금이라도 방지하기 위해서다. 물론 도포제를 바르면 썩지 않는다. 전지할 때는 돌출 부분이 없도록 밑둥치까지 깔끔하게 자른다. 그렇지 않고 돌출 부분이 있으면 한해 후 엄청난 가지가 그 자리에서 솟아오른다.

전지 대상 가지

서로 싸우는 가지는 잘라준다. 위로 수직으로 뻗은 가지와 땅으로 처진 가지도 잘라준다. 과수의 가지는 45도여야 과일이 많이 열린다. 따라서 하늘공간이 있으면 위로 뻗은 가지를 휘어서 45도 정도로 수형을 잡아준다. 바람이 잘 통할 수 있도록 가운데 밀집된 가지도 잘라준다.

잔가지를 여러 개 자르는 것보다 큰가지를 잘라 통풍을 시켜 주는 게 좋다. 묘목일 때 처음부터 Y자로 잡아주면 제일 좋다. 수고樹高는 되도록 낮게 잡아준다. 수확할 때 이유를 알 수 있다. 전지의 시기는 수확 후부터 초봄 꽃눈이 나오기 전에 하는 것이 좋다. 과일 갯수를 늘리려고 하면 도장지徒長枝를 활용하는 방법도 있다. 도장지란 웃자란 가지를 말한다.

일반적으로는 도장지는 무조건 자르지만 하늘공간이 있으면 두세 개를 살려 둔다. 도장지를 목자르기 하지 말고 기다리면 2년차에는 거기에 열매가 맺힌다. 4년차에 도장지 밑동을 자르고 새로운 도장지를 키워 열매를 딴다.

제거할 나무는 뿌리를 파내지 않으면 다음해 도장지가 엄청 나와 일거리가 된다. 베고 난 단면에 제초제를 발라주어 완전히 제거해야 한다.

환상박피

높은 가지를 자르기가 아까우면 자르고 싶은 높이에 철사로 꽁꽁 묶

거나 1cm 정도로 껍질(체관)을 벗기는 환상박피를 한다. 시기는 6월 중순 정도가 좋다. 그러면 당해년에는 엄청 큰 과일이 열리고 가을에 잘라주면 된다. 잎에서 만들어진 영양분이 뿌리로 갔다가 올라오는데 껍질 부분을 자르면 동화물질의 이동이 억제되어 꽃눈이 잘 분화되고 과실이 굵어진다.

　나무 밑둥치에 환상박피를 할 수도 있는데 자칫 나무가 죽을 수도 있으니 직접 정확하게 배워서 한다. 3년 이내의 어린 묘목은 여름 전지를 하지 않는 게 좋고 하더라도 약전정弱剪定을 한다.

수형잡기

나무의 몸통에서 나오는 주지(主枝)는 세 개 정도로 잡아주고 그 주지는 45도 정도의 기울기로 키운다. 곧추 서면 줄로 묶어서 내리고 밑으로 쳐지면 받침대로 받쳐 준다. 열매가 열리면 15도를 유지하는 게 좋다. 그 각도가 유지되어야 각 열매마다 골고루 양분이 배급되어 고루 결실이 된다. 가지의 각도가 높으면 가지는 제 몸을 키우는데 주력하고 열매의 결실은 등한시하고 가지 끝의 눈에만 영양분을 공급한다(頂部우세성). 가지가 아래로 쳐지면 양분 공급이 원활하지 않아 말라 죽는다.

 얼음골 사과의 비밀

밤낮의 기온 차가 많은 얼음골 사과의 당도가 높다. 식물은 낮 동안 탄소동화작용으로 축적된 탄수화물을 밤중에 탄소이화작용으로 소비하는데, 얼음골처럼 밤에 기온이 많이 내려가면 나무가 제대로 호흡(탄소이화작용)을 하지 못해 탄수화물을 축적하게 되고 당도가 증가한다. 밤에 나무들은 산소를 마시고 이산화탄소를 배출하기 때문에 동이 틀 무렵 숲 속엔 이산화탄소의 분포가 하루 중 제일 많다. 하지만 사람이 호흡하는 데에는 별문제가 없다. 공기 중에 산소의 농도는 21%이고 이산화탄소의 농도는 0.03%이기에 뛰어봐야 벼룩이다. 나무의 탄소동화작용은 오전 10시경 가장 왕성하므로 이때의 숲 속 산소의 농도가 가장 높다. 그리고 나무도 낮잠을 잔다. 12시에서 2시경 일시적으로 광합성이 줄어드는 데 이를 낮잠이라고 말한다. 작물의 탄소동화작용은 오전에 60~70%가 이루어지므로 밭이나 과수원의 나무는 뜨는 해를 바라 보는 게 좋다.

전지하기

조동진

왼손으로 가지잡고 오른손 가위잡아
감나무 가지 올라 감가지 자르는데
하루살이 뱅뱅 눈앞에서 맴돈다

쫓아낼 손이 없어 도리질 치는데
아뿔싸, 눈꺼풀에 끼여버렸네

호수 같아도 내눈이 암만 그래도
목숨까지 버릴 일이 무에 있으리

나 또한 넘 볼 일이 무에 있으리

반려동물 키우기

 귀농 귀촌하는 사람 대부분이 마을과는 좀 떨어진 외딴 곳에 살기 마련이다. 그러다 보니 집은 조용하고 때론 적막하고 외롭다. 소위 음기가 성하다 하기도 하고 공부터나 절터라고 하는 경우가 된다. 그래서 그 적막을 깨뜨리는 식구가 있으면 좋다. 가장 쉽고 친숙한 식구는 개와 닭이다.
 울도 담도 제대로 없는 경우엔 사람이 불쑥 들이닥치는 경우가 있다.

이런 곳일수록 신호수가 필수적이다. 즉 개가 있어 짖어 주어야 한다. 집 입구에 종을 매다는 경우도 있지만 이용하는 경우는 별로 없다. 개는 밤에 산짐승의 접근도 막아주는 효과가 있다. 요즘은 멧돼지가 접근하지 않는 곳이 없을 정도다. 개가 있으면 그나마 접근을 막는다.

그리고 일이라는 것도 늘 혼자서만 하면 재미가 없다. 이때 개라도 옆에서 빙빙 돌면 세세한 대화는 안 되지만 말벗이 되니, 힘든 일도 한결 수월해진다. 살아 있는 것들은 모름지기 살아있는 다른 것들이 곁에 필요하다.

개 역시 혼자만 있으면 외로움을 타기에 두 마리를 키우면 좋다. 한 마리는 덩치가 있는 큰 놈으로, 그리고 다른 한 마리는 애견 정도의 귀여운 작은 개로 키우면 어떨까. 큰 개는 묶어 키우고 작은 개는 풀어 키워 집안을 뱅뱅 돌며 귀염도 떨고 친구가 된다.

아내는 나보다 개를 보면 목소리가 높아지고 연신 웃음을 날린다. 원래 아내는 귀촌하기 전 개 키우는 걸 반대했다. 털이 날리고 배설물 땜에 지저분하다고 그랬다. 그런 아내가 지금은 달라졌다. 털은 털빗으로 없애주고 배설물은 거름으로 사용하니 이젠 아무 말 없다.

우리 집에는 진돗개를 키운다. 대소변도 잘 가려 청결하고 충성심도 뛰어나다. 다른 사람을 물지도 않고 경계를 정해주면 그 밖을 벗어나지도 않는다. 어렸을 땐 신발을 물고 텃밭에도 들어가며 약을 올리기도 했지만 지금은 어른이 돼서 시시하다고 느끼는지 그런 짓도 하지 않는다.

개 중에서도 사냥개 종류는 활동적이다. 집 밖으로 쏘다녀 사고도 많이 친다. 귀염은 많이 떨지만 관리가 힘들다. 청결하고 순하고 집 잘 지키고 충성스러운 것으로는 진돗개가 좋은 것 같다.

개가 숲속으로 다니다 보면 진드기가 많이 붙는다. 진드기란 놈은 눈이 없는데 풀잎 끝에 매달려 있다가 따뜻한 체온의 뭔가가 다가오면 뛰어내려 몸에 붙어 피를 빨아먹는다. 말 그대로 진드기처럼. 그러다가 다 자라면 제 스스로 풀섶으로 떨어져 알을 낳는다. 그리고 그 새끼는 또다시 풀잎 끝으로 간다.

진드기를 잡는 약이 있지만 지속적으로 풀밭에 갈 수 밖에 없으면 수시로 만져서 잡아주는 수밖에 없다. 손으로 더듬으면 도톰하게 만져진다. 이 녀석은 대가리를 피부에 박고 있기 때문에 세게 잡고 떼어내야 비로소 떨어진다. 이렇게 하기 힘들면 애견 가게에 가서 등에 약을 바르면 두어 달 정도는 진드기가 달아 붙지 않는다.

개를 키우면서 상당 기간 집을 비울 때 어떻게 하는지 궁금해 하는 분도 있다. 그 점은 별로 문제가 되지 않는다. 사료를 많이 주어도 한꺼번에 다 먹지 않고 제가 알아서 나누어 먹기 때문에 이삼일은 비워도 된다.

개는 암컷일 경우 강아지 처리가 골치 아플 경우도 있다. 임신 후 두어 달이면 대여섯 마리의 새끼를 낳고 새끼가 미처 크기도 전에 또 새

끼를 낳는다. 처음에는 예쁘고 기특하지만 이걸 처리하지 못하면 곤혹스럽기도 하다. 너무 많아지면 처치할 방법이 마땅치 않기 때문이다. 그래서 도시에서는 강아지 새끼 한 마리에 몇만 원 몇십만 원 씩에 사기도 하지만 시골에서는 새끼 구하기가 무지 쉽다.

닭

닭은 아침을 열어준다. 예부터 닭은 귀신을 쫓는다 했는데 이는 새벽까지 잠을 못 이루고 망상에 시달릴 때 꼬끼오 소리와 함께 정신을 번쩍 들게 하기에 그랬을 것이다. 닭은 집안이 조용할 때도 난데없이 수시로 운다. 한적한 동양화에 한 점 구름 같은 파격으로 활력을 불어넣어 준다.

또한 닭은 온갖 음식 찌꺼기를 다 처리해 준다. 어느 정도 상한 것도 잘 먹는다. 닭은 훌륭한 청소부로서, 그리고 활력을 불어넣는 에너지원으로서 시골 생활의 식구가 될 만하다.

닭 냄새 때문에 주저할 수 있는데 개체수를 많이 하지 않으면 그렇게 심하지 않다. 닭장 밑에 널빤지를 놓고 가끔 청소해주면 냄새는 없다. 단지 들짐승이나 들고양이가 해칠 수 있으니 땅속까지 울을 묻어 방비해야 한다. 닭의 암수 비율은 수컷 한 마리에 암컷 대여섯 마리 정도면 적당하다. 닭은 여건만 된다면 집 주변에 풀어 키워도 좋다. 주변의 잡초도 뜯어먹고 침범하는 지네를 잡아먹는 데에도 탁월한 역할을 한다. 물론 배설물이 생기는 것은 감수해야 한다.

토종닭이 좋은 것은 다들 알고 있어서, 간혹 멀리서 온 손님들이 집에서 키우는 닭에 입맛을 다시고 탐을 낸다. 풀어 키운 닭이라 욕심이 나는 모양이다. 식구처럼 키우던 닭이었지만 이제 운명의 시간이 와버렸다. 하지만 잡는 일이 만만치 않다. 목을 비틀어도, 털을 다 뽑아도 뛰어가는 게 닭이다.

닭 잡는 방법

닭을 쉽게 잡는 방법은 다음과 같다. 우선 적당한 장소에 닭을 놓고 무거운 대야(고무대야)를 엎어 닭 모가지만 밖으로 뺀다. 몸통은 대야 속에 있게 한다. 대야를 밟고 목을 치고 좀 기다리면 피도 빠지고 조용해진다. 그러고 난 뒤 주전자에 물을 팔팔 끓여 닭에 조금만 부어도 털은 쉽게 빠진다. 마트에서 포장된 생닭만 사던 사람들에게는 잔인해 보이네 야만인 같네 하겠지만, 다들 우리 부모들이 했던 방식이다. 사위에게 대접했던 씨암탉도 다 그렇게 잡았다. 그러니 너무 호들갑 떨지 말자.

지네, 약초, 풀, 자연식으로 성장한 닭을 가마솥에서 푸욱 고아 쫄깃하고 구수하게 먹는 맛은 으뜸이다. 거기에 닭장에서 매일 낳은 싱싱한 유정란을 꺼내먹는 재미를 누가 알리요….

뱀, 지네 퇴치법

시골생활에서 의외의 골칫거리가 뱀과 지네다. 특히 그것들 때문에 소스라치게 놀란 경험을 여러 번 갖고 있는 여자들은 애네들 다시 볼까 두려워 도시로 돌아가고 싶어 하기도 한다. 시골에는 물론 모기나 나방이나 벌이나 개미나 쥐 같은 온갖 벌레와 날벌레가 있지만 뱀과 지네는 차원이 좀 다르다. 도시에만 살던 사람들은 뱀과 지네를 평생 실제로 본 적도 없을 뿐만 아니라 치명적인 위험, 즉 생명을 위협하는 무시무시한 놈들이라는 느낌을 주기 때문이다.

통방충망으로 틈새막기

우선적으로 해야 할 일은 집안으로 들어오는 틈새를 봉쇄하는 일이다. 지네는 3밀리 정도의 틈만 있어도 들어온다. 섀시 창틀이라면 배수구멍을 조심해야 한다. 배수구멍으로 온갖 벌레들이 들어오는데 무조건 막기만 하면 배수가 안 되니 다른 방법을 찾아야 한다. 이 때 좋은

굴뚝을 만들다가 함석 연통을 꽂아 목초액을 만듬.
하단부 문에서 목초액을 수거함

방법이 통방충망이다. 철물점에 가서 방충망과 쫄대를 사서 전체를 덮으면 된다. 그리고 나무와 흙으로 마감된 곳은 막혀 있다고 안심하기 쉬운데 시간이 갈수록 틈이 벌어지므로 주기적으로 메꿔주어야 한다.

지네를 잡으려면 항아리에 닭뼈를 넣어 묻어놓으라는 얘기가 민간의 처방으로 내려오고 있는데 실제로는 별 효과가 없다. 지네를 약용으로 쓰기 위해 미끼로 닭뼈를 이용할 수는 있겠지만, 지네를 쫓아내기 위한 방법으로는 추천할 수 없다. 오히려 냄새를 맡은 근처의 지네들까지 끌어들이는 역효과가 나올 수 있다.

목초액과 싸이맥스

필자가 사용한 지네퇴치 방법은 목초액과 싸이맥스라는 약을 뿌려주는 방법이다. 목초액은 곤충이나 벌레의 기피제로 사용되는데, 굴뚝에서 나온 목초액을 담장 바깥으로 수차례 뿌려주면 된다. 집 건물 주변으로는 싸이맥스를 뿌려준다. 싸이맥스는 농약방에서 한 병에 6천 원 정도 하는데 손으로 뿌리는 분무기로 세 번 정도 사용할 분량이다. 사람이나 동물에겐 해가 없고 냄새도 없고 지속성도 좋다. 보름에 한번 정도 뿌려주면 충분하고 효과는 만점이다.

사각사각 다가오는 지네 소리를 들으면 소름이 끼치고, 잡지 못하면 그날 잠을 설치곤 했었는데 이렇게 하고 나니 지네가 가장 많이 나오는 장마철에도 보기 힘들 정도가 되었다. 약을 뿌린 초기에는 매일 네댓 마리씩 죽어 있었다.

지네는 하수구를 통해서 화장실 욕조로 침입할 수도 있기에 배수구를 잘 점검하고 물 내려가는 구멍 바닥부분을 막아놓는다. 세면장 배수구 뚜껑을 열어 적당한 크기의 약병 뚜껑을 끼워 지네통로를 차단해야 한다. 이렇게 통로를 차단하고 약을 병행하여 사용하면 지네 걱정은 하지 않아도 된다. 또 다른 생각은 욕조에서 나가는 관을 변기관처럼 물이 고여 있는 U트랩을 설치하면 지네 들어오는 걸 방지할 수 있지 않을까 한다.

지네와 함께 뱀도 사람을 자주 놀라게 한다. 뱀은 돌 틈을 좋아한다. 특히 비가 온 후 햇볕이 내리쬐는 날 오전巳時에 가장 많이 나온다. 뱀은 목초액을 뿌리면 냄새 때문에 도망을 가고 돌 사이에 살충제를 뿌려도 도망간다.

뱀을 잡아야 할 경우

뱀을 직접 잡아야 할 경우도 있다. 이 때 뱀 잡기의 명수는 감 따는 기구 중 끝이 가위처럼 되어 있고 손잡이로 조정되는 긴 장대다. 하지만 잡는 게 목적이 아니므로 조심하는 게 좋다. 뱀은 사람을 먼저 공격하지는 않지만 보는 것만으로도 징그러워 일할 기분을 망치게 하곤 한다. 더구나 일하다가 미처 발견하지 못하여 독사의 꼬리라도 밟으면 상당히 위험하다. 때문에 풀섶에서 일할 때는 장화를 신는 것이 필수다.

뱀과 지네에 대해서는 되도록 살생을 피하고 쫓아 보내는 너그러운 마음을 갖는 것이 필요하다. 뱀과 지네가 원래부터 살던 서식지에 사람이 침범해 들어온 것이니 애들을 원망하는 것은 사리에 맞지 않다. 뱀과 지네에게는 사람이 더 원망스럽고 무서운 존재다. 몇 년 살다 보면 뱀과 지네는 사람을 피해 더 한적한 곳으로 도망간다.

지네에게 물리면 사혈을 하고 쑥뜸을 하면 통증이 금방 사라진

높은 가지 전지와 뱀 잡이 명수

다. 지네독을 타는 사람과 안타는 사람이 있는데 타는 경우 방치하면 통증이 상당하다. 시골에 살다보면 아무리 조심한다 해도 뱀에게 물리는 일이 벌어질 수 있다. 그래서 평소에 뱀 해독제가 있는 가까운 병원이나 보건소가 어딘지 알아놓는 것이 좋다. 유사시 경황이 없어 여기 갔다 저기 갔다 하면 위험하기 때문이다.

 통 방충망 설치

화장실 창문 등 새시 창문에 따라 나오는 한 틀 짜리 방충문은 할 필요가 없다. 화장실 창문은 환기 때문에 열어놓아야 하는데 물구멍을 통해서든 창문 틈새를 통해서든 지네 같은 벌레들이 무조건 들어온다. 그래서 창문 전체를 덮을 수 있는 방충망을 만드는 게 좋다. 철물점이나 인터넷에서 망을 구입하여 쫄대로 고정시키면 된다.

 두더지 퇴치

텃밭에 두더지가 오는 경우가 있다. 특히 유기농으로 농사를 하다 보면 더욱 많이 찾아온다. 두더지가 구멍을 파면 그 구멍으로 쥐가 와서 더덕이나 작물 뿌리를 갉아먹는다. 두더지는 시력이 퇴화한 대신 후각이나 진동에 민감하다. 그러므로 땅속에 진동이 있으면 피해 간다. 두더지가 다니는 길에 파이프를 꽂고 문방구에서 바람개비를 사다가 꽂는다. 파이프가 공명이 되어 땅속 두더지를 퇴치한다.

멧돼지 피하기

요즘 도시에서도 멧돼지 출현이 뉴스가 아닐 정도로 잦아졌으니 시골에서야 말할 것도 없다. 특히 귀농하는 사람들은 대개 외딴 곳에 집을 짓기 때문에 멧돼지와 마주칠 확률은 그만큼 더 높아진다.

멧돼지는 고구마와 배, 옥수수 등을 좋아해서 이것들의 씨알이 굵어지면 먹으러 내려온다. 원래는 주행성이나 사람들의 눈을 피하려고 야간에 내려올 때가 많다. 한적한 산에서는 당연히 낮에도 마주친다. 주간에는 새끼 돼지가 대개 먼저 눈에 띄는데 이 때 얕보았다가는 큰일 난다. 새끼 주변에는 반드시 어미 멧돼지가 있게 마련이고, 새끼를 건드리면 무조건 덤빈다.

낮에 멧돼지를 발견하면 갑자기 움직이지 말고 처음에는 뒷걸음으로 조금씩 물러났다가 어느 정도 거리가 멀어지면 신속히 피해야 한다. 덤벼드는 상황을 감안하여 재빨리 오를 수 있는 나무를 살피면서 조심스레 이동하는 것이 좋다. 보통의 산짐승들은 사람을 무서워하기 때문에 웬만해서는 먼저 덤비거나 공격하지 않고 피해가는 게 대부분이다. 그런데 사람이 공포에 질린 나머지 갑자기 등을 돌려 뛰어가면 자기를 공격하는 것으로 착각해 덤벼들 수 있다.

멧돼지가 야간에 집 주변으로 올 때는 다음과 같은 방법을 사용하면 어느 정도 안심이다. 일단은 개를 키운다. 개 소리가 나면 접근을 꺼리게 된다. 하지만 멧돼지는 영리한 짐승이라 개가 묶여 있는 것을 눈치채고 개의 행동반경 3미터 가까이까지도 접근한다.

크레졸과 나프탈렌

멧돼지는 후각이 매우 발달되었으므로 이 점을 역이용하여 쫓아내는 방법도 있다. 역한 냄새로 회피하도록 하는 방법이다. 멧돼지가 내려오는 길목이 대개 정해져 있으므로 크레졸을 여러 병에 나누어 담아 그 길목에 절반쯤 비스듬히 묻어둔다. 나프탈렌도 근방에 줄줄이 던져 놓는다. 멧돼지는 이 냄새들을 싫어하여 가까이 접근하지 않는다. 필자의 집에도 배나무가 있어 멧돼지가 매년 내려와 가지를 부러뜨리고 배를 따먹고 갔는데 이 방법을 사용한 이후로는 접근하지 않았다. 그 전까지는 매일 내려와서 개 짖는 소리 때문에 밤잠을 설치기 일쑤였다.

면적이 넓은 지역을 장기간 방비할 경우에는 태양광충전식 점멸기를 설치하는 방법도 있다. 우리 동네에 사는 한 분은 소리로 쫓아내기 위해 대포를 설치했는데 민원이 심해서 포기했다.

멧돼지 고기는 기름기가 없어 팍팍하다. 그래서 구워 먹으면 맛이 없고 졸임이나 수육으로 만들면 담백하고 맛이 있다.

멧돼지는 힘이 좋고 강력한 엄니를 갖고 있어 전문적인 사냥견도 맞붙어서는 이기지 못한다. 그러니 어설프게 집에서 키우는 개로 멧돼지와 싸움을 붙이면 안 된다. 집에서 개를 키우는 것은 경보 차원의 역할을 하는 것으로 충분하다. 멧돼지는 가능하면 자극하지 말고 스스로 피해 도망가도록 해야 한다.

Tip 야간에 정원에서 곤충 피하기

시골에선 야간에 야외에서 식사를 할 경우가 많다. 이 때 불빛을 보고 날아오는 나방, 곤충들 때문에 곤욕을 치른다. 전등 중에 나방이 빛을 감지 못하는 전등이 있다. 조도는 좀 어둡지만 곤충들이 오지 않아 편리하다.

내 손으로 직접 만들기

사회가 고도화되고 직업이 세분화될수록 개인이 직접 할 수 있는 일이 몹시 적어졌다. 예전 같으면 직접 작업하고 만들던 일들을 전문 업체에 의뢰하거나 완성품으로 구입한다. 비용의 문제를 차치하고라도 사람의 손끝이 할 수 있는 위대한 능력을 퇴화시킨다. 문명사회가 가져다 준 폐단이다. 시골생활은 잊혀져 가는 자신의 손끝이 가진 능력, 즉 도구를 사용하는 동물인 인간의 원초적인 잠재력을 되살려 줄 기회를 만들어 준다.

조금은 거칠고 투박할지라도 꽤 멋진 작업을 해내고 만들기를 할 수 있는데, 생각보다 할 수 있는 일이 다양하다. 비용도 엄청 싸게 들 뿐만 아니라 고도의 손재주가 아니더라도 어엿한 작품들을 생산해 낼 수 있다. 무엇보다도 내가 직접 했다는 뿌듯함이 있으니 완성 후 사용할 때의 만족도는 기성품에 비교하지 못한다. 요즘 인터넷을 통해 손쉽게 구입할 수 있는 재료들을 주문하면 아주 많은 것들을 손수 만들 수 있다.

필자가 직접 만든 것들로는 통방충망, 하수관 연결, 엑셀 연결, 나무 대문, 우편함, 사방탁자, 차탁자, 방충문, 빗물받이, 파고라, 생태변기, 거름장, 나무선반, 앵글선반. 통유리 선팅 등이 있다. 이들 중에는 주변에 있는 재료를 활용해서 만든 것도 있고 인터넷으로 재료를 구입해서 만든 것도 있다. 물론 난생 처음 해 본 것들이었다. 필자는 원래 만드는 손재주도 없었고 누구에게 배운 바도 없었다. 하지만 요모조모 생각을 해 보고 시도하면 누구라도 어렵지 않게 할 수 있는 것들이다.

나무 대문은 방부목 회사를 검색해 상담한 후 나무종류를 결정하고 필요량을 주문하면 되고, 방충문이나 선팅재료는 인터넷에서, 앵글선반이나 엑셀관, 하수관로 등은 철물점에서, 나머지는 주변에서 이래저래 구해다 할 수 있는 것들이다. 나무 선반은 대나무로, 생태변기는 바케츠로, 거름장은 대형 고무통으로 했다. 쉽게 구할 수 있는 것들을 요긴하게 활용하여 최종 작품을 만들어내는 것도 직접 만들기의 묘미다.

빗물받이를 예로 들어 보자. 처마에 빗물받이를 하는 목적이 낙숫물이 튀지 않도록 하는 것이라면 굳이 지붕의 경관을 망쳐가며 싼 티가 나는 함석 빗물받이를 할 필요가 없다. 기와지붕인 경우 처마 양쪽이 날개를 펴고 들어 올린 형상인데 빗물받이를 하면 망친다. 그런데 현재 시판되는 기와는 끝처리 때문에 물이 안으로 감아 떨어지게 되어 있다. 그리하여 생각보다 물이 안쪽으로 떨어져 벽으로 물이 튀는 것이다. 이럴 때, 투명 플라스틱을 삼각형으로 잘라 실리콘으로 기와골에 붙이면

완전 초보가 만든
앵글 선반

낙숫물은 최소 1미터 이상 바깥으로 떨어진다. 부착된 표시도 나지 않고 낙숫물도 즐길 수 있고 비용도 들지 않는다.

나무로 우편함이나 대문 등을 만들고 난 뒤에는 토치로 살짝 구우면 나무의 무늬도 나타나고 고가구처럼 멋있는 색깔이 된다. 대신 너무 많이 구우면 시커멓게 되니 조심할 것. 나무 표면은 그라인더에 해바라기 사포를 부착하여 정리하면 매끈해진다. 물론 전용으로 나무 표면을 다듬는 샌딩기도 있으니 필요에 따라 사용할 일이다.

방충망이나 방충문은 시골생활에선 필수. 직접 제작하면 가격도 싸고 외관도 좋다. 앵글 선반은 사이즈를 사전에 잰 뒤, 앵글을 치수대로 잘라 달라 하여 가져오거나 인터넷에서 사이즈에 맞게 주문해도 된다. 가끔은 용접이 필요한 경우도 있는데, 이 또한 전문가의 영역이라며 미리 겁먹지 말고 시도해 보면 된다. 값싼 용접총을 철물점에서 구입하여 용접을 하면 혼자 만들기의 새로운 지평이 열린다.

그밖에도 아이디어가 있고 실력이 붙으면 무궁무진한 것을 할 수 있겠지만, 위에서 소개한 것들은 완전초보였던 필자가 했던 것들이니 독자들도 다 할 수 있는 것들이다. 자신의 손으로 직접 하게 되면 만드는 과정의 쏠쏠한 재미도 있을 뿐만 아니라 그 성취감이 말로 표현하기 어렵다. 완성품을 바라보며 스스로의 대견함을 자축하는 술 한잔의 맛은 직접 해 본 사람만이 안다.

 작업용 장갑

일할 때 목장갑만 끼면 손이 거칠어지고 튼다. 속에 부드러운 장갑을 하나 더 끼면 손이 보호된다. 장갑은 많이 소요되니 인터넷으로 박스 주문을 하는 게 비용과 번잡함을 줄인다. 특히 물기 있는 곳에서 작업할 땐 완전코팅 된 장갑(일명 깔깔이 장갑)이 유용하다. 이 장갑은 힘든 작업시(벽돌, 개울) 유용하게 쓰이니 꼭 준비하기 바란다. 전선이나 덤불 작업을 할 때 유용한 절연소재의 장갑도 있다.

필요한 공구들

시골 생활에서는 웬만한 일들은 스스로 해결해야 한다. 그러자면 여러 가지 공구들이 필요하게 된다. 공구들은 있으면 편리하고 없어도 무관한 물건이 아니라, 사실은 시골 생활의 필수품이다. 그래서 집에 비치해야 할 몇 가지 공구들을 소개한다.

공구를 사용할 일이 거의 없던 사람들이라면 이 물건들이 비쌀 것이라는 선입견이 있는데, 사실은 생각보다 싸고 대형 공구점에 가서 일괄로 구입하면 저렴하다. 필요할 때나 생각날 때마다 구입하려면 비싸기도 하고 번거롭기도 하다. 필수 공구 정도는 갖춰놓는 게 좋다.

흔히 쓰는 공구는 망치, 펜치, 드라이버, 못 셋트, 작업용 칼, 톱, 정, 호미, 낫, 삽, 괭이, 곡괭이, 쇠지렛대(빠루), 제초용 호미, 분무기(농약, 물), 전지가위, 나무껍질 벗기는 기구, 실리콘총, 쇠스랑, 몽키스패너, 허리에 두르는 공구주머니 등이다.

그밖에, 돌이나 쇠 등 잡다한 것을 자르기 위한 그라인더도 다양하게 쓰인다. 그라인더는 날만 바꾸면 나무 평면 다듬기도 하고 여러 가지 자르기도 된다. 목재를 다룰 때는 못질보다는 나사못을 박는 것이 좋다. 못을 치면 목재가 갈라지는 문제도 있다. 때문에 빠르고 안전한 작업을 위해 전동드릴이 필수적이다.

장작자르기와 전지 등에 쓰이는 무선 엔진톱이나 전기로 사용하는 전기톱도 있어야 하는데, 엔진톱이 편리하긴 하지만 비싸고 위험하다. 집에서 장작자르기 등의 간단한 작업만 하려면 전기톱으로도 충분하다. 전기톱은 엔진톱과는 달리 운전과 정지가 아주 수월해서 편리하고 안전하다.

잡초 제거용으로는 예초기가 있다. 예초기 날은 처음에는 나일론 줄을 달아서 사용한다. 일반 잡초를 날리기에는 쇠날이 아니라 나일론 줄로도 충분하고 돌이나 굴곡이 있는 지형에서 안전하게 사용할 수 있어 초보자에게 꼭 권하고 싶다. 예초기 사고로 몸을 다치는 경우가 허다하기 때문이다. 단, 구입할 때부터 나일론 줄은 매는 법을 확실히 배워야 한다. 그렇지 않고 대충 줄을 매면 애먹는다.

또 필요한 것이 운반용 도구다. 지게가 운동도 되고 좋긴 한데 취향에 따라 구입을 결정할 품목이다. 대신 손수레는 필수다. 포장길에는 양바퀴, 비포장길일 경우에는 외바퀴가 편리하다. 외바퀴 수레는 처음 다룰 때는 균형 잡기가 어렵지만, 익숙해지면 집주변의 좁은 공간에서도 맘대로 사용할 수 있어 편리하다.

아궁이에 불을 지필 때 사용할 토치도 필수품이다. 작두는 약간 두꺼운 것들을 자르는데 편리하다. 우거진 수풀이나 언덕에 있는 풀, 높은 나뭇가지를 정리할 땐  자루가 긴 낫이 편리하다. 서서 낫질을 할 수 있어서 위험도 줄이고 힘도 덜 든다. 그 외에도 장화, 코팅장갑, 일할 때 입을 허드레 옷, 뒷부분에 그물이 달리고 챙이 긴 모자 등도 필요하다.

열거한 것들을 보면 너무 많아서 엄두가 나지 않을지도 모른다. 하지만 시골생활을 하다보면 필수품이라는 것을 알게 된다. 또 이런 공구들을 자유자재로 다룰 줄 알게 되면 스스로 일을 처리한다는 성취감도 있고, 비로소 귀농 초보의 딱지도 떼게 된다.

 용접은 큰 도움이 된다

용접을 하면 직접 만드는 일의 폭이 상당히 넓어진다. 철물점이나 공구상에 가면 토치도 있고 전기를 사용하는 간단한 용접기구가 있다. 가격도 만원 이내다. 납과 함께 사서 용접하면 버릴 것도 새로 다 쓸 수 있다.

안전사고 예방

도시 생활은 좀처럼 헐렁한 태도를 용납하지 않는다. 남과 경쟁하는 것이 기본이고, 어느 곳에서건 보이지 않는 매뉴얼 같은 것이 작동되는 법이라서 늘 흠이 잡히지 않는 나름의 완벽함을 요구받기 때문이다. 하지만 도시에서 그렇게 살아왔는데 시골에 내려와서까지 그렇게 살고 싶지는 않고 또 그럴 필요도 없다.

조금 부족하면 부족한대로 그렇게 넘어가는 것이 시골 생활의 묘미이기도 하다. 예를 들어, 들깨 씨를 뿌릴 때 뿌린 씨앗 하나도 놓치지 않고 흙을 덮으려고 땅에 눈을 가까이 한 채 살펴보는 식의 완벽을 기할 필요는 없다. 흙에 안 덮인 씨앗들도 게 중에는 알아서 흙과 섞이기도 할 것이고, 혹시 일부가 쓸모없이 되어 수확이 좀 덜 된다 할지라도, 나중에 덜 먹으면 된다. 농기구도 잘 쓰고 닦아서 창고에 넣어두면 보기에도 좋고 수명도 오래 가겠지만, 일 끝나고 피곤할 때는 흙만 대충 털어 놓고 두어도 된다. 내일 또 쓸 것인데 너무 세심함과 완벽함에 매달리면 스트레스가 된다.

그런데, 시골 생활에서 대충대충 해서는 절대 안 될 것들이 있다. 바로 안전에 관련된 일들이다. 대강대강 하면서 여유를 부리다가 큰 일을 당하는 수가 있다. 시골생활에서도 안전을 위협하는 일들은 도처에 있기 때문이다. 안전에 관해 주의할 것들을 몇 가지 들어본다.

■ 못을 박을 때

못을 박을 때 맨 손으로 못을 붙잡고 치는 경우가 많은데 조심해야 한다. 장갑을 낀 상태에서 펜치로 못을 잡고 망치로 치는 것이 바른 방법이다. 처음에는 가볍게 두드려 수직으로 들어가게 방향을 맞추고 어느 정도 자리 잡았을 때 세게 치면 된다.

■ 자동톱을 사용할 때

자동톱은 아주 위험하다. 자동톱에는 무선으로 하는 엔진톱과 전선으로 연결해 쓰는 전기톱이 있는데, 엔진톱이 편리하기는 하지만 위험도가 높다. 그래서 집안에서 사용하는 정도면 전기톱을 권한다. 엔진톱은 손을 놔도 계속 돌아가기 때문에 유사시 통제가 안 된다. 대신 전기톱은 손을 놓으면 자동으로 멈추기에 안전하다. 저렴하고 사용하기 간편하며 동작과 정지가 쉬워 안전하다. 단지 전선을 연결하는 게 불편할 뿐이다.

자동톱을 사용할 때도 눈보호구(안경 등)를 쓰고 자세를 안정되게 잡아야 한다. 가슴 위에서 톱질을 하는 것은 톱이 언제 튈지 모르기에 위험하다. 톱날 끝으로 절단하면 톱이 튀어오를 수 있기에 사용법을 숙련자에게 꼭 배워야 한다.

톱날을 날카롭게 유지하는 것도 중요하다. 톱이 잘 안 들면 공구상에서 톱날을 갈아주는데, 천 원이면 된다. 자동톱은 기계의 무게를 이용하여 절단해야 기계에 무리도 안가고 오래 쓴다. 무리하게 팔목에 힘을 주어 눌러 사용하면 사고 위험도 있고 기계도 망가진다.

■ 그라인더 사용할 때

그라인더는 손을 떠나도 돌아가고 손아귀의 힘이 약하면 튀어서 날아간다. 안정된 자세를 잡고 손의 힘이 정확하게 유지되도록 해야 한다. 눈보호 장비를 착용하는 것도 필수다. 돌 자르는 날, 나무 다듬는 날, 플라스틱 등을 자르는 날 등이 따로 있으니, 용도에 맞게 날을 준비하여 사용하는 것이 좋다.

■ **사다리 이용할 때**

사다리는 높은 곳에 오를 때 사용하기 때문에 떨어질 위험이 있다. 높은 곳에 사용하는 LS사다리는 크기가 작아 보관상의 잇점이 있는데 주의할 점이 있다. 사다리 단 사이의 고정 상태를 정확히 점검한 뒤에 사용해야 한다. 길게 늘여 빼놓고 덜컥 올라가면 낭패를 볼 수 있다. 헐겁게 된 상태에서 올라가면 사다리가 접힌다. 필자도 처음에 대충 세워놓고 올라갔다가 3미터 높이에서 떨어져 한동안 고생한 경험이 있다.

■ **나무에 오를 때**

시골에서 살면 여러 가지 이유로 나무에 올라야 할 때가 있다. 이 때 벗겨지지 않는 신발을 신고 오르는 것이 중요하다. 또 나뭇가지가 외관상으로는 멀쩡해도 힘을 가하면 부러지는 가지가 종종 있는데, 이때를 대비하여 가지가 부러졌을 때 어떻게 대처할지를 미리 생각해두는 것이 좋다. 특히 바람 부는 날에는 나무에 오르는 것을 피해야 한다.

■ **무거운 것을 들 때**

무거운 것을 들 때는 자세를 낮추고 허리를 곧게 펴서 허리에 무리가 가지 않도록 해야 한다. 젊은 사람이건 나이든 사람이건 그런 자세가 중요한데, 한 번 삐끗하면 오래 고생하게 된다. 따라서 무거운 것을 들 때는 한 번에 끝내려 하지 말고 나누어서 가볍게 드는 것이 현명한 방법이다. 힘으로만 하려다 보면 무리가 오고 다칠 확률도 높아진다.

■ 도끼질 할 때

나무를 패기 위해 도끼를 내리칠 때 팔의 힘에만 의존하다 보면 어깨에 무리가 온다. 따라서 어깨의 힘을 빼고 들어 올려 도끼날의 무게가 행사하는 자연낙하 힘에 따르는 것이 바른 방법이다. 숙련된 사람일수록 무리한 힘을 쓰지 않는 법이다. 또 도끼자루가 튼튼한지, 도끼날과 자루의 결속은 단단한지도 미리 점검해 두어야 안전하다.

■ 불을 피울 때

쓰레기를 태우거나 아궁이에 불을 피울 땐 무조건 조심해야 한다. 산불은 한번 시작되면 펄쩍펄쩍 뛰어간다. 이 등성이에서 저 등성이로 건너뛴다. 초기진압이 안되면 헬기가 떠도 진화하기 힘들다. 작은 불이라도 산불이 발생했을 경우, 일단 119에 연락해놓고 이웃들에게도 알려 같이 초기진압을 해야 한다. 혼자 해결하려고 당황해서 망설이며 시간을 끌다가는 큰 봉변을 당한다. 그리고 허가 없이 쓰레기를 태우는 건 벌금거리인데, 원칙은 면사무소에 신고한 뒤 태워야 한다. 물론 소각통에 모았다가 비가 오는 날 태우는 정도는 별 문제 없다.

■ 집 주변의 위험요소 정리

시골의 집은 도시의 아파트처럼 규격화된 구조와 안전한 동선을 갖고 있지 않다. 또 시간이 지나면서 지형이 변하거나 빗물에 돌부리가 드러날 수도 있고 나무가 자라면서 주변이 변하기도 한다. 따라서 위험 요소가 될 만한 것들은 가끔 손을 보는 게 좋다. 예컨대, 집주변의 여러 사물들 중 날카로운 부분이 있으면 그라인더로 갈아 완만하게 해준다. 사고를 미연에 방지하는 측면도 있고, 또 사람이란 것이 날카로운 부분을 자꾸 보면 어느 순간 자신의 마음도 날카로워 지는 만큼, 마음의 순화를 위해서도 좋은 방법이다.

몸풀기

일을 시작할 땐 어떤 형태로든 몸풀기를 한다. 특히 육체노동에 익숙하지 않고 해당 근육이 발달되지 않은 상태라 근육이 쉬 뭉치게 된다. 인부들 일할 때 같이 한답시고 도우다가 나중에 할 일이 계속 있는데 정작 그 때 몸이 아파서 못하면 큰일이다. 필자도 질통을 일주일 정도 혼자 지다가 한달 동안 허리를 제대로 펴지 못했다.

구증구포(九蒸九曝)

약재를 법제法製할 때 여러 가지 방법이 있지만 찌는 방법이 많이 쓰인다. 약재 고유의 성질은 살리되 독성을 제거하기 위해 찌는 것인데, 한 번에 오랜 시간 찌는 것보다 조금씩 찐 뒤 식히며 여러 번 찌는 게 좋다. 구증구포란 아홉 번 찌고 아홉 번 말린다는 뜻이다. 쉽게 말해 약성藥性을 좋게 하기 위한 것으로 대표적인 법제물이 홍삼이다.

녹차도 생약 중의 생약이라 상복하는 약재로 보고, 우리나라는 물론 중국이나 일본에서도 예로부터 찌는 방법을 사용했다. 이렇게 찌면 보관기간도 길어진다. 오늘날 우리나라의 일부 차 농가에서는 빠른 시간에 골고루 익히기 위해 고온의 증기로 찐다고 한다. 대량으로 만드는 곳은 어쩔 수 없이 증蒸을 하고 있는 것이다.

우리나라의 제다製茶 방식은 덖음이다. 덖음이란 타지 않을 정도로 볶아 익히는 것을 말한다. 찻잎의 경우 가마솥에 장작을 지피고 250도 내지 300도의 고온에서 골고루 익혀준다. 이 때 첫 번째 작업에서 잎을

차 덖기

차 비비기

완전히 익혀 주어야 한다. 그렇지 않으면 차 고유의 맛이 나지 않고 색깔도 하얗게 핀다.

이렇게 덖은 찻잎을 비벼주는데, 비비는 일은 첫 번째나 두 번째 덖은 정도에서 끝을 내야 한다. 그 뒤에 세 번 네 번 덖는 것은 실제로는 말리는 수준이다. 그 이후에 비비면 찻잎이 그야말로 작살이 난다. 물론 시간을 줄이고 온도를 줄이면 열 번도 덖고 비빌 수는 있다. 하지만 제맛이 나지 않는다. 두 번째 정도까지에서 익히고 비비는 작업이 끝나고, 그 다음은 갈변이 되지 않도록 말리는 작업인 것이다.

솥에서 말리고 바로 맛내기에 들어가면 갈변이나 잡냄새를 머금지 않아 좋은 차가 될 것이다. 굳이 문자 그대로 구증구포를 하면 할 수도 있지만, 본래 아홉이라는 숫자는 주역의 양극수인 구九의 의미로서 많다는 뜻으로 쓰인 것을 보면 굳이 아홉 번을 고집할 필요는 없을 것 같다. 제다방법이 다른 우리 차에서 굳이 구증구포를 고집할 필요는 없지 않을까. 우리나라 차의 시조격인 다산선생님이 말씀하신 구증구포는

발효차 만들기

떡차에 해당하고 그마저도 세 번정도 찌면 충분하다고 말씀하셨다. 차 생활이 일과인 종교인이나 찻집을 운영하는 사람들의 호사스런 얘기에 일반인들이 현혹될 필요는 없다.

  구증구포한 차든 한번 덖은 차든 우리 일반인들은 커피 대신 녹차를 먹는다는 게 중요한 것 같다. 일반적으로 덖음차는 차가운 '한寒'의 기운이 강하므로 손발이 차거나 목소리가 작은 사람은 덖음차보다는 발효차를 마시는 게 좋다. 중국의 보이차나 우리나라의 반발효차(황차)가 그런 류의 차다. 그런데 우리나라에는 제대로 된 보이차를 구하기가 쉽질 않다. 진품 확인도 하기 어려운 보이차를 비싸게 사먹지 말고 우리나라 황차를 마시는 편이 나을 것이다.

메주 만들기

시골생활의 한 해 마무리는 김장과 된장 담그기이다. 요즘엔 시골 사람들도 손수 장을 담그지 않는 사람도 많은데 쉽게 구입할 수 있는 장류가 많기 때문이다. 그래도 시골까지 내려와 살면서 시중 제품을 사 먹는 것은 용납되기 어려운 일이니, 당연히 직접 장담그기에 나서본다. 된장 담그기의 첫 번째 단계인 메주 만들기를 소개한다.

메주 만들기

1. 콩을 24시간 정도 불린다.
2. 불린 콩을 솥에 넣고 콩이 잠길듯 말듯 물을 잡는다.
3. 센불로 끓인다.

부르르 하며 끓게 되면 콩솥은 허연 콩물을 꾸역꾸역 토해낸다. 이 때 넘치는 물을 방지하고 불조절 하는 것이 콩 삶기에서 가장 중요한 대목이다. 넘치는 것을 방지하기 위해서는 젖은 수건을 솥뚜껑에 두르고 부르르 부르르 하며 넘칠 기미가 보일 때 찬물을 끼얹어 준다. 넘친다고 하여 뚜껑을 열면 콩이 비리게 삶아지므로 금물이다. 솥 밑바닥의 콩이 탈까봐 저어주기도 하는데 처음부터 아예 저어주지 않으면 타지 않는다. 굳이 눌어붙는게 걱정이 되면 납작한 대나무

채반을 먼저 깔고 콩을 넣는다.
4. 한 번 끓은 뒤에는 약불로 조절하고 서너 시간 삶는다.
이러다 보면 서너 시간을 꼬박 불 옆에서 보초를 서야한다. 추운 겨울에 토닥토닥 불장난 하는 것도 재미있다. 어릴 적엔 콩솥에 고구마도 삶아먹고 삶은 콩도 얻어먹곤 했었다. 은근하고 푸근한 콩 익는 냄새는 엄마품이 아닐는지….
5. 콩을 건져 바구니에 담아 물을 뺀다.
서너 시간 끓이면 콩이 연한 적갈색으로 변한다. 손으로 만져보아 쉽게 뭉개질 정도면 충분히 삶아진 것이다.
6. 으깨어 준다.
예전 어른들은 절구통에 넣어 찧기를 했는데 절구질이 꼭 필요한 것은 아니다. 비닐 자루에 넣고 고루 밟아주면 쉽게 으깨어진다. 너무 미세하고 곱게 뭉갤 필요는 없다. 다만, 이 작업은 콩이 식기 전에 마쳐야 한다. 식으면 잘 뭉쳐지지 않는다.
7. 모양을 잡아 메주를 완성한다.
점토공작 하듯이 모양을 잡는다. 모양은 제 맘대로 하면 된다. 대신 찰지게 탕탕 내리쳐 안에 틈이 없도록 하는 것이 좋다.
8. 겉말리기를 한다.
30도 정도의 따뜻하고 통풍이 잘되는 곳에 짚을 깔고 겉말리기를 한다.
9. 띄우기.
30-40도 정도의 방에 이불을 덮어 띄운다. 이때 짚을 같이 넣는다. 짚의 고초균이 발효를 촉진시킨다.

이렇게 만들어진 메주는 통풍이 잘되는 곳에 매달았다가 길일을 택하여 장담그기에 들어간다.

장담그기

효소발효액 만들기

효소발효액 만드는 순서

1. 물에 담가 두기

채취한 재료를 물에 30분 이상 담궈 둔다. 이렇게 해야 벌레와 잡다한 찌꺼기 들이 제거된다.

2. 그늘에서 말리기

급하면 할 수 없지만 되도록 재료의 물기를 없애는 게 좋다. 물기가 있으면 먹는 데는 상관없지만 색깔이 흐려진다.

3. 잘게 자르기

물기가 빠진 재료를 3cm 정도 크기로 잘라준다. 작두를 사용하면 된다. 이렇게 하면 나중에 즙액이 잘 빠져 밀도가 높아진다.

4. 설탕 섞기

재료를 큰 대야에 담고 설탕으로 버무려 고루 묻도록 하는 게 좋다. 대야에서 이렇게 하루 정도 재워 한 숨 죽여 놓으면 독에 넣기도 수월하고 설탕을 두 번 넣지 않아도 된다. 그렇지 않으면 아무리 꾹꾹 눌러 담아도 나중에 푹 꺼져버린다. 그러면 또 넣어야 한다. 설탕이 묻지 않으면 속성발효가 되어 썩어버리기 때문에, 용기에 넣은 뒤에는 윗부분을 설탕으로 덮어준다.

즙액이 많은 재료에는 설탕을 조금 더 넣어 준다. 재료와 설탕의 비율은 통상적으로 1:1이 기준으로 알려져 있지만 이 비율로 하면 당도가 50이 넘게되어 발효가 원활하지 않다. 1:0.8정도가 적정하고 초기에 수시로 뒤집어 실패율을 낮춘다. 설탕이 너무 많으면 발효가 되지 않고 너무 적게 넣으면 재료가 부패된다.

설탕은 본래 단당류인 과당(果糖) 으로서 몸에 이로운 것이지만, 정제 과정에서 이당류인 자당(蔗糖)으로 변해 우리 몸에 들어오면 칼슘과 미네랄을 많이 소모함으로써 해로운 식품이 된다. 그런데 산야초 미생물 덕분에 다시 천연 과당으로 돌아가기에 효소 발효액에 있는 설탕은 해롭지 않게 된다.

설탕이 포도당과 과당으로 분해되는 기간은 약 100일 정도다. 이때가 되면 98%가 분해되고 1년이 지나면 100% 분해된다. 당도가 높은 과일로 효소액을 만들 때는 자체 당분이 많기 때문에 설탕 비율을 재료 대비 70% 정도 넣는 게 좋다.

5. 용기에 담기

설탕을 잘 섞었으면 병이나 항아리에 꾹꾹 눌러 담는다. 재료가 삭은 후 용기의 2/3 정도가 되도록 한다. 빈 공간이 있다고 재료를 추가로 넣지 말도록 해야 한다. 효소발효액은 통기성 발효이기에 뚜껑을 닫아도 열어도 상관없지만 밀폐를 하면 알코올 발효가 일어날 수 있으므로 천으로 덮고 고무줄로 묶는다.

6. 발효하기

25도를 넘지 않는 서늘한 곳이 좋다. 효모균은 자외선에 노출되면 활동이 위축되기 때문에 담근 용기가 햇볕에 직접 노출되지 않도록 해야 한다. 온도 변화가 없는 지하실이나 굴속이라면 최선이다.

7. 수시로 뒤집어 주기

초기에는 건더기가 용기 윗부분에 떠있어 즙액이 올라오지 않으므로 수시로 뒤집어 주어야 한다. 손을 넣어 뒤집기 귀찮으면 병을 거꾸로 뒤집어 설탕이나 액이 고루 묻히게 한다.

8. 내용물 건져 내기

삼개월 정도 경과하면 안에 들어 있는 내용물을 건져낸다. 과일의 경우, 덜 익은 열매의 씨앗에는 독성이 있기 때문에 풋열매는 사용하지 않는 게 좋다. 익은 열매는 독성이 없기에 오랫동안 건져내지 않아도 문제는 없지만 내용물이 오래 있으면 탁해지므로 건져내서 2차 숙성에 들어가는게 좋다.

9. 2차 숙성하기

내용물을 걸러낸 후 액즙만으로 2차 숙성시킨다. 미생물의 활동은 3개월에서 6개월 사이에 가장 왕성하다. 2차숙성에 들어가면 미생물은 먹이가 줄어들어 개체수가 줄어든다. 하지만 다른 유익한 물질들(맥아당 등)이 생기므로 본인이 선택해서 먹는다. 효소식을 원하면 100일부터 먹는 게 좋고 영양식을 하려면 더 기다려 먹는다. 1년 후부터 맥아당이 생긴다.

10. 3차숙성

마시기 전에 물을 5배 정도 희석하여 상온에 두면 탄산발효가 된다. 이것을 냉장고에 보관해서 마시면 천연 탄산음료가 되어 애들도 맛있어 한다. 상온에 오래두면 술이나 식초가 될 수 있으므로 제때 마시는 것이 좋다. 탄산발효가 된 효소발효액의 병을 열 때는 넘칠 수 있으므로 조심한다.

■ 알아두면 유익한 내용

- 간장, 된장, 청국장등 소금이 들어가는 것들은 호기성 발효가 이루어지기 때문에 공기가 통하는 전통적인 질그릇 항아리를 써야 한다. 그 밖의 경우에는 완전 밀봉만 시키지 않는다면 유리병이나 플라스틱 용기도 상관없다. 유리병은 벌레나 이물질이 들어가지 않고 발효과정도 볼 수 있기에 좋다.
- 모든 발효식품들은 잠기게 하는 게 좋고 액이 많지 않아 잠기지 않을 때는 주기적으로 뒤집어준다. 그렇지 않으면 잠기지 않은 부분이 부패가 되고 구더기가 생긴다.
- 액이 많이 나오지 않는 재료일 경우에는 즙이 많은 재료들을 첨가한다. 예를 들어 수세미, 쇠비름, 배, 수박 등을 사용하면 된다.
- 설탕이 싫으면 식초나 소금으로 절여 발효를 시킬 수 있다. 소금을 많이 넣으면 장아찌가 되고 발효가 안 되지만 적게 하면 발효가 된다. 김치나 물김치, 백김치 등을 담글 때처럼 하면 된다.

  소금과 고온, 매운 맛에서 살아남은 고추장의 미생물들은 강력한 힘이 있어 위에 있는 헬리코박터균을 잡아먹어 위염을 치료한다는 사람도 있다. 5년 이상 숙성된 고추장이 치료효과가 높다 한다.
- 미생물들은 60도 이상의 열에서는 죽어버리기에 각종 찌개에는 유익균이 없다. 된장도 찌개보다는 생된장이 건강식이다. 김치찌개는 되도록 피해야 할 음식이다.

- 효소는 DNA의 지령에 의해 만들어진 단백질이다. 이는 사람이 흡수한 영양분을 소화가능한 상태로 분해할 때 촉매 역할을 한다. 따라서 효소가 없으면 원활한 영양분의 흡수가 안 되므로 우리 몸은 아주 비효율적인 연비를 갖게 되는 것이다. 대신 효소가 많으면 적은 음식물로도 충분한 영양을 섭취하게 되고 몸속에 잔여물질이 없게 되므로 몸은 건강하게 되고 슬림해지는 것이다. 즉, 우리 몸을 깨끗이 청소를 해주므로 세포는 젊어지고 건강해진다는 것이다. 변비, 다이어트, 가려움증, 심혈관질환, 피부미용 등에 유익하다.
- 효소발효액 담그는 재료는 주변의 온갖 산야초. 되도록이면 주변에서 구하기 쉬운 것을 공부하여 담그는 게 좋다.
- 이전에는 설탕의 정제 과정이 흑설탕 황설탕 백설탕 순이어서 흑설탕이 제일 좋았지만, 지금은 순서가 바뀌었다. 백설탕이 먼저 추출되고 그 다음에 황설탕, 그리고 색소를 입혀 흑설탕이 된다. 따라서 성분으로 보나 가격으로 보나 백설탕이 제일 유리하다. 단지 매실 발효액인 경우 백설탕으로만 담그면 색상이 묽게 보여 황설탕을 일부 섞어서 진한 색으로 만들지만 내용은 똑같다. 연한 발효액은 공기에 노출되면 폴리페놀 성분이 산화되어 색상이 짙어진다.
- 자당과 과당의 분해 관점에서는 유기농설탕이 의미가 없다. 단지 여타 성분에서는 차이가 있을 뿐이다.

- 오래 숙성될수록 좋다는 말은 조심해야 한다. 3개월 후부터 6개월 사이에 미생물의 활동은 가장 왕성하다. 따라서 유익균을 마시려면 1년 이내에 마셔야 한다. 또한 오래된 발효액이라고 당이 없어지지는 않는다. 따라서 당뇨 환자는 묽게 희석해서 먹어야 한다, 오래되면 식감은 좋지만, 그 이상의 효과는 없다.
- 당도가 50브릭스 이상이면 당도가 높아 삼투압 때문에 미생물의 활동이 위축되고 급기야 미생물의 개체 수가 줄어들어 제대로 된 발효가 일어나지 않는다.

전에 방송에서 발효액은 설탕물이라고 보도했던 근거가 이 때문이다. 하지만 설탕의 비율을 재료의 즙액과 1:1로 담그면 설탕물과는 다른, 발효에 의한 유익한 물질들이 많이 생성된다. 또한, 방송에서 발효액이 설탕물이라고 주장한 근거가 삼투압으로는 재료의 약리 성분이 추출되지 않고 물의 추출만 있을 뿐이라고 주장하였다. 삼투압의 사전적 의미로 보면 일견 맞는 말이다. 하지만 세포도 생물이라 나무에서 분리된 열매는 죽은 상태이니 세포막도 자연스럽게 파괴되고 따라서 그 안의 영양성분도 흘러나오는 것이다. 그러므로 발효액 안에는 재료의 영양성분이나 약리 성분이 포함되어 있기에 설탕물일 뿐이라는 주장은 무리가 있다.

- 천일염을 조금 넣어주면 소금 속의 미네랄이 미생물의 생육에 도움을 주고 맛도 한결 나아진다.

- 과일로 발효액을 담글 때 맛이나 향을 좋게 하려면 살포시 익었을 때 담는다. 따라서 매실도 망종 절기를 넘긴 매실로 담는 게 열매의 독성도 피하고 맛도 좋다.
- 발효액 담는 용기는 항아리, 유리병, 생수통 등을 사용할 수 있는데 어떤 용기이든 별반 차이는 없다. 이왕이면 항아리가 좋지만 무겁고 비싸고 관리가 불편하다. 소량으로 담을 것이면 유리병이 위생적이고 쉽게 확인할 수 있어 간편하다. 생수통 재질로 만든 통도 별문제는 없다.

  흙으로 만든 무거운 항아리 대신 특수 재질로 만들어진 가벼운 항아리도 있다. 특정 회사 제품이라 거론하기는 그러니 독자들이 검색해 보시고 판단하시기 바란다.
- 효소라는 단어는 적확한 표현이 아니다. 00발효액이 정확한 표현이다. 단지 이제껏 사용되다 보니 필자도 습관처럼 효소라는 단어를 쓰고 있는데 효소발효액 속에는 의미 있을 정도의 효소는 없다. 발효액은 미생물의 섭취와 발효된 영양성분이나 약리 성분을 섭취하는 차원에서 의미를 가진다.
- 발효액이나 식초를 만들다 보면 초파리가 많이 생겨 골치 아프다. 이때 초파리 지옥을 만들면 된다. 접시에 초파리가 좋아하는 막걸리나 식초를 담고 랩으로 접시를 덮어서 바늘구멍을 뽕뽕 내면 초파리가 안으로 들어가서 나오지 못한다.

■ 주변에서 찾을 수 있는 재료들

어렵사리 먼 산으로 가서 귀한 재료를 채취하는 것은 가끔이면 족하다. 방치되어 있는 두충나무는 강장과 뼈에 좋아 중국에서는 차의 으뜸이라 하고, 농약 없는 곳에서 자란 쇠비름은 오행초로서 효능이 헤아릴 수 없이 다양하고 온갖 곳에 흔한 환삼덩굴은 고혈압에 특효이며 어린이 성장에 도움이 된다. 온 산하에 널린 칡은 두통(특히 뒷목), 감기, 주독에 좋다는 사실이 이미 알려졌고, 서리 맞은 뽕잎은 폐에 좋아 열을 내리고 당뇨에도 좋으며 눈의 충혈도 풀어준다.

방아잎은 향신료와 식자재도 되고 몸살감기 열을 내리는 치료제이다. 감기몸살로 으슬으슬 떨릴 때는 생강차가 좋고 목감기에는 노란국화가 좋다. 잡초처럼 나는 하늘수박은 심근경색에 좋으며 간질환에는 민들레가 좋다. 질경이는 간에 좋으며 전립선등 소변을 시원하게 보는데 최고이고 섬유질이 많다. 댓잎은 심장의 열을 내려 가슴답답증이나 울화병 등에 좋다.

쑥의 효능은 이루 말할 수 없이 많다. 황달에는 3월, 그 외는 단오쑥이 좋다. 민들레는 위, 간, 폐, 장 등에 두루 쓰이며 꽃이 피기 전 뿌리채 캐서 사용한다. 먹고 버리는 귤껍질은 소화를 돕고 가래를 삭힌다. 꽃이 예쁜 인동초는 목감기, 눈병에 좋으며 몸속 깊은 곳의 열을 내릴 때 쓴다. 마당에 흔히 나는 바랭이풀은 눈과 소화에 좋다.

흔한 풀들이 모두 치료와 효소발효액의 재료가 된다는 뜻에서 개괄적으로 기술하였다. 우리나라 풀의 80%가 항암효과가 있는 만큼 풀 하나하나를 세밀히 알아보면 값싸고 효능 좋은 약재로 탈바꿈한다. 단지 풀마다 나름의 성질이 있기에 본인의 체질을 먼저 알고 거기에 적합한 배합을 하고 양을 조절해 먹어야 한다.

무엇이든 치우치면 좋지 않으므로 냉한 풀은 열한 풀로 조화시켜 담그면 좋다. 그래서 80% 정도는 주된 재료를 쓰고 최소 20%는 완화시키는 재료를 쓰면 좋다. 그 재료의 기운을 다스리는 방법에는 구증구포의 방법도 있다.

약보다 좋은 것은 음식이다. 효소발효액은 음식이다. 음식은 장복을 해야 한다. 단번에 효과를 보려는 것은 욕심이고 부작용이 따른다. 단지, 어느 특정한 풀이 어디어디에 좋다 하는 것은 체질과 경우에 따라 다르고, 행여 잘못 섭취하면 후유증이 올 수도 있으므로 치료효과보다는 효소발효액 본연의 의미, 즉 미생물의 활동을 도우는 차원으로 생각하고 후유증 없는 효소발효액을 만들려면 여러 가지를 넣은 백초효소(百草酵素)를 만드는 게 좋다. 백초들이 서로 강한 부분을 순화시켜 후유증 없는 효소발효액이 되는 것이다.

농장에서 재배한 식물들은 아무래도 거름을 주기에 빨리 자라고 그러다보니 밀도가 성글고 단위당 영양분이 부족할 수밖에 없다. 그래서 필자는 산에 자라는 야생식물들만 채취한다. 논이나 밭둑에는 농약 기운이 있으므로 채취금지다.

■ **넣지 않는 게 좋은 식물**

솔잎, 버섯류, 독초(애기똥풀, 미국자리공, 고삼, 매미꽃, 박새, 여로, 파리풀, 반하, 천남성, 괴불주머니, 현호색, 은방울꽃, 할미꽃, 투구꽃, 진범, 족두리풀, 삿갓나물, 털머위, 동의나물, 지리강활, 와우산풀, 개구리자리, 상사화, 꽃무릇, 대극, 은행, 가중나무, 옻나무) 등은 약재로는 쓰이나 상식용으로 함부로 쓰면 안 되므로 효소발효액 담글 때는 피하는 게 좋다.

솔순이나 솔잎은 향이 좋아 넣고 싶지만 송진은 사람 몸에 들어가면 분해가 잘 되지 않고 응고될 수 있어 위험하다. 따라서 송진을 제거하는 방법을 익히지 않고 함부로 솔잎을 사용하면 안 된다. 백초효소는 그 자체로 향긋한 냄새가 나고 맛도 좋기에 별도로 향신료를 넣을 필요가 없다.

유익균이 몸을 살린다

 음식은 크게 두 가지로 나뉜다. 살아있는 음식과 죽은 음식이다. 살아있다 함은 미생물이 살아있는 걸 말한다. 죽은 음식은 영양을 공급하는 외에는 별 의미가 없다. 몸을 유지하기 위해서는 영양성분이 필요하지만 몸을 잘 유지하려면 그것만으로는 부족하다.

 현대인의 병은 영양 부족보다는 영양과다에서 생긴다. 사람 몸에 필요한 적정치의 영양성분을 넘어서는 음식 섭취는 몸에 부담을 주기 마련이다. 섭취한 음식물을 온전히 분해 흡수한다면 장속에 찌꺼기도 남지 않고 가스도 없고 해서 몸은 슬림해지고 건강하게 된다. 현대인들은 영양식에 치중하기 보다는 살아 있는 음식, 즉 미생물을 섭취하는 데 관심을 가져야 한다.

 미생물에는 유해한 것과 유익한 것이 있다. 현대인들은 보통 유해한 균을 없애기 위해 소독을 하고 끓여 먹곤 한다. 그러면 균을 다 죽이니 깨끗하긴 한데 유익한 미생물까지 다 죽이게 된다. 대부분의 미생물은

60도 이상에서 죽기 때문이다.

따라서 유익한 미생물만 살아있는 음식을 먹으면 제일 좋다. 그것이 발효식품이다. 우리 식단에서 애용되는 김치, 생된장, 효소발효액 등이 대표적이다. 끓여먹는 청국장이나 된장찌개 김치찌개 등은 영양식은 될지 모르지만 효소식은 아니다. 끓인 음식엔 효소가 살아있을 수 없다. 되도록이면 찌개나 국을 멀리 하는 게 건강에 좋다.

생식과 발효음식의 차이

생식은 살아있는 음식물을 온전히 섭취하는 것이긴 하지만 거기에는 유해한 균이나 거친 성분도 많아 과다하게 섭취하면 후유증이 있을 수 있다. 반면 발효음식은 아무리 많이 섭취해도 휴유증이 없다. 즉 생식은 살아있는 음식이기는 하지만 영양 섭취가 잘 되지 않고, 화식은 영양섭취에는 좋지만 죽어있는 음식이며, 발효식은 영양분은 물론, 살아있는 성분을 섭취하는 것이기에 완전음식에 가깝다고 볼 수 있다. 몸이 허약한 사람은 영양식을 많이 해야 하지만 건강한 사람은 영양식 보다는 자연식이 좋다. 물론 병이 있는 사람도 영양식과 효소식을 동시에 하는 것이 바람직하다.

술 또한 음식이기에 이 관점에서 살펴보아야 한다. 소주는 화학주이기에 죽어있는 음식이다. 술을 일컬어 백약지장百藥之長, 즉 모든 약의 으뜸이라 하는 것도 모든 술에 해당되는 얘기가 아니다. 하루에 두어

진달래술 담기

잔 먹으면 몸에 좋다는 술은 화학주 보다는 미생물이 살아있는 와인이나 막걸리에 해당되는 얘기다. 그러기에 와인이나 막걸리를 집에서 만들어 먹는 게 시골생활의 특권이자 멋이다.

와인은 효소 발효액에 이스트를 섞어 발효시키면 된다. 막걸리는 쌀을 쪄 말려서는 누룩과 버무려 물에 재워놓으면 된다. 막걸리가 숙성이 되었는지 판단하려면 성냥불을 갖다 대서 불이 안 꺼지면 숙성이 다 된 것이다. 숙성이 채 되지 않으면 가스가 발생되고 그 상태에서 사람이 먹으면 머리가 아프고 속에 탈이 난다. 시중의 술집에서 파는 동동주를 먹고 머리 아픈 이유는 숙성이 덜 된 막걸리를 급히 내서 그런 것이리라 본다. 물론 아무리 숙성된 술이라도 과하게 마시면 머리야 아프겠지만.

깻잎 괴롭히기

깻잎을 늦게까지 따 먹으려고 하면 초가을에 해가 지고 난 후 불을 비춰주면 된다. 깻잎은 밤의 길이에 감응해서 꽃대를 올리는데 초가을에 불을 밝히면 아직 가을이 오지 않은 줄 알고 꽃대를 피워 올리지 않고 계속 잎을 피운다. 딸기, 들깨, 국화, 코스모스 등은 낮의 길이가 짧아지고 밤이 길어지면 꽃을 피워 내는 것이다. (단일식물)

식초 만들기

필자가 강의할 때, 제일 많이 나오는 질문이 식초에 관해서이다. 그만큼 건강에 대한 관심도가 높고 건강음식 하면 식초가 자리 잡은 것이다. 짠맛, 단맛, 쓴맛, 신맛 중에 많이 먹은 것에 큰 주의를 하지 않는 것은 신맛뿐이다. 식초는 음식에 쓰이는 조미료에서 벗어나 살균 소독제,

〈식초의 효능〉

건강음료, 미용재로도 자리 잡았다. 현대인들은 설탕에 대해서 민감하다. 식초에는 당 함량이 없거나 낮아서 누구나 안심하고 마실 수 있는 음료이다. 그런데 문제는 시중에 판매하는 식초는 신맛이 나는 양념일 뿐이지 제대로 발효가 된 식초의 효능이 그다지 없다는 것이다. 따라서 천연 발효식초는 본인이 직접 만들어 먹는 것이 제일 좋다. 도시에서는 만들기가 쉽지 않지만, 시골에서는 충분히 도전해 볼 만하다.

처음에는 나와 내 가족이 먹는 정도로 만들었다가 이력이 생기면 수입원으로서도 가능하다. 정부에서는 6차 산업의 활성화를 꾀하고 있기에 2차 가공 산업을 대폭 지원한다. 따라서 식초의 가공은 훌륭한 창업 아이템도 된다. 식초는 초산의 함량이 4% 이상(감식초는 2.6)인 음료를 말한다. 군더더기 빼고 핵심들만 소개한다.

원론적인 식초 만드는 방법

- **용기 소독**
  항아리는 신문지 태우기, 병은 끓는 물, 플라스틱 용기는 알코올 주정으로 한다. (매우 중요)
- **재료의 액 추출**
  당절임(발효액), 압착, 분쇄 등등
- 당도가 낮으면 설탕을, 당도가 높으면 물을 첨가하여 24브릭스로 맞춘다.
- 효모를 40도에서 2시간이상 담가 활성화 시킨다. (마트에서 파는 효모가 아닌 와인효모)
- 20L에 5g의 비율로 효모를 넣고 저어 준다.

  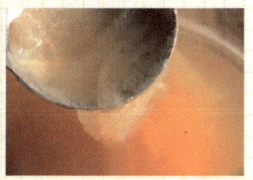

- 하루 정도 천으로 덮어 둔다 : 효모의 활성화 시간
- 온도 25로 맞추고 밀봉을 한다. (알코올발효) : 에어락을 사용하여 가스는 빠지게 한다.
- 10일 정도 지나 가스 발생이 완료되고 알코올 발효가 끝나면 밀봉을 푼다.
- 알코올도수 7도로 조정한다. (끓여서 식힌 물을 사용하여 맞춘다. 통상 당도의 절반 정도의 알코올도수가 나오는 게 공식이지만 실제는 그렇게 나오기는 힘들다. 통상 24브릭스의 당도는 9~10 정도의 알코올 도수가 나온다)
- 액의 20% 정도의 양으로 종초를 투입한다.
- 온도 30도로 맞추고 헝겊을 덮는다. (초산발효)
- 일주일 간격으로 그릇을 흔들어 초막을 깨준다.
- 30일이 지나 산도가 더는 올라가지 않으면 초산발효를 마감하고 밀봉 후 15~20도에서 숙성시킨다.
- 6개월 후 병에 넣고 저온 살균을 한다. (60도에서 30분간)
- 5도 이하로 보관한다.

여기서 제일 중요한 것이 종초이다. 옛날 부뚜막에 있던 초두루미가 종초병이다. 종초란 초산균이 살아 있는 식초를 말한다. 종초는 알음알이로 구해야 한다. 물론 막걸리나 감식초를 잘 담그면 종초를 만들 수도 있다. 종초가 만들어지면 그다음부터는 종초 늘리기를 해서 계속 쓰면 된다. 종초 늘리기는 종초를 필요한 만큼 덜어 쓰고 그만큼 6~7도의 술을 부어주면 된다. 초산균의 밥은 술이다. 6~7도의 술만 주고 공기를 소통하게 하면 초산균은 살아있고 종초는 늘어나게 된다. 필자가 사용하는 술밥으로는 물론 직접 담근 발효액으로 만든 술밥을 사용하지만 시중에 파는 것으로는 청주를 사용한다. 13도인 청주에 동량의 물을 희석하면 도수도 적당하고 영양분도 풍부한 술밥이 되어 초산균이 빠르게 초막을 만든다. 생각보다 가격도 비싸지 않다. 다시 한번 복습하면 알코올 발효는 밀봉해야 하고 초산발효는 공기가 잘 통해야 한다. 따라서 초산 발효시에는 되도록 용기에 가득 채우지 말고 표면적도 적당히 넓은 그릇을 사용해야 초막이 넓게 형성되고 따라서 식초도 잘 만들어진다.

간단하게 식초 만드는 방법

- 감이나 포도의 즙액을 추출한다. (포도나 감은 당도가 높아 식초 만들기가 쉽다)
- 마트에서 이스트를 사서 넣고 밀봉한다(되도록 25도 유지. 20L에 5g)
- 밀봉 후 바늘구멍을 한 개 내고 가벼운 종이를 구멍에 덮는다(가스 배출 용도)
- 20일쯤 뒤 보글보글 거품이 더는 오르지 않으면 밀봉을 풀고 천으로 덮는다. (25도 온도가 맞추어지면 10일이지만 그렇지 않으면 기간이 더 걸린다.)
- 이불을 감싸든지 구들방에 넣든지 해서 30도를 유지 한다.
- 표면에 엷은 막(초막)이 생기고 향긋한 초 냄새가 나면 성공한 것이니 일주에 한 번씩 흔들어 준다.
- 두세 달 지나서 시원한 곳으로 옮기고 밀봉하여 6개월 숙성한다.

초산균은 초막이라는 자기 집을 지어 살면서 초산을 만든다. 따라서 초막이 형성되면 식초가 잘 된 것이다. 초막은 매미 날개처럼 아른거리는 막이고 용기를 가볍게 흔들면 깨지고 가라앉는다.

가라앉지 않는 것은 산막이나 셀룰로스다. 이것들이 생기면 일단은 실패했다고 봐야 한다. 두꺼운 막의 셀룰로스는 재료 액에 당분이 많으면 생기고 산막은 잡균이 많으면 생긴다. 따라서 알코올발효와 용기 소독이 중요하다. 식초는 몇 년간 시행착오를 거쳐야 익숙해질 수 있으므로 느긋하게 생각하고 배워 나가면 재미있다. 책으로 모든 걸 설명하기에는 한계가 있으니 각자 좀 더 구체적인 연구를 하시면 좋은 먹을거리를 만들 수 있을 것이다.

각종 측정 방법

1. **당도** 당도는 물에 포함된 당 함량의 비율을 말하는 것으로 물 100g에 당 1g이 녹아 있으면 1%라고 하기도 하고 1브릭스라 하기도 한다.(이렇게 제일 먼저 주장한 사람이 브릭스라는 사람이었다) 당도는 당도측정계로 측정하면 된다.

2. **알코올** 알코올 발효 후 알코올 도수를 측정하려면 발효액 100mL에 물 30mL를 추가한 다음 알코올을 증류시키고 그 증류액 70mL를 받은 후 물 30mL를 추가하여 온도 15도로 맞춘 후 비중계로써 측정한다.

3. **총산도** 식초 10mL에 물 90mL를 섞은 후 그 액의 20mL를 채취한 후 페놀프탈레인 용액 3방울을 떨어뜨린 후 NaOH 용액을 분홍색으로 변할 때까지 주입한다. 이때 사용된 NaOH 용액의 양에다가 0.3을 곱하면 산도가 된다. 이 과정이 복잡하면 식초 1mL를 채취한 후 페놀액 3방울 섞고 NaOH를 분홍색 변할 때까지 측정하여 그 양에다가 0.6을 곱해 주어도 같은 결과가 나온다.

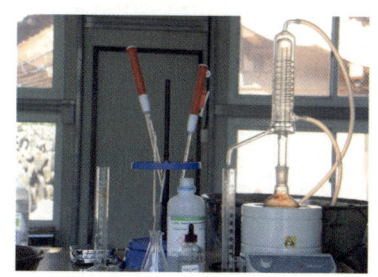

4. 식초를 정확하게 만들고 싶은 분은 와인 사이트에서 기구들과 각종 시료를 저렴하게 구입 할 수 있다. 산도 측정 세트는 4만 원대, 알코올측정 세트는 18만 원대. 주의할 점은 산도 측정기라고 판매하는 기기는 pH 측정기기이지 산도 측정기기는 아니다. 산도와 pH는 다르다. 한 번에 산도를 측정하는 기기는 몇백만원 하기에 그냥 측정 세트를 구입한다. 그리고 굴절당도계로 와인의 당도를 측정할 수 없다. 와인에는 당과 함께 알코올 등 다른 물질들이 굴절을 유도하기 때문에 굴절당도계로 측정한 수치는 신뢰할 수 없다. 따라서 알코올 측정 시 증류시키고 남은 액에 40mL의 물을 넣은 후 당도계로써 측정하면 그나마 근사치에 접근할 수 있다.

식초 맛있게 먹는 법

시큼한 맛 때문에 드시기 힘든 사람은 매실 발효액 등을 섞어서 먹는다. 필자가 마시는 비율은 매실액 2, 식초 1, 물 5, 천일염 한두 알, 정도로 희석한다. 입맛은 사람마다 다르니 본인의 입맛에 맞게 조절하여 상온에 이삼일 두었다가(탄산발효) 냉장 보관해서 먹는다.

또한 식초를 이용하여 초콩을 만들기도 하고, 식초 마늘, 초란을 만들어 먹으면 칼슘흡수에 도움이 된다.

클레오파트라는 진주를 먹을 때 식초에 녹여 먹었다고 한다. 필자는 각종 산야초를 장절임으로 하지 않고 초절임을 해서 먹는다. 식초와 발효액 천일염을 적당히 섞은 초절임은 맛도 좋아 간편하고도 훌륭한 반찬이고 막걸리를 마실 때도 식초를 타서 먹으면 맛도 있고 숙취도 없다.

기타

초산균은 술이 있으면 술을 먹고 초산을 만들다가 술이 없으면 식초를 물로 만들어 버린다. 따라서 식초를 만든 후 관리를 잘하지 못하면 싱거워지면서 밍밍한 식초가 된다. 이를 방지하려면 산도를 6이상의 고농도로 만들든가 밀봉해서 초산균이 활동을 못 하게 한다. 다른 방법으로는 아예 저온 살균을 해서 각종 균을 다 죽여버린다.

- 각종 수치 측정 시 사용하는 물은 끓여서 식힌 물을 사용해야 오차를 줄인다.
- 셀룰로스나 산막이 생기면 이를 저온 살균하여 깨끗하게 한 후 다시 종초를 투입한다.
- 액을 맑게 하는 청징제는 벤토나제가 있지만 가만두면 맑아지니 위의 액만 분리하면 되고 액을 소독할 때는 메타중아황산칼륨을

사용하지만 특별한 경우 아니면 첨가제는 자제하는 게 좋고 재료의 액을 충분히 추출하기 위해서는 펙티나아제를 사용하기도 한다.

- 액을 용기에서 다른 용기로 옮길 때 들어서 붓기가 곤란하면 기구를 사용해야 하는데 필자는 몇 종류의 기구를 구입해 사용해 보았지만, 철물점에서 파는 자바라가 최고였다. 값싸고 고장 없다. 단지 좀 큰 사이즈의 자바라를 사용하는 것이 좋다(우리 동네에선 3,000원). 두 용기 간 높낮이만 두면 자동으로 액이 이동된다.

- 용기 소독시 알코올 함량이 70%인 주정이 소독 효과가 가장 크고 50% 이하이면 효과가 많이 떨어진다. 따라서 소주로 소독하는 건 별 효과가 없다. 식품 첨가 허가를 득한 주정을 사용한다.

- 막걸리로 식초를 만들고자 하면 k사에서 나오는 알코올도수 7% 술이 확률이 높다.

- 종초 늘리기용 술은 살균 막걸리도 가능하지만, 식초제조용은 비살균 막걸리로 해야 한다.

- 알코올 발효 시 24브릭스로 맞추는 이유는 효모의 활동 조건에 적절하고, 낮은 도수의 알코올이 되면 잡균이 서식할 가능성이 커지므로 알코올 도수를 10% 이상 올리려고 그런 것이다. 따라서 알코올 발효 후 초산 발효는 물을 타서 7% 정도의 술로 만들어 시작한다.

- 초막을 너무 자주 깨주면 초산과 알코올이 휘발한다. 그렇다고 너

무 안 깨주면 공기가 통하지 않아 초산 형성이 더뎌진다. 일주일에 한 번씩 툭 쳐서 깨어 주는 것이 가장 효율적이다.
- 산도 측정 시 페놀프탈레인 용액을 2방울에서 7~8방울까지 떨어뜨려도 상관없으니 액이 한 방울 더 들어갔다고 다시 할 필요는 없다.
- 산도가 낮은 식초는 그냥 음료용이기에 식초 음료이고 산도가 4이상이면 음식에 넣어도 되는 식초이다. 따라서 산도 측정 없이 올바른 식초가 되었는지 알려면 무생채를 만들어 보면 된다. 아무리 넣어도 생채 제맛이 나지 않고 밍밍하면 식초 음료이고 양조식초를 넣은 듯 새콤한 생채 맛이 나면 제대로 된 식초이다.

매실 원액으로는 식초 만들기가 어렵다. 익기 전에는 사과산, 익은 후에는 구연산이 많아 자체 산도만으로 5를 넘긴다. 그래서 식초가 되기 어렵고 물을 많이 희석해야 한다. 필자는 매실로는 발효액을 담고 감으로 식초를 담는다.

상큼 단콤

조동진

tv 광고에 십대 여가수가
한쪽 눈을 깜빡이며 음료수 선전을 한다
상큼하고 달콤하다는 얘기일 것이다

상큼한 것은 무슨 맛일까
맛있다는 건 어떤 맛일까

입 안 가득 침이 고이는 새콤
사르르 눈이 감기는 달콤
숨어서 새콤 달콤을 살려주는 짠 맛

새콤은 십대의 맛이고
달콤이 이십대의 맛이면
짠 맛은 삼십대의 맛이다
이 세가지가 어우러지는 맛은 사십대

양파, 고추, 마늘 초절임은
완숙한 사십대이다

매일매일 초절임을 먹는 나는
오늘도 내일도 사십대

생태 화장실 만들기

 수세식 화장실은 사람에게는 편리하지만 자연에게는 해가 된다. 땅을 오염시키고 물을 오염시킨다. 때문에 귀농하는 사람이라면 누구라도 생태화장실을 생각하게 된다. 잘 익은 분뇨는 그 어떤 비료보다 좋다. 하지만, 그런 생태적인 거창한 의미를 생각하는 것은 나중에 생각해도 될 별개의 문제다.

 필자 개인적으로는 집을 지을 때 작업 인부들의 배변 장소가 마땅치 않아 임시방편으로 시작했던 게 출발점이었다. 일하는 사람들이 급하면 대충 알아서 숲속에 가서 해결하곤 했는데 아무래도 찜찜했다. 그래서 이래저래 집짓기 위한 본 공사에 들어가기 전에 생태화장실부터 만들어 놓는 게 여러모로 좋다.

 생태화장실이라 하면 그 어감이 대단히 특별한 무엇으로 생각한다. 하지만 실은 자연 속에 설치된 간단한 배변 장소이며, 단지 그것을 버리는 것이 아니라 재활용하겠다는 목적을 가진 정도로 보면 된다.

일반적인 생태화장실은 변을 모아서 거름장에 비우는 시스템이다. 그런데, 이런 화장실은 짓는 것도 문제지만 통을 비우러 가는 기분도 좀 그렇고 거름장 관리도 만만치 않다.
냄새는 물론이고 파리와 각다귀 등 벌레들이 많이 꼬인다. 재나 톱밥 등을 뿌리면 덜하지만 이 문제를 완전히 없앨 수는 없다.

그래서 필자 나름으로 고민을 하다가 그런 단점을 해결할 수 있는 생태화장실을 고안했다. 비용도 저렴하고 만들기도 매우 수월한 방법이다. 먼저 헌 플라스틱 통을 구해 바닥을 잘라낸다. 이렇게 하면 아래 위가 뚫린 원통이 된다. 적당한 위치를 잡아 구덩이를 파고 이 통을 땅에 묻는다. 깊이는 통의 위 테두리가 땅 위에 노출될 정도로 하면 된다. 그래야 뒤꿈치가 걸쳐져 균형 잡힌 배변 자세가 나온다. 통의 밑바닥에는 인근에 있는 오래 된 부엽토를 넣는다.

설치 장소 주의

장소를 잡을 때 유의해야 할 점이 있는데, 가능하면 배수가 잘 되는 곳을 택해야 하고 어린 묘목 인근이나 텃밭 부근은 피하도록 한다. 내용물이 숙성되기 전에는 독하기 때문에 여린 식물들에는 좋지 않다. 잘못하면 인근의 어린 것들을 죽일 수도 있다.

화장실 옆에는 재나 톱밥, 왕겨 등을 담은 그릇을 둔다. 변이 70% 정도 차면 통을 빼내고 흙으로 덮고 다른 곳에 다시 구덩이를 파고 설치한다. 물론 변을 보고나면 재를 뿌리고 뚜껑을 덮는다. 그 상태로 숙성되면 거름이 된다.

이렇게 간단하게 생태화장실을 만들면 남들 눈에도 띄지 않고 별도의 공간도 필요 없고 냄새도 없고 변을 옮길 필요도 없고 원하는 장소에 설치 가능하기에 아주 편리하다. 숙성된 거름은 땅을 살리는 거름이 되니 좋고, 실내가 아닌 자연 속에 앉아 몸을 비우는 정취도 자연을 벗 삼은 자의 특권이다.

실외화장실

생태화장실은 선택사항이지만 실외화장실은 시골집에선 필수다. 하룻밤 묵고 가는 손님도 편히 일을 보아야 할 것이고 밖에서 일을 하다

가 흙이 묻은 옷으로 본채 화장실로 들어가기도 망설여진다. 별채나 창고에 화장실을 설치 할 때, 이왕이면 자연에서 일을 보는 기분이면 좋을 것이다. 앉은 눈높이에 창을 만들면 멋진 야외화장실이 된다. 행여 훗날 민박을 하더라도 샤워시설이나 화장실이 따로 있어야 손님들도 불편하지 않다.

가마솥 길들이기

 가마솥은 사용 빈도가 그렇게 많은 것은 아니다. 옛날에야 가마솥으로 밥도 하고 물도 데우고 사용하지 않는 날이 없었지만, 요즘에 그런 용도는 온수기와 전기밥솥과 가스렌지가 대신 한다. 그렇지만 명색이 시골집인데 가마솥 하나 없다면 그것도 허전하다. 직접 마당 한켠에 가마솥을 걸어두고 잔가지로 불을 때는 재미도 쏠쏠하다. 손님이 많이 와

서 특식을 준비할 때나 메주콩을 삶을 때 요긴하고, 뭉근하게 고아낸 토종닭의 구수하고 쫄깃한 맛은 말할 필요도 없다. 단, 가마솥을 사용하려면 처음에 길을 들여야 하고 나중에도 관리를 잘 해줘야 한다.

가마솥을 사용한 후에는 안에 물을 남겨 놓지 말아야 한다. 추후에 사용하려다 보면 물기 때문에 벌건 녹이 생기게 된다. 따라서 가마솥 사용 후에는 늘 물기가 없도록 잘 닦아두어야 한다.

설치할 장소도 미리 생각해 둘 필요가 있다. 필자의 경우 처음에 마당 한켠에 설치했다가 비 올 때마다 비설거지가 귀찮아 아랫채 아궁이에 붙여 두었다. 비는 피했지만 군불 땔 때마다 물을 붓고 나중에 물을 퍼내는 일이 매우 번거로운 일이 되어 버렸다. 결론적으로, 비를 피할 수 있는 곳에 별도로 보관하고 필요시 이동식 받침을 괴고 사용한다.

가마솥 길들이기

1. 솥 내부의 거친 면을 사포나 그라인더로 다듬는다. 무쇠로 된 가마솥은 처음엔 표면이 매우 거칠기 때문에 그냥 사용하면 철가루가 나오므로 곱게 갈아주는 것이 필요하다.
2. 퐁퐁 같은 세제로 2~3회 씻어낸다.
3. 빈 솥에 불을 지피면서 솥 안팎으로 돼지기름을 바른다. 참기름, 들기름, 식용유 등도 다 가능하지만 그 중 참기름이 제일 좋다.
4. 같은 방법으로 뚜껑에도 여러 번 기름을 바른다.
5. 물을 붓지 말고 자연 상태로 식혀 말린다.
6. 솔가지나 왕겨를 물로 삶아낸다.

Tip 동절기 파이프 녹이기

겨울에 수도파이프나 보일러관이 얼었을 때 빨리 조치하지 않으면 동파한다. 겉에다 불을 지펴봐야 언 발에 오줌 누기다. 이 때 유용한 방법으로는 사용하지 않는 압력밥솥을 활용하면 좋다. 밥솥에 물을 붓고 증기를 발생시킨다. 스팀이 나오는 곳에 호스를 연결해서 언 부분에 쏘이면 효과적이다. 스팀 호스가 뜨거우니 석면 장갑 등으로 손 보호를 꼭 해야 한다.

실리콘 쏘기

누구나 경험해 보지 않은 일을 하려면 처음에는 생소하고 어려워 보인다. 하지만 어깨너머로 한번만 보든지 설명만 잘 듣고 따라 하면 할 수 있는 일이 참 많다. 스스로 해결해야 할 일이 많은 시골생활에서는 반드시 요구되는 덕목이다.

처음에 실리콘을 샀을 때 사용 방법을 몰라 애먹었다. 이리저리 고민하다가 실리콘 용기 뒷부분에 나무토막을 대고 망치로 두들겨 액을 짜내어 발랐다. 아무래도 이렇게 무식한 방법은 아닌 것 같아 이웃에게 물었더니 실리콘 쏘는 총이 따로 있다고 한다. 어이가 없어 혼자서 키득키득 웃었다. 한참을 낑낑댔는데 말이야….

그 다음 작업 역시 무식했던 것은 마찬가지였다. 서까래에 실리콘을 쏘려고 갖다 댔더니 주둥이가

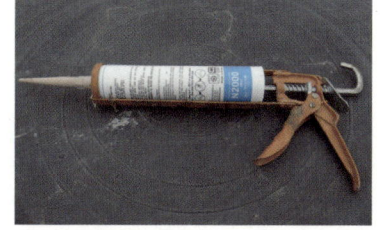

닿지 않는 것이었다. 할 수 없이 읍내 철물점에 가서 실리콘에 꽂을 만한 길다란 대롱 같은 것이 없냐고 물었다. 주인 할아버지가 고개를 갸웃거리더니 실리콘에 꽂는 원뿔을 보여주면서 이런 것 밖엔 없다고 하신다.

"아…. 그거면 되겠네요. 딱이네요…."

그러자 할아버지가 의아한듯 쳐다보며 묻는다.

"실리콘 살 때 이거 안주던가요?"

헉…. 할아버지 안 계실 때 사다 보니 철물점 할머니가 앞주둥이를 안주신 것이었다. 촌놈이 시청에서 서울역 가려고 지하철을 타는데, 서울역행은 오지 않고 계속 인천행과 수원행만 오기에 한참을 기다렸더니, 내가 바로 그 짝이었다.

마침내 기본 장비를 갖추고 실리콘을 쏘는데 이 또한 쉽지 않았다. 면은 울퉁불퉁하고, 새가 똥 싸놓은 것처럼 들쭉날쭉이다. 초보자 티나는 것이야 어쩔 수 없다 하더라도 모양이 영 아니었다. 할 수 없이 마른 수건으로 고르게 훔쳐내면서 작업하다가, 방향을 바꾸어 보았다. 그런데 액이 뒤쪽이 아닌 앞쪽으로 나오게 하여 주둥이로 쭈욱 밀고 갔더니 와~ 매끈하게 되는 것이 아닌가! 그 뒤로는 주둥이 자르는 부위까지 조정해 가며 작업할 수 있게 되었다. 반은 프로가 된 것이다.

실리콘을 쏠 때는 시공 대상에 따라 얇게 또는 두텁게 조절을 해야 한다. 주둥이 자르는 면도 수직으로 할 것인지 경사지게 할 것인지를 판단해야 한다. 실리콘은 흰색, 투명, 금색, 우드색 등이 있으니 적합한 걸 고른다. 또한 내부용과 외부용이 있으니 화장실 등 습이 많은 곳엔 곰팡이가 생기지 않는 것으로 사용한다.

필름 선팅하기

집안의 통유리에는 선팅을 해주는 게 좋다. 외부에서의 시선을 차단하여 사생활을 보호하는 데도 좋을 뿐만 아니라, 무엇보다 자외선을 차단하고 단열효과도 높이며 태풍이 불 때 유리창을 보호하는 데도 필요하다.

외부 업자에 의뢰하면 간단한 일이지만, 가정집 필름 선팅을 위해 사람을 부르면 너무 비싸다. 그러니 직접 하면 된다. 간단한 몇 가지 준비물과 직접 하겠다는 마음가짐만 있으면 된다. 준비물은 퐁퐁 세 번 꾹꾹 눌러 섞은 분무기물, 플라스틱 헤라(주문시 줌. 두 개 요구), 마른걸레, 예리한 커터칼, 긴 자 등이다.

여기서 선팅 작업 시 몇 가지 키포인트가 있다. 간단해 보이는 작업이라 간과하기 쉬운데, 전문가가 아닌 사람이 직접 작업할 때는 어쩌면 이 부분이 작업의 성패를 좌우한다. 필자도 이런 요령을 잘 몰라 큰 유리창에 붙인 선팅지는 실패했는데, 붙인 자국이 나고 선팅지가 울었다.

- 희석액을 듬뿍 뿌려야 한다. 이래야 유리와 선팅지 면 사이가 미끌미끌하여 제자리를 잡기가 수월하다.
- 선팅지를 훑어내릴 때 위에서부터 아래로 하면 주름이 잡히기 쉽다. 중심부를 먼저 붙이고 양쪽으로 훑어나가면서 접착시킨다. 물론 마른 수건으로 훑어줘야 한다.

필름 선팅하기

1. 유리창을 깨끗이 닦는다.
2. 평평한 바닥에 선팅지를 펼친다.
3. 두 사람이 한쪽에서 선팅지에 붙은 이면지를 벗긴다. 이 때 투명테이프를 귀퉁이 양면에 붙여 떼면 쉽다.
4. 이면지를 벗길 때는 똑같은 속도로 최대한 바닥에 붙여 분리한다. 위로 들면 구겨지기 때문이다.
5. 벗긴 선팅지의 접착성이 있는 면에 퐁퐁물을 충분히 뿌려준다.
6. 통유리창에도 퐁퐁물을 뿌린다.
7. 선팅지의 위치를 잡고 중심부에서 바깥쪽으로 훑으며 붙여나간다.
8. 헤라로 물방울을 완전히 밀어낸다.
9. 칼로 경계를 자른다. 이 때 약간 크게 붙여 잘라내야 실패가 없다.
10. 작업을 마치고 바라보며 흐뭇해 한다.

보기좋은 방충문 설치

모기 파리 나방 등 괴수의 출입을 막고 시원한 바람을 맞이하려면 방충문을 달아야 한다. 새시 아저씨를 불러서 달면 간단하지만 비싸고 구식이다. 인터넷에서 검색하면 품질 좋고 저렴한 최신형 방충문이 많다. 사이즈 맞게 주문해서 설명서 보고 달면 된다. 필자도 난생 처음 해 봤다. 반자동에 알루미늄틀 주름방충망, 시건장치까지 있어 모양도 예쁘고 편리하다.

부가가치세 환급받기

잘 알다시피 부가가치세는 최종 소비자가 부담하는 세금이다. 시골생활 하는 분들 중에는 부가가치세 환급을 자기와 상관없는 일로 생각하는 경우가 많은데, 몰라서 챙겨먹지 못한다면 억울한 일이다. 부가가치세 환급을 받을 수 있는 품목이 의외로 많기 때문이다.

농사를 지어 농산품을 생산해 소비자에게 공급하는 과정에서 농어민이 농자재를 구입하는 것은 최종 소비가 아닌 중간재 구입의 개념이 적용된다. 이에 해당되는 물품들을 구입했다면 부가가치세 환급의 대상이 된다.

사업자등록을 한 사람이면 직접 세무서에 가서 신고를 하면 된다. 그렇지 않은 사람은 자재를 구입할 때 본인 정보가 기재된 세금계산서를 업자에게 발급받아 농협에 제출하면 된다. 단, 개인은 농업경영체[7]에 등록이 되어 있는 상태라야 한다. 농업경영체 등록은 국립농산품질관리원에 서류를 제출하면 되는데, 각 지역에 분소가 있으니 한 번만 방문하면 된다. 농협에서는 조합원이 제출한 세금계산서를 분기별로 취합하여 일괄적으로 세무서에 신청하여 업무를 대행해 준다. 그러면 개인 통장으로 부가세 환급분이 입금된다.

보통 개인이 농자재 가게에서 세금계산서를 발급해 달라고 하면 부가가치세에 해당되는 10%의 추가 금액을 요구한다. 물론 부가가치세가 포함된 금액이 최종 판매가격인데, 세금계산서를 요구하면 거기에 덧붙여 추가 금액을 달라고 하는 경우가 있기 때문에 하는 말이다. 그렇게 추가 금액을 주고 물품을 구입했다면 나중에 환급받는 의미가 없다. 그러니 업체마다 가격을 잘 비교해서 발품을 팔고, 자신이 낸 부가가치세는 꼭 환급받아야 한다.

농어민이 부가세를 환급받을 수 있는 농자재는 다음과 같다.

- 농업용 필름(비닐하우스용, 보온못자리용, 밭작물피복용 또는 과수재배용에 한함) 및 그 부속자재(비닐 고정용 패드 및 클립, 파이프조리개, 고정구 및 연결핀, 파이프꽂이에 한함)

---

7) 농업경영체등록이란 「농어업경영체 육성 및 지원에 관한 법률」제4조에 따라 농어업경영체가 농지원부의 정보 이외 축사·원예시설 등 생산수단, 생산농산물, 생산방법 및 가축사육 마릿수 등 농업경영 관련 정보를 농업인 스스로 등록하고 관리하는 제도로 2008년 6월부터 시행하고 있습니다. 농업경영체 등록제는 농업인 영유아 양육비 지원 사업, 농업용 면세유 공급지원, 농자재 영세율 적용 등 29개 농림정책사업과 연계되고 있어 농업경영체 등록이 되어있지 않은 경우 정책지원에서 전부 또는 일부가 제한될 수 있습니다.

- 농업용 파이프(작물재배용 및 축산업용 비닐하우스와 과수재배용에 한함)
- 농업용 포장상자(종이재질의 농·축산물 포장용에 한함)
- 농업용 폴리프로필렌 포대(곡물 포장용에 한함)
- 과일봉지(과일의 병충해 방지 및 상품성 향상을 위해 열매에 씌우는 봉지에 한함)
- 인삼재배용 지주목,차광망,은박지
- 차광망(연초건조용 또는 과수·화훼·채소재배용에 한함)
- 농업용 부직포(작물재배용 및 축산업용에 한함)
- 농업용 배지(양액·버섯재배용에 한함)
- 축산업용 톱밥(「친환경농업육성법 시행규칙」 별표 1의 규정에 따른 사용기준을 충족한 것에 한함)
- 이앙기용 멀칭종이(논농사 피복용에 한함)
- 동력파종기
- 농업용 양수기
- 볍씨발아기
- 동력배토기
- 동력예취기
- 가축급여 조사료家畜給與 粗飼料 생산용 필름
- 화훼용 종자류

- 채소봉지(애호박·오이용에 한함)
- 버섯재배용기
- 축산업용 차량방역기
- 폐사축처리기
- 축사세척기
- 카우브러쉬
- 축사 악취제거기
- 약사법에 따른 동물용 의약품
- 농작물지주대
- 농업용무인헬리콥터
- 농업용로더(2톤미만)
- 농업용굴삭기(1톤미만)
- 동력제초기
- 농업용 고압세척기
- 예냉시설

제3장

내 마음에 드는 집짓기

I 건축 계획

II. 건축 공사

| 건축 계획

풍수, 스스로 느껴 나만의 명당을 찾으라

풍수란 바람과 물, 즉 사람이 살아갈 때 가장 중요한 자연환경을 일컫는 말이다. 살아있는 사람과 죽은 사람의 생활이 다르니 양택과 음택의 위치 또한 다르다.

사람이 살기 좋은 곳은 기름진 들판과 따뜻한 햇살, 적당한 물, 잔잔한 바람, 자연재해가 적은 곳이면 최적지다. 이는 누구나 공감하는 기본이다. 좌청룡 우백호 운운하는 것은 양옆에 울이 있으면 그만큼 바람이 적고 안온한 느낌이 있어 좋다는 말이다.

주변에 좌청룡·우백호가 없으면 밥이 많은 빽빽한 상록수를 심는다. 필자는 미측백나무를 심었다. 대신 나무의 키가 너무 크면 바람에 가지가 부러져 집이나 사람이 다칠 수 있으니 좀 멀리 심거나 지붕높이 보다 낮게 전지해 주는 것이 좋다.

전해오는 말로는 집 주변에 큰 나무가 있으면 안 된다 했다. 집이 다 칠까봐 그렇다. 기가 센 곳은 절터나 공부터이니 일반인은 피하라 한다. 기가 세다는 것은 뒷산의 경사가 급하고 따라서 돌이 많다는 소리다. 돌은 흙보다 위험하고 냉기가 많으니 몸이 약하고 여린 사람에게는 좋지 않다.

사람의 체온은 36.5도이지만 아이들은 37도 노인은 36도인 것처럼 나이가 들면서 체온은 내려가고 그만큼 병에 대한 저항력도 약해진다. 특히 몸이 허약하면 체온은 더 떨어진다. 그러기에 바위의 냉기가 많으면 그만큼 건강에는 좋지 않다. 손발이 차가와 통증이 있을 때 뜨끈한 찜질방에서 온도를 높이면 통증은 사라진다. 아플 때 일시적으로 나는 열을 허열虛熱이라고 하는데, 허열이 있으면 속은 오히려 냉해진다.

성격이 내성적이고 소심하고 겁이 많은 사람은 민가와 멀리 떨어진 곳에 자리잡는 것이 좋지 않다. 그런 사람에게는 아무래도 이웃이 있고 바람도 적고 포근한 느낌이 나는 곳이 좋다. 민가와 떨어진 곳은 소위 귀신 쫓는다는 개나 닭을 키우면 좋다. 적막한 공간에 닭소리나 개소리가 있으면 당연히 활기가 돈다.

낮뿐만 아니라 밤의 정경도 살펴봐야 한다. 필자의 집은 맞은 편 안산자락에 민가들이 있어 불빛이 별처럼 내려앉아 비록 외진 곳이지만 밤에도 무서움이 덜하다.

약수헌 밤 전경

건축기술로 극복

일반적으로 경치 좋은 산줄기는 음택으로 되어 있다. 용의 등이라 집을 지으면 용이 진노하여 집안이 망한다 한다. 돌출된 부분이니 바람이 세고 지반이 안정되지 않아 집에 균열이 갈수 있고 오르막이라 접근이 힘들기에 그런 말이 나왔을 것이다.

요즘엔 건축술이나 장비가 좋아 뒷담이 무너지지 않게 축대를 잘 쌓고 지반이 약해질 수 있기에 큰 돌은 되도록 건드리지 않고 주변 정리를 하고 뾰족한 부분들을 없애면 기 순환이 되고 다칠 확률도 줄어든다. 풍수가 성행했던 조선시대와 지금의 건축술은 엄청 다르다. 지반은 시멘트 콘크리트를 치면 되고 시스템창호로 바람 막고 진입은 차로 한다.

음택에도 충분히 집을 지을 수 있다. 아니 음택이 오히려 귀촌자들에겐 좋다. 부엌은 북쪽이 되어야 한다 했는데 지금은 냉장고가 있으니 상관없다.

동남향으로 섬진강과 평사리 들판이 보이는 주방

필자의 주방은 전망이 가장 좋은 동남쪽이다. 섬진강과 악양 벌판이 훤히 보인다. 설거지나 식사를 하는 중에도 통유리로 전망을 감상한다. 서늘한 곳에 보관해야 할 야채들이 시골엔 많으니, 뒤쪽(북쪽)으로 다용도실을 두었다.

맞은 편 형상

안산(案山: 풍수에서 집터나 뫼자리 맞은 편에 있는 산)은 등을 보이지 않아야 한다 했다. 항상 보는 게 앞의 정경인데 앞산이 불쑥 튀어나와 바위가 많고 지형이 험한 형상이라면 이를 매일 보는 것이 당연히 좋지 않을 것이다.

바가지 형으로 움푹 들어가면(개면) 보기에 편안하여 마음이 안정되니 당연히 좋다. 이런 모양은 재산을 모으게 한다나. 어쨌든 두 팔로 감싸주는 모양이어서 안온하다.

흘러가는 강을 보는 것은 안 좋다 했지만 가까이 있지 않으면 흐르는 물결이 보이지 않기에 상관없지 않을까. 흘러가는지 오는지 물은 고요히 담겨있어 풍경화를 보는 듯 하기에 오히려 좋다. 집 가까이에 흘러가는 물이 있으면(계곡같이 양 많고 센물) 습이 차고 그 소리가 사람의 기를 빼앗아 가기에 좋지 않다. 하지만 졸졸졸 흐르는 작은 물은 운치도 있고 물난리의 염려도 없고 오히려 좋다. 가장 좋은 것은 샘물이다. 여름엔 차갑고 겨울엔 따뜻하여 아무리 추워도 얼지 않는다. 흐르는 물에 아침마다 세수하는 여유와 상쾌함이란….

향은 정남향보다 동남향이 좋은 것 같다. 여름엔 햇살이 줄고 겨울엔 많아지고 해가 뜨고 달이 뜨는 걸 거실에서도 볼 수 있고 약간 빗긴다는 게 절충점 같아 좋아 보인다.

풍수는 미신이 아니다. 자연과학이다. 단지 그 이치를 명료하게 깨닫지 않고 옛날식으로만 답습하여 맹목적으로 맞니 그르니 하는 게 문제인 것 같다. 풍수의 이치를 이해하고 오늘날의 건축술로 보완하면 나만의 명당이 될 것이다.

땅을 사기 전에 자주 가서 가만히 기운을 느껴보라. 일반인도 그 느낌이 온다. 특히 여자가 민감하다. 왠지 불안하고 뒤숭숭하면 풍수가 안 좋고 편안한 느낌이 들면 좋은 곳이다. 그런데 주변정리를 하기 전 느낌과 후의 느낌이 다를 수 있기에 상상력을 동원하여 정리를 한 후의 경치와 느낌을 가진다면 숨겨진 좋은 명당을 구할 수도 있다. 따라서 겨울에 땅을 보면 속살을 볼 수 있어서 판단에 도움이 된다. 집으로 오르는 비탈진 길에 눈이 빨리 녹지 않으면 큰 고생이다. 그래서 향이 중요하다는 것이다.

집 크기

필자는 풍수 중에서 집의 크기가 아주 중요하다고 생각한다. 집의 크기는 자연의 풍수가 만들어준 것이 아니고 사람이 결정하는 것이다. 부부가 사는데 넓은 집을 지어 사람 기운이 미치지 않는 곳이 많으면 큰일이다. 사람의 온기가 미치지 않으면 음기가 자라고 심해지면 귀신집이 된다. 집 크기는 신중하게 결정하고 나이 들수록 되도록 작게 짓는 걸 권한다.

집을 짓기 위해 지목을 대지로 바꿀 때 되도록이면 뾰족한 부분이 없게 정한다. 집 주변이 모가 나서 뾰족하면 그곳에 기가 뭉치고 응어리가 져서 좋지 않다.

담장

넓은 땅에 집을 지은 경우 담장을 두르기도 만만치 않다. 하지만 나즈막한 나무를 심든 목책을 하든 돌담을 하든 담장을 두르는게 좋다. 담장은 되도록 모가 없이 직선보다는 부드러운 선이 좋다. 집의 경계를 두지 않으면 자신도 모르게 기가 새어나갈 수 있다. 대신 담장이 높으면 오히려 자신을 가두게 되므로 이도 피해야 한다.

눈 오는 약수헌

약속

조동진

사랑채 지붕 위로
둥근달 걸리면

누렁이 달을 짖고
삽살개 별을 쫓네

벗님아,
지붕 위 박꽃 피면
술 익은 줄 아시게

사람과 귀신에 대한 두려움 벗어내기

땅을 구하다 보면 풍광이나 마을과의 독립성 때문에 외딴 곳을 택하는 경우가 많다. 이 때 특히 안사람의 우려가 대두된다. 무섭다는 것이다. 사람에 대한 두려움과 귀신에 대한 막연한 두려움이다.

도난방지에 대하여

첫 번째 두려움은 사람에 대한 것이다. 그런데 가만 생각해보면 집이 몰려있는 동네나 도시에서는 익명성이 있어 행인처럼 가장하다가 담을 넘을 수는 있지만 외딴 곳에는 인적이 뜸하다 보니 야밤에 누군가 걸어 다니면 바로 표시가 난다. 차를 타고 오면 더 표시가 난다.

예를 들어 도둑 입장에서도 도주하기 수월한 곳을 찾아야 하는데 그런 외딴집에서는 뛰어서 도주해야 하기에 경찰차에 쉽게 잡히고 차로 도주한다해도 외딴 길이라 도주로 확보가 쉽지 않다. 시골엔 별반 가진 것도 없기에 무리하게 표적으로 삼지도 않는다. 이왕 도둑질 할 것이면 훔칠 게 많은 도시에서나 하지 않겠는가.

그리고 시골에서는 서로가 누군지 빤히 알기에 함부로 경거망동하지 못한다. 옛날엔 덕석(멍석)말이를 당하고 동네에서 쫓겨나지 않았던가. 시골에는 간혹 농산물 훔쳐가는 좀도둑이 있고, 그 물품이라는 것도 고추라든지 마당에 있는 소품들을 노리는 정도다. 악양에서는 몇 년 상관에 강도나 절도 건이 거의 없다. 오히려 일어날 지 모른다는 막연한 두려움이 사실은 문제인 것이다.

개를 키우면 어지간한 거리에서 오는 낯선 이의 접근을 미리 다 경고해 알려준다. 밤엔 물건을 훔치러 올 엄두를 내지 못하니까 걱정할 필요가 없다. 필자도 처음에는 집사람이 걱정을 하여 CCTV를 설치하였으나 이젠 별 의미가 없다.

귀신에 대한 두려움

두 번째 두려움은 귀신에 대한 막연한 두려움이다. 우리 집 주변엔 빙 둘러가며 무덤이 있다. 눈에 보이는 것만으로 기분이 찜찜할지 모르지만 결론부터 말하면 객관적인, 일반적인 귀신은 없다.

사람이 죽으면 영혼은 범영혼으로 편입되기에 자아의식이 있는 영혼은 소멸된다. 그래서 원한이나 의도를 가진 귀신은 없다는 소리다. 당연히 신의 속성도 그렇다. 영화나 소설에서 귀신을 묘사할 때 하나의 귀신을 두 사람이 동시에 보았다는 사례가 있었는가. 귀신은 한 사람에게

만 보이고 그 옆 사람은 정신 차리라며 몸을 흔들지 않던가.

귀신은 보이는 그 사람에게만 주관적으로 보인다는 소리다. 즉, 맘이 허약해서 자기가 귀신을 만들어 내서 보고 있는 것이다. 그런 의미에서라면 귀신은 있는 셈이다. 자기가 만들어 낸 주관적인 귀신.

밤새 도깨비와 씨름했는데 빗자루였다느니, 귀신이 휘익 날아갔는데 비닐이라느니. 전부 자기의 두려움 때문에 환영이 보였을 뿐이다. 설혹 귀신이 있다손 치더라도 귀신은 영혼이라 빛이 반사되지 않아 보일 수가 없다. 그리고 물질이 아니기에 육체적인 가해를 할 수도 없다. 귀신의 정체를 잘 깨우치면 외딴 곳에서 맞이하는 밤이라도 더 이상 두렵지 않다.

필자는 원래 겁이 많다. 예전에는 산에서 움막 짓고 혼자 사는 사람들이 신기하게 보였다. 지금 살고 있는 이 집도 처음에는 겁이 났지만 귀신의 정체를 이해하고 맘속으로 되뇌다 보니 이젠 밤에도 집 뒤의 산으로 산보도 가며 반딧불이를 즐기는 경지가 되었다. 주변에 있는 무덤을 지나다닐 때 인사도 드리며 친구가 되는 것이다.

하지만 사람이 아는 것과 느끼는 것은 다르기에 되도록 주변 환경을 밝게 해주는 것이 좋다. 앞산이 너무 높고 가까워 시야를 막아 사람을 위축시킨다면 그도 밝은 환경이 아닌 것이다.

주변 환경 정리

집의 뒤쪽은 습하지 않게 공간을 확보하고 물건을 쌓아두지 말며 풀이 자라지 않게 시멘트로 틈새를 발라버리는 게 좋다. 바람에 사각거리는 소리도 밤에는 신경을 건드리므로 비닐종이처럼 바람에 소리 날 수 있는 것은 없앤다. 햇볕이 들어 뽀송하게 말라있으면 기운도 좋고 지네 같은 곤충들도 덜하다. 통풍도 잘 되어 건강에도 도움이 된다.

마당이나 정원엔 태양광 정원등을 설치해 놓으면 전기세도 없이 제가 알아서 켜졌다 꺼졌다 편리하게 작동되며 밤의 풍취도 살린다. 단지 너무 밝게 해놓으면 오히려 음기를 빼앗아 사람이 피곤해진다. 잔잔한 정도의 밝기로 낮게 해 놓는다.

집이 너무 크면 손길이 미치지 않는 곳이 많아 음기가 자라 음산하게 보인다. 그래서 집을 너무 크게 짓지 않는 것도 방법이고(필자의 집은 25평인데 둘이 살기에 적당하다), 집을 독채로 짓지 말고 두 채나 세 채를 지으면 좋다.

필자는 본채와 사랑채로 두 채를 지었는데 그 뒤에 곶감 건조장을 하나 더 지었더니 세 채가 어우러지면서 훨씬 안정적이고 편안해 보인다. 본채와 사랑채를 짓고 창고를 하나 더 지으면 모양이 나올 것이다.

땅 살 때 생각할 것들

 귀농할 지역을 선택하고 나면 다음 단계는 부지 매입이다. 시골에는 변변한 중개사무소가 없고 또한 매물로 잘 내놓지 않는다. 조상으로부터 물려받은 땅을 판다는 사실이 주위 이웃들에게 어떻게 비칠까 신경이 쓰이는 것이다. 일단은 중개사무소에도 얘기해 놓고 본인도 발품을 팔아야 한다. 매물로 나온 땅보다 본인이 다니면서 맘에 드는 땅을 사는 게 좋다. 처음에는 팔지 않는다고 하겠지만 성동격서의 전법으로 다가가면 성사되는 수도 많다.

물길 확인

 땅은 사계절을 두루 살펴본 뒤 결정하는 게 좋다. 정 급하면 여름 장마 때의 물길은 필수적으로 봐야 한다. 귀농하는 사람들은 전망 좋은 산중턱으로 가기에 비로 인한 산사태를 조심해야 한다. 특히 집 뒤에 흙 언덕이나 고사리밭이 있으면 산사태 위험이 있고, 계곡이 있으면 물이 넘쳐

토사가 덮칠 수 있고 둑이 무너질 수도 있다. 흄관이나 다리가 있으면 큰 비에 떠내려온 나무 등의 쓰레기가 걸려 물이 넘칠 가능성이 있다.

그밖에도 상하수도 연결가능성, 정화조 설치 시 주민 반대여부, 진입로, 마을 사람들의 동선, 용도변경 가능성 여부, 가장 가까운 이웃의 성향, 땅 이웃의 성향 등등도 살펴보아야 한다.

지하수

시골마을은 지하수를 파 저장하여 공동식수로 사용하는 경우가 많다. 따라서 상수원 구간인 경우에는 건축법상 문제가 없어도 민원 때문에 집을 짓지 못한다. 일반적으로 행정관청에서는 집을 지어도 좋다는 동의서를 마을에서 받아오라 한다. 조용하고 풍광이 좋아 덥석 땅을 샀다가 집 짓는데 애를 먹는 경우를 종종 봤다. 이웃과 멀리 떨어져 있으면 전기선이나 인터넷선은 일정부분 개인이 부담해야 한다.

필자는 지역특산물인 대봉감 과수원을 샀는데 정말 잘 한 것 같다. 즉시 수확이 가능하니 용돈벌이와 마을 사람과의 공감대, 정착성 등이 아주 좋고 과수원 한켠에 집을 지으니 과수원 관리하기도 수월하다. 다만 집과 인접해 있으니 약을 칠 때 신경 쓰이는 부분은 있다.

집터 주변에 작은 개울이 흐르면 좋고 부지 사이로 흐르면 더욱 좋다. 대개 구거는 국가소유이기에 저렴한 임대료 내고 거의 공짜로 땅을 갖게 된다. 자기 부지 안으로 구거가 있으면 무상으로 땅이 생기는 효과가 있다. 구거 위로 복개를 하면 점용료를 내게 되는데 일 년에 몇천 원 정도에 불과하다.

부지는 알아볼 수 있으면 시간을 갖고 충분히 알아볼수록 좋다. 집을 짓고 나면 평생 살아야 하고 다시 옮긴다는 건 정말 어려운 얘기다. 부지 매입에서 실패하여 후회하는 경우가 많으니 신중해야 한다.

살아가면서 땅 사는 것도 한 방법

마음에 드는 땅이 있으면 직접 접촉하는 것보다 현지 사람이나 이장을 통하는 게 좋다. 시골사람들과의 거래에는 아직도 정서적인 문제가 많이 개입되기 때문이다. 처음에는 외지인에게 파는 것을 꺼려하겠지만, 이 문제는 접근하기 나름이다. 이 모든 것을 원활하게 하려면 목표한 지역에 먼저 1년 정도 셋집을 구해 사는 게 좋다. 그러면 동네와의 마찰도 줄일 수 있고 부지매입에 바가지 쓰는 일도 줄게 되고 좀 더 면밀하게 부지에 대한 정보를 얻게 된다.

최근 시골의 인구가 줄어드는 것은 출생률이 낮은 탓도 있겠지만 연세 드신 분들의 사망이 많아서 더욱 그렇게 된다. 독거노인이 엄청 많고 빈집들은 갈수록 늘어날 것이다. 어쩌면 10년 이내에 빈 집이 아니라 빈 마을이 생길지도 모른다. 그런데도 빈집이 매물로 쉽게 나오지 않는다. 자식들이 훗날 고향으로 돌아올지도 모르고 본인이 태어난 집을 쉽게 팔기 아쉬워서 그런 면도 있지만 대개는 알음알음으로 매매가 이루어지기 때문이다. 외지인에게는 기회가 그만큼 줄어든다.

그리고 귀농자들 마음에 쏙 들만 한 집들이 기존 마을에는 드물다. 기존 마을에 있는 집들은 대지 면적이 좁고 전망이 없고 마당도 좁은 곳이 태반이다. 귀농하는 입장에선 마당도 좀 넓게 만들고 앞의 전망도 트인 곳을 선호하게 되는데 그러려면 두 가구 이상을 연접해서 사야 하는 어려움이 있다. 그래서 동네 안의 집보다 외떨어진 전답을 사서 집을 짓는 경우가 많다.

또 이웃이 붙어있으면 귀찮을 정도로 관심을 많이 갖는 것이 부담스러워 기존 동네를 기피하는 것도 한 가지 이유가 된다. 이런 저런 이유 때문에도 귀농자들은 마을과 좀 떨어진 곳에 자리 잡기를 선호하는데, 어떤 것이 최선인지는 단정하기 어렵다. 동네 안에 자리 잡을 것인지 떨어진 곳으로 갈 것인지에 대해서는 반드시 식구들과 충분히 상의하고, 사전에 한번 살아보고 결정해도 늦지 않을 것이다.

학생자녀가 있으면 등하교시 불편이 있고 또 애들은 같이 어울리며 놀아야 하니 애들이 있을 땐 동네와 가까운 곳이 좋다. 그래서 필자생각엔 절충점으로 동네의 외곽지점에 전답을 사서 집을 지으면 제일 좋을 듯 하다

'땅엔 임자가 있다', 라는 말이 있다. 그 말은 임자가 원래부터 정해져 있다는 말보다 정성으로 그 땅을 소원하면 그이에게 주어진다는 말일 것이다. 땅을 볼 때 지금 모습만 보기 보다는 향후에 토목공사를 하고

나무를 심으면 어떤 모습으로 바뀔지도 생각하고 집이 들어선 후의 모습도 상상하면서 봐야 한다. 또한 맹지라고 해서 무조건 피할 것이 아니라 진입로를 낼 방안을 마련하고 인접한 지주에게 정성으로 양해를 구하면 장님이 눈을 뜨게 되어 의외의 수입도 생길 수 있다.

 주변 기반시설 설치

전봇대나 가로등 하수관로 등 기반시설에 관련된 것은 되도록이면 마을 민원사항으로 돌려라. 그러면 비용이 확 줄어든다. 개인의 필요에 따라 전주를 옮기려 하면 비용을 개인이 부담해야 한다. 하지만 마을 민원사항으로 돌리면 공짜로 할 수 있다.

비 그친 악양들

악양들 호수

집짓기 위한 행정 절차

전용허가

지목이 대지가 아닌 경우 먼저 대지로 전용허가를 받아야 한다. 즉 임야인 경우는 산지전용, 전답인 경우는 농지전용 허가다. 전용비는 공시지가의 30% 정도다. 농가주택인 경우는 전용비가 무료인데 농가주택으로 인정받기가 쉽지는 않다. 농업소득이 총소득의 절반이 넘어야 한다는데 이제 막 귀농한 사람이 무슨 농업소득이 있겠는가.

그 다음 단계는 건축허가를 받는 일이다. 건축허가는 전문 용역회사에 맡겨야 하는데, 건축설계사와 토목설계사가 대신 해준다. 비용은 전용 필지와 건축 면적에 따라 다르지만, 대체로 500만 원 정도가 소요된다. 허가가 나오는 기간은 2주일 이내다.

전용 시에 건폐율이라는 용어가 나온다. 대지면적 대비 건축바닥 면적의 비율을 말하는 것인데, 계획관리지역은 40% 이하, 농림지역은 20% 이하이고 지자체마다 그 한도 내에서 다르게 운용된다. 예를 들어 30평의 집을 지으려면, 건폐율이 40%일 때 대지로 바꿀 수 있는 면적은 75평이고 건폐율 20%를 적용하면 150평을 대지로 바꿀 수 있다는 이야기다. 대지로 전환을 많이 하면 농지전용 부담금이 발생하는데 공시지가의 30%가 부과된다. 그러면 부담금을 줄이려 전용면적을 줄이면 좋지만, 또 다르게 고려할 부분이 있다. 즉 매매할 때는 농지는 자경 8년 이상이 되어야 양도소득세가 감면되지만, 대지로 전용해 집을 지은 경우는 이를 피해갈 수 있으므로 이 부분도 사전에 염두에 두고 전용면적을 결정하면 훗날 큰 도움이 될 것이다. 대지로 전용하지 않은 땅에는 포장을 못 하는 것도 염두에 두어 두어야 한다. 1,000m^2(300평) 이상의 토지를 소유하거나 임대하면 농지원부를 만들 수 있는데 농지원부가 있으면서 귀농을 할 예정이면 농가주택 허가를 받을 수도 있고 그러면 농지전용비도 감면받을 수도 있으니 해당 지자체 담당 공무원을 찾아가 상담하면 제일 정확하게 가르쳐 준다. 미리미리 알아보면 돈을 절약할 수 있음은 물론이다.

분할측량

건축허가가 떨어지면 집을 앉힐 위치를 정확히 잡기 위해 분할측량을 해야 한다. 분할측량비는 150평 정도일 경우 약 40만 원이다. 경계측량은 주택 건축과는 무관하게 자기 땅의 경계를 알기 위해 별도로 하는 측량이다. 실제 측량은 신청 후 1주일 정도 지나야 나오므로 시기가 촉박하면 미리 신청하는 것이 좋다. 건축 기간을 단축시키려면 행정처리에 관련된 절차를 진행하는 중에 치목治木 작업을 병행하면 된다. 이러한 몇 가지 허가와 측량이 끝나면 토목공사에 들어간다.

건축허가와 건축신고[8]

건축면적에 따라 신고사항이 있고 허가사항이 있다. 허가사항에 해당되는 내용을 준비하려면 준비서류도 복잡하고 일이 많다. 그리고 허가사항일 경우에는 반드시 건축사의 도장이 필요하다. 소위 도장값이 추가된다. 지자체마다 다르지만 대부분 100제곱미터 이상일 때 허가사항에 해당된다. 그 외에도 여러 조건들이 지자체에 따라 다를 수 있으니 사전에 시군에 가서 알아보고 웬만하면 신고사항 선에서 진행하면 수월하다.

일반적으로 창고 등 기둥과 지붕이 있으면 건축물로 간주되어 절차를 밟아야 한다. 지반에 파일을 박지 않는 이동가설물인 경우에는 민원만 들어가지 않으면 묵인해 주는 것이 보통이다. 주택에 덧붙여 달아내는 시설 등은 사용승인(준공필) 후에 재량껏 진행하면 된다. 물론 지자체에 따라 기준이 다르므로 섣불리 판단하여 진행하지 말고 사전에 해

---

[8] 관련 법 규정은 건축법 제 9조, 10조를 근거로 하여 세부적 사항이 결정됩니다. 따라서 신고대상인지 허가대상인지는 관련 법규를 자세히 검토하여야 합니다. 또한 건축신고의 대상일지라도 사용승인(준공검사)를 받아야 합니다. 따라서 자기 마음대로 건축물을 건축하여 사용할 수 있는 것은 아닙니다.

당 기관에 충분히 알아본 뒤 일을 처리해야 후환이 없다.

미리 사 둔 농지에 가끔 들러 하룻밤 정도 머무는 경우엔 건축 허가 없이 농막을 지으면 된다. 6평 이하인데 2012년부터는 전기 가스 시설 설치가 가능하므로 상주만 하지 않으면 상관없으니 주말 정도에만 사용하고, 집 완성될 때까지 임시로 사용할 생각이면 간편하게 농막을 짓고 나중엔 별채로 사용해도 훌륭하다. 요즘엔 이동식 농막도 많으니 쉽게 설치할 수 있다. 굳이 자기 땅이 없어도 임대를 하거나 양해를 구하고 이동식 농막을 갖다 놓고 임시로 생활한다면 초기 시골에의 정착엔 많은 도움이 될 것이다.

Tip 임의설치와 원상복구

자기가 산 땅이 대지가 아니고 전, 답, 임인 경우 집을 지으려면 대지로 전용해야 한다. 그것도 원하는 대로 다 해주는 게 아니고 건폐율에 의해 건축 면적에 상응하는 면적만큼만 허가해 준다. 그러다보니 마당이 좁고 진입로도 만들 공간이 부족하게 된다.
만일 토목공사 시에 한꺼번에 한다고 임의로 진입로나 마당을 대지경계를 벗어나 만들게 되면 준공허가가 나지 않는다. 농지를 불법으로 쓰기 때문에 그렇다. 특히 시멘트 콘크리트를 하면 원상복구 명령이 떨어진다. 이럴 땐 장비로 대충 윤곽을 잡아놓고 임시로 묘목을 심든지 아니면 잔디를 심으려면 잔디를 심든지 해서 농지로 쓰고 있다는 걸 보여줘야 한다. 잔디도 농산물에 들어간다. 준공이 나면 그땐 건축주가 원하는 대로 이웃에게 피해를 주지 않는 한도 내에서 마당이나 진입로를 만들면 된다. 이웃의 민원이 들어가면 원상 복구해야 한다.

설계도면 그리기

설계도면에는 건축설계도와 토목설계도가 있다. 건축설계사무소에 의뢰하면 연계되어 있는 토목설계사무소를 소개해 줄 것이다. 그런데 사실, 전문가가 아닌 일반인들에게 설계도면은 신경이 몹시 쓰이는 부분이다. 도면에 그려진 설계가 과연 내가 원하는 모습으로 구현될지 좀처럼 상상하기 어렵기 때문이다.

특히 한 채 달랑 진행하는 단독주택 설계의 경우에는 계약 금액이 크지 않기 때문에 설계사무소에서도 대충 진행하여 넘어갈 가능성이 많다. 그래서 건축주가 직접 설계도면에 대해 어느 정도 공부하고 의견을 정확히 반영시켜야 비용은 물론이고 훗날의 착오도 적어진다. 인터넷이나 다른 책자 등을 통해 여러 예시들을 살펴보고, 자신이 원하는 집과 비슷한 것을 선별하여 자기 나름으로 개념도를 잡고 가능하면 세밀하게 그려봐야 한다.

실제 사용 중인 집의 치수 재기

신고사항에 해당될 때는 평면도만 제출하면 된다. 평면도는 건축주가 직접 식구들과 상의하고 희망사항을 꼼꼼히 반영하여 그려본 뒤 결정해야 뒤탈이 없다. 방의 위치, 크기, 화장실, 거실, 주방, 방문, 창문, 환기문 등의 위치, 크기, 문을 여는 방향, 콘센트, 조명 위치, 싱크대, 욕조, 세면기, 수전, 기둥위치, 현관문, 현관의 크기, 신발장 등을 직접 그려야 한다. 현재 살고 있는 집에서 크기를 가늠하여 축척에 의해 그려 넣으면 된다. 필자는 거의 50여 장을 그렸다. 이것은 물론 수고스런 일이긴 하지만 즐거운 작업이며, 이렇게 해야만 비로소 내가 지은 집이 된다.

한옥인 경우 목수가 사전에 정해지면 목수와 상의해서 그리면 좋다.

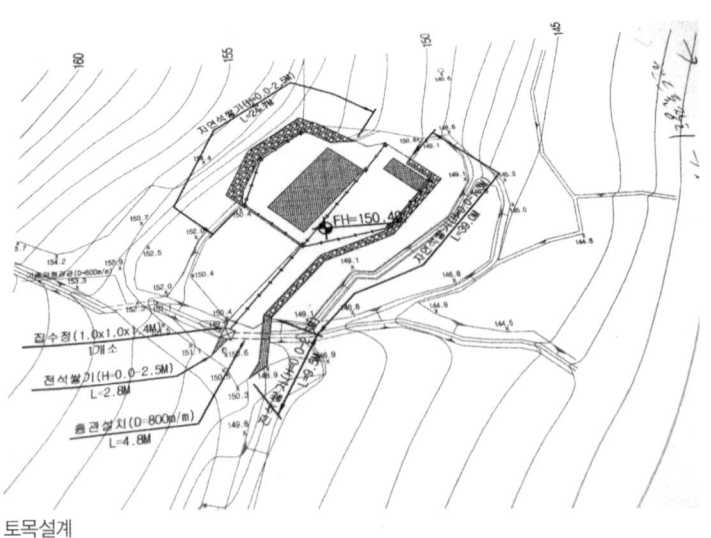

토목설계

설계사무소는 한옥설계에 생소하여 놓치기 쉬운 부분이 많기 때문이다. 그리고 한옥은 목수들이 자기 생각대로 짓는 경우가 많다. 평면도만 맞추면 되니 입면은 도면상 표시가 안 된다. 설계도면을 충분히 그려보지 않고 설계사무소에 의뢰하면 고치고 또 고치고 하면서 설계비 증가가 일어날 수 있다. 시간도 많이 지체된다. 따라서 사전에 식구와 충분히 상의 결정 후 의뢰한다. 한옥인 경우 설계도면은 큰 의미는 없다. 왜냐하면, 한옥의 설계도는 대개 목수의 머리에 들어 있기 때문이다. 따라서 설계도면은 허가받기 좋은 정도로 그려지는 것이 일반적이다. 그러므로 건축주가 결정해야 할 부분과 목수가 알아서 하는 부분이 있고 설계사무소에서 허가받기 위해 하는 부분이 있다. 하지만 한옥이 아닌 경우는 다르다.

토목 부분은 아무래도 생소하니 토목사무소에 가서 개요를 듣고 해당 사항들을 본인이 고민하면서 그려본다. 상하수도, 오폐수관, 우수관, 야외수도, 석축, 집의 위치 등등을 충분히 검토한 후 설계사무소에 보여주고 참조하여 그려 달라 하면 여러 가지가 절약될 것이다.

벽 두께에 주의

도면을 그릴 때 주의하여 감안해야 할 점이 벽의 두께다. 직접 피부에 닿는 공간은 내경인데 도면상으로는 벽의 중간에서 중간까지의 치수가 된다. 자칫 건축주의 생각이 잘못 반영될 수 있으니 조심해야 한다.

도면상으로는 나오지 않지만 천정의 형태는 목수와 충분히 상의해야 한다. 필자의 경우, 거실과 부엌은 개방감을 위해 높이 했고 그 밖의 방들은 안정감과 난방을 위해 중간 천정을 별도로 설치했다. 거실과 주방이 좁은 듯해서 벽을 만들되 창문이 없는 창을 만들어 개방감을 주었다. 각 공간별 사이즈를 종이로 오려 다양하게 맞추면서 퍼즐게임을 했다. 햇볕이 많이 들어와야 할 공간은 거실과 안방이고 전망이 좋아야 할 공간은 거실과 주방이다.

집은 아버지요 땅은 어머니: 어릴 적 나에게 먹을 걸 마련해 주시는 분은 어머니였다. 지금 내가 살 곳에서 내게 먹을 걸 제공해 주는 것은 땅이다. 그러므로 땅은 어머니이다. 어릴 적 풍한서설이나 주변의 위험으로부터 날 보호해 주는 분은 아버지였다. 지금 날 보호해 주고 감싸 주는 것은 집이다. 그러므로 집은 아버지이다. 따라서 시간과 돈에 쫓기어 가벼이 땅을 사서는 안 될 것이며, 건축업자의 손에만 내 집을 맡겨서도 안 될 것이다. 나의 정성과 노력이 들어간 땅과 집이어야 나를 보호해주고 볼 때마다 정감이 갈 것이다. 집을 나설 땐 다녀오겠습니다, 집에 들어설 땐 다녀왔습니다, 인사를 해보라. 집은 내게 복을 줄 것이다.

서류파일의 준비

서류파일을 만들어야 한다. 인허가에 필요한 각종 서류며 측량결과서, 인허가 결과서, 영수증, 계약서 등등 바쁘다보면 찾는 서류가 어디 있는지 난감할 때가 있다. 업자와 상의한 메모, 동네 주민과 얘기한 것 등 필요한 것을 메모해 놓으면 도움이 된다. 그리고 시간이 지난 후 책임 소재를 따질 일들이 많기에 메모는 증빙이 된다. 하나하나 모든 걸 일목요연하게 보관을 한다.

집은 아버지요, 땅은 어머니

조동진

살찐 텃밭은 내게 일용할 양식을 주시고
과수원은 내게 살아갈 여비를 챙겨주신다

비바람이 거세도
산짐승이 울어대도
집은 울이 되어 나를 보호해 주신다

그러기에
값만 따져 가벼이 땅을 사지 말 것이며
집 짓는 일도 온통 남의 손에만 맡겨서는 안될 것이다

한 가정의 화목은 부부가 조화로와야 하듯
좋은 집이란 땅과 조화를 이루어야 한다

온갖 물상에 신은 계시고

내가 신을 맞이하는 만큼
신은 내 손을 잡으신다

마당을 지나 집을 나설 땐
다녀 오겠습니다
대문을 열고 집에 들 땐
다녀 왔습니다
고개를 숙여야 하는 이유이다

몇 평짜리 집을 지을 것인가

필자는 시골에 내려가서 지을 집을 아내와 함께 운동장에서 그려보곤 했다. 소위 평면도인데, 스물 서너 평 크기의 집을 운동장에 선을 그으며 그리다 보면 아내가 하는 말이 늘 있었다.

"에게, 이래 작아서 어떻게 살아?"

넓은 운동장에 그려 보면 사실 매우 작다. 엄청 작게 보인다. 하지만 이것은 착시일 뿐이다. 운동장에 그린 평면도 모서리마다 막대기를 꽂고 끈으로 연결해서 3차원의 입체감을 상상해 보면 얘기가 전혀 달라진다. 땅에 그린 것하고 실제 벽체를 올렸을 때하고 많이 다르다.

사실 이십여 평의 주거 공간은 결코 작지 않다. 결국 필자가 지은 집은 25평 짜리 한옥이었다. 마루, 안방, 작은방, 드레스룸, 거실, 화장실, 파우더룸, 주방, 다용도실 등등…. 아파트에 있는 것 다 들어갔다. 아파트가 아닌 단독주택은 공용 부분이 없어 집의 실제 크기를 예측하기 수월하다. 느낌에 아파트 40평은 됨직했다.

창고와 별채

여기가 끝은 아니다. 시골에서 필수 공간이 창고와 별채다. 아파트는 모든 게 하나로 통합되어있지만 시골집은 따로 존재한다. 먹거리, 농기구 등등을 넣어야 할 창고는 클수록 좋고 방문객이 심심치 않게 올 터이니 서로 불편하지 않게 별채도 있어야 한다. 가볍게 들르는 손님이 올 때는 사랑채에서 차 한 잔 하는 것도 좋다.

그러다 보면 전체적으로는 건축면적이 넓어진다. 필자의 집도 본채 25평, 사랑채 5평, 창고 17평이다. 일차 마당은 60평, 이차마당은 족히 오만평이다. 훤히 내려다 보이는 섬진강과 평사리 들판이 모두 내 마당이라 생각하면 측량 불가의 크기다. 그러므로 시골에서 집을 지을 땐 건축평수만으로 따질 게 아니라 내 감성이 닿는 모든 곳까지가 모두 내가 살아가는 공간이다.

공간은 감당할 수 있게

본채 25평 정도면 부부가 살기엔 충분하고 웬만한 손님이 와도 재울 수 있다. 애들 둘 결혼해서 식구들 데리고 와도 별 문제없이 충분하게 소화되는 넓이다. 건축업자 입장에선 평수에 비례해서 건축비가 산정되지만 자재는 절약되어 이윤이 증가하므로 넓은 평수를 권한다.

시골의 생활은 집안보다 바깥에서의 활동이 많으므로 건축면적에 미련을 갖지 않는 게 좋다. 공간이란 사람의 손길이 미치지 않으면 음기가 자라게 마련이어서 조용하게 사는 시골생활에선 독이 된다. 관리나, 청소, 건축비 증가보다 더 중요한 요소다. 감당할 수 없는 공간에 살면 사람의 마음은 공간에 짓눌리어 음울하게 된다.

어린 시절 어떻게 살았는지 생각해보라! 좁은 집에 많은 식구가 바글바글 할 때 우울할 틈이 있었는가. 요즘은 넓은 집에 달랑 한두 식구 있다 보니 우울증이란 병이 생기는 것이다. 단란하게 살고 싶으면 조그마하게 짓는 게 좋다. 큰 집 떠받들며 스트레스 받지 말고 적당히 작은 공간에서 자유를 누리시라!

대문의 위치를 잘 잡자

　대문은 집의 첫인상을 좌우하기에 신경 써서 고민해야 할 점이 많다. 반드시 피해야 할 점도 있다.
　필자의 경우 땅의 모양과 경사 때문에 집의 정면이 아닌 측면에서 아래로 내려가는 입구를 만들었는데, 보기에 영 좋지 않았다. 집이 길에서 내려다보이는 것도 맘에 들지 않고 측면을 보고 내려가야 하는 것도 좋지 않았다.
　그래서 토목공사를 다시 해 약간 아래에서 올려다보고 측면과 정면을 보며 진입하도록 입구를 바꾸었다. 진입로도 30미터 정도로 제법 길게 잡았다.
　필자의 집은 동남향인데 혹자는 아예 진입로를 더 길게 잡아 동쪽에서 들어가도록 하라고 종용했다. 풍수상 그게 좋다는 것이다. 하지만 굳이 동쪽 대문을 고집하지 않아도 될 듯하다. 따뜻한 햇살의 기운 때문에 그런 것 같은데 그러면 남쪽에서 동쪽 사이면 될 것이다. 그래서

남쪽에서 현관을 빗겨보며 들어가도록 대문을 냈는데, 결과는 대만족이다.

진입로 양쪽으로는 에머럴드 골드측백과 편백나무, 차나무 등을 심고 바닥엔 징검돌과 잔디를 깔았다. 진입로 중간쯤에는 나지막한 나무 대문을 직접 만들어 세웠다. 주차장은 진입로 입구에 설치해서 집안으로는 차가 들어가지 않도록 했다. 물론 특별한 일이 있을 때는 차가 진입할 수 있도록 여유는 두었다.

필자의 집을 찾아와 차에서 내리는 방문객들은 멀찌감치 그림처럼 있는 집을 보고 대부분 찬탄을 한다. 몇 년 후 편백과 측백이 자라면 진입로가 그림처럼 될 것이고 그 끝으로 본채가 가려질듯 보이기에 더

좋을 것이라 기대한다. 혹시 집 주변의 길이 높아 집이 내려다보이면 미리부터 가릴 수 있는 나무를 심는 게 좋을 것이다.

> **Tip 담장**
>
> 돌담장은 한옥에 어울리는 멋진 담장이다. 하지만 맘이 앞서 돌담장부터 해놓으면 나중에 다시 허물수도 있다. 좀 더 시간을 두고 천천히 한다. 특히 부지 내 경계는 굳이 돌담장을 하지 말고 묘목 담장을 하면 환금도 되고 비용도 절감되고 보기도 싫지 않다. 내 경우는 애써 만든 담장을 절반은 허물고 녹차를 심었다. 집 뒤꼍에 축대가 있는 경우 돌 틈 사이로 풀들이 자라 무성하면 보기 싫다. 특히 집 뒤꼍이 음습하면 안 되므로 돌 틈 사이에 황토와 시멘트를 섞어 메워준다. 제일 윗단에도 어느 정도 덮어줘야 풀이 자라 밑으로 내려오지 않는다. 또한 윗단을 잡아줘야 흙이 쓸려 내려오거나 무너지는 것을 방지할 수 있다.

물 관리의 중요성

물은 살면서 없어서는 안 되는 요소다. 많아도 탈 없어도 탈이다. 도시에서는 잘 통제된 시스템에 따라 필요한 만큼 사용하면 된다. 수도꼭지나 잘 관리하면 되고, 폭우 시 배수 등의 문제는 사실상 개인과는 관계없다. 하지만 시골에서는 사정이 다르다. 시골의 물관리에서 중요한 부분이 집 밖에서 흘러드는 물이다. 상하수도 시스템이 도시처럼 일률적이지 않고, 언제 갑작스런 상황이 벌어질지 모르기 때문이다.

집 외부의 물

집 외부에서 흘러들어 오는 물이 집 주변에서 고이거나 역류되어서는 안 된다. 그래서 구배잡이에 신경을 써야 한다. 구배란 쉽게 말하면 경사도, 기울기 등의 뜻이다. 그것을 잡아 주는 게 구배잡이다. 너무 평평하면 물이 고일 수 있고 너무 경사지면 거칠게 흐르는 물이 해를 끼칠 수 있다. 집 뒤에서 내려온 빗물이 마당에 오래 고여 있으면 안 되니 마당 만들 때 경사를 잘 잡아야 한다. 무슨 특별한 요령이 있는지는 모르겠지만 필자는 그냥 감으로 잡았다.

모인 빗물이 빠져나가는 배수관에 대해서도 미리 위치를 잡아 설치해야 한다. 집 뒤에 축대가 있는 경우, 폭우시 축대 하단에서 샘처럼 물이 솟아날 수 있다. 토목공사 할 때 축대 밑으로 유공관을 묻고 배수관을 연결해 땅 밑으로 우수가 원활하게 빠지도록 해야 한다. 그렇지 않으면 물이 마당으로 넘쳐 흙을 쓸어가고 지반도 약해진다.

집 옆에 계곡이 있으면 되도록 계곡과 떨어져 집을 지어야 한다. 요즘은 기상이변이 많아 폭우가 내리면 둑이 무너져 집이 파손될 수도 있다. 지리산 자락의 계곡 옆에 지은 집들 중에 파손된 경우를 허다하게 보았다. 대부분 외지에서 들어온 사람들이 지은 집이다. 원주민들의 집은 거의 피해가 없다. 계곡과 떨어져 자리 잡은 것이다. 계곡을 가까이서 느끼고 싶은 마음이야 이해 가지만 안전이 더 우선이다. 비상시의 안전 거리와 폭우시 계곡의 흘러넘침 정도를 감안하여 집 자리를 잡아야 하고, 계곡이 인접할 경우에는 토목공사 할 때 미리 계곡정비를 꼼꼼히 해 놓을 필요가 있다.

화장실이나 다용도실, 부엌 등에서 빠져나가는 물들도 구배를 잘 잡아야 한다. 배관이 일체로 연결된 경우 다용도실의 물이 화장실로 역류할 수도 있다. 살다가 그런 경우가 생기면 다시 다 뜯어내고 정비해야 한다. 그래서 처음 업자들이 설치할 때 옆에서 강조하고 또 강조해야 한다. 안전하게 하려면 배관을 일체형으로 하지 말고 각각의 구멍에서 최단거리로 빼버리는 방법도 있다. 배관의 길이를 최소화 하는 것이다.

결로현상

바깥의 물만이 문제가 아니다. 실내에서는 결로현상 때문에 애를 먹을 수 있다. 결로현상이란 바깥과 실내의 온도차 때문에 내부에 물방울이 맺히는 현상으로 이해하면 된다. 습이 배이면 곰팡이가 생기고 집안의 공기도 눅눅하여 병이 잘 생긴다. 벽의 결로를 줄이려면 두 가지 방법이 있다. 단열을 확실하게 하든가 아니면, 아예 숨쉬는 벽을 만들든가 하는 방법이다.

단열재만 잘 쓰면 벽은 별 문제가 되지 않는데 통유리가 있는 큰 창이 문제다. 단열을 하면 바깥 공기와의 온도차가 크기에 결로가 생긴다. 그래서 큰 창일 경우, 복층유리로 시공을 해야 한다. 복층유리는 두 장의 유리 가운데 공기층을 두고 밀폐 접합한 것을 말하는데 단열, 차음, 결로 방지의 효과가 있다. 유리는 두께에 따라 16mm, 18mm, 22mm, 24mm 등 다양하게 있다. 최고의 단열재는 공기층이라 유리 사이의 공기층이 단열을 해주고 결로를 방지해 준다. 색깔이나 기능성이 가미된 여러 가지 종류가 있으니 각자가 인터넷으로 검색하여 선택하면 된다. 필자는 16mm짜리로 했는데 조금 더 두터운 걸로 하는 편이 나았을 것이라는 생각도 든다. 물론 한옥이다 보니 결로 현상은 없다. 요즘은 3

층유리도 나오는 모양인데 한옥이 아닌 단열을 중점적으로 할 집에는 3층유리도 고려해 볼만 할 것 같다.

식수 문제

식수는 일반적으로 관정을 파서 사용한다. 웬만한 시골엔 수도가 공급되지 않는다. 마을단위로 공동관정을 파서 같이 사용하는 경우도 많다. 이런 경우 편리한 부분도 있지만 소독한답시고 약을 들쑥날쑥 풀어 식수에서 소독약 냄새 나고 청소하고 난 뒤에도 그렇고 해서 신경 쓰이는 부분도 있다.

개인관정을 파서 사용하면 비용이나 관리가 번거롭기도 하지만 속은 편하다. 관정 비용은 지질에 따라 다르지만 육칠백만 원 정도. 재수 좋으면 과수원 관정시설 사업으로 신청해서 정부보조를 받을 수도 있다. 관정 후 수질검사를 하는데 그 비용도 한 삼십만 원 줘야 한다. 지자체에 따라 무료로 해주는데도 있지만 개인이 직접 하는 경우가 많다. 아마 시 단위에서는 해주지만 군단위에서는 무료검사 해주는 데가 없을 것 같다.

지하수 개발업자에게 부탁하면 물에 소독약을 풀어 무조건 합격하게 하는 수도 있으니 조심해야 한다. 수질검사를 개인이 전부 부담하는 것은 문제가 있다. 2011년에 국회에서 수질검사 보조방안이 통과된 걸로 아는데, 아직 구체적인 지원방안이 행정기관에서는 시달된 바가 없다 한다.

땅에서 스며 나오는 물

스며 나오는 물을 잡을 때는 유공관을 묻는다. 유공관이란 글자 그대로 구멍이 있는 관이다. 유공관을 묻고 그 위에 흙이 구멍을 메우지 않게 부직포 등으로 덮고 파쇄석 등으로 깐다.

내 집에 심을 나무

도시의 아파트 생활을 벗어나 땅이 있는 시골생활로 들어서면 어떤 나무들을 심어 꾸밀지 마음속에 설레임 같은 것이 있다. 보통은 관상수와 유실수를 골고루 심게 마련인데, 보기에 좋다고 하여 사람에게 반드시 좋은 것만도 아니다. 또 공간도 한정되어 있는 법이니 미리 잘 알고 심어야 한다. 모름지기 나무는 한번 심으면 자리를 이동하지 않고 두는 것이 최선이라, 심고 싶은 나무에 대해 공부해 두는 것이 필요하다.

대나무

집 뒤에 병풍처럼 드리워져 있는 대나무는 보기 좋은 그림이다. 선비의 절개를 상징하듯 고고한 품격이 풍기는 멋스러움이 있다. 당나라의 시인 소동파는 고기를 먹지 않으면 수척해질 뿐이지만 대나무가 없으면 사람이 저속해진다며 대나무와 함께 하는 생활을 칭송했을 정도다. 그러나 집 가까이 선뜻 대나무를 심으면 나중에 후회할 일이 생길 수 있다. 대나무는 뿌리의 뻗음이 엄청나고 심하면 지반을 뚫고 나올 수도 있다. 대나무는 비온 뒤 하루에 일 미터나 자랄 정도로 성장이 빠르고 특히 그물망처럼 뻗는 뿌리는 그 기세가 드세다. 일본에서 대나무를 유독 존중하는 것도 얽힌 뿌리들이 지진에서 가장 안전한 지대 역할을 해주기 때문이다. 그래서 한 번 조성된 대나무숲을 없애려면 엄청나게 힘이 든다. 훗날을 생각하고 심어야 하는 것이다.

또한 대나무숲은 습하여 지네가 많이 산다. 바람에 사각거리는 댓잎 소리는 음습하여 기가 약한 사람들은 그 소리에 치이게 된다. 대밭에 귀신이 있다는 소리가 그것이다. 집과 적당히 떨어진 곳에 대밭이 있으면 가끔 그 청정한 기운으로 샤워도 하고 대나무로는 다양한 생활 소품을 만들 수 있어 유용하다.

소나무

소나무는 관상용으로 보기가 좋고 그 기운 또한 청정하다. 하지만 봄철에 꽃가루가 많이 날린다는 점을 감안해야 한다. 특히 기관지가 좋지 않거나 꽃가루 알러지가 있는 사람의 경우에는 집주변에 꽃가루가 많이 날리는 나무를 피하는 것이 좋다. 그러한 건강상의 문제도 없고 부지런한 사람이라면, 오히려 소나무의 송화를 채취해서 다식이나 차로 해먹을 수도 있을 것이다.

울타리용

필자의 집에는 낮은 울타리 용도로 차나무를 심었고 비보神補의 개념이 적용될 방풍나무로는 편백나무와 측백나무를 심었다. 침입방지용 울타리로는 탱자나무를 심었다. 차나무는 차를 만들고, 탱자는 약재로, 편백나무는 피톤치드 삼림욕의 용도로 이용할 생각이다.

집안에 심는 나무는 키가 너무 크거나 수세가 강한 나무는 가능하면 피했다. 집을 압도할 정도의 크고 우거진 나무는 집을 그늘지게 하고 벌레도 많이 생기니 보기처럼 좋은 것만은 아니다. 집안의 나무는 집과 적당히 조화를 이루어야 한다.

과실수

하지만 과수원에는 여러 과실수 한두 가지를 종류별로 고루 심었다. 석류, 대추, 무화과, 오디, 사과, 배, 포도, 키위, 유자, 자두, 살구, 비파, 호두, 보리수, 매실, 앵두, 돌배나무, 푸룬, 복숭아, 돌복숭아 등이 그것이다. 과일을 사서 먹지 않고 자체 조달하여 제철에 맞게 맛볼 수 있다면 얼마나 복된 일인가.

재밌는 나무이름

엄나무 가시가 난 모습이 엄하게 생겼다하여
때죽나무 열매를 찧어서 물에 풀면 고기가 떼죽음 당한다 하여
자작나무 불에 탈 때 자작자작 소리가 나서
꽝꽝나무 : 불에 탈 때 꽝꽝 소리가 나서
솔잎 2개-참솔, 3개-리기다 소나무, 5개-잣나무
닥나무 분지를 때 '딱'하고 분질러진다.
철쭉(척촉) 양이 먹고는 비틀거리며 걸어간다 하여 (비틀거릴 척, 비틀거리며 걸을 촉)
모과나무 참외 모양의 열매가 나무에 달린다 하여 목과(木瓜)나무가 변함
미선(美扇)나무 열매의 모양이 마치 부채를 펴놓은 것처럼 아름답게 생겼다.
괴불나무 흔히 두 개씩 마주보기로 달리는 모양이 개불알을 닮았다.
이팝나무 꽃이 만개 할 때는 흰 꽃이 흐드러지게 피어 마치 쌀밥을 고봉으로 담아 놓은 것 같은 모양
조팝나무 잔잔한 흰 꽃이 조밥을 연상시키는 조밥나무에서 변함
능소화(凌宵花) 밤을 능가할 정도로 꽃이 환하다는 뜻
사시나무 잎자루가 길어 약간의 바람에도 잎이 벌벌 떤다.
곰솔 검은 소나무라는 뜻의 흑송(黑松)이 검솔을 거쳐 곰솔이됨
굴참나무 두꺼운 수피 때문에 세로로 깊은 골이 파진다 하여 골참나무
미류(美柳)나무 미국에서 들어온 버들 혹은 아름다운 버들이란 의미
호두나무 오랑캐나라에서 들어온 복숭아처럼 생긴 열매(胡挑)
노린재나무 타고나면 노란 재가 남는다.
생강나무 잎이나 가지를 분지르면 생강 냄새가 난다.
물푸레나무 가지를 꺾어 물에 넣으면 푸른 물이 우러난다.
목련 연꽃모양의 꽃이 피는 나무
마가목 싹이 나오는 모양이 말의 이빨처럼 튼튼하다(馬牙木)
노각나무 수피가 사슴뿔처럼 부드럽고 황금빛이다(鹿角나무)
벽오동 수피가 푸른색이다.
화살나무 줄기에 화살 날개모양의 코르크질 날개가 있음
오리나무 오리마다 심어 이정표로 삼음
산초와 초피 산초는 동키호테 친구다 보니 가시가 제 맘대로 나고, 초피(제피)는 가시가 마주나기 한다.

한옥과 흙집만 고집할 필요 없다

귀농하는 사람들은 대부분 한옥에 대한 환상을 갖고 있다. 옛적 양반들은 다들 기와지붕에 넓은 마당 있는 한옥에 살고 있어, 은연중 우리들 마음속에 이런 동경이 자리 잡게 되었는지 모른다. 하지만 그런 양반 집에는 집을 관리해 주고 마당도 쓸어주는 종들이 여럿 있었다.

한옥 관리

혼자서 직접 한옥을 관리하려고 하면 생각보다 일이 많다. 친환경 흙집이라지만 그렇기에 벌레들도 많다. 그리고 흙은 나무나 돌과 접착성이 떨어져서 어디에선가 틈새가 벌어지게 마련이다. 외풍이 새어 들어오고 벌레가 들어온다는 얘기다.

아무리 틈새를 메워도 벽이 숨을 쉬기에 벽에서 한기가 새어 들어온다. 그게 싫어 요즘 한옥 건축하는 사람들은 흙벽 속에 차단제를 넣는 경우가 많다. 차단제는 몸에 좋을 리 없는 화학 성분이다. 그렇게 겉모양만 그럴듯한 한옥을 지으면 뭐하겠는가?

건축비

한옥은 양옥에 비해 건축비도 만만치 않게 든다. 건축 기간도 오래 걸리고 과정도 복잡하며 사후 관리에도 신경 쓸 부분이 많다. 그래서 필자는 한옥을 짓긴 했지만, 다른 사람들이 조언을 구한다면 굳이 본채를 한옥으로 짓는 걸 권하고 싶지 않다.

어쩌다 한 번 방문하는 사람들이 집 멋지다고 칭찬하는데 그게 무슨 대수이겠는가. 평생 살 집이고 더구나 나이 들어 살아야 할 집이니 집 안에 훈기가 있고 관리하기 편하면 된다. 문만 열면 좋은 공기가 들어오고 또 하루의 대부분을 바깥에서 생활해야 하니 집안의 황토 기운 운운하는 것은 큰 의미가 없다.

따라서 본채는 값싸고 관리하기 수월한 현대식 건물을 짓는 편이 후환도 없다. 대신 자그마한 별채를 한옥이나 흙집으로 지어 시골집의 옛 맛을 향유하면 된다. 흙집도 구들방도 평생 바라는 바였으니 그 정도로 누리면 충분하다. 시골에 자리 잡고 있으면 방문객도 많이 온다. 본채에서 같이 잠을 자면 불편하니 별채가 필요하다. 경제적으로 조금이나마 도움이 되길 바란다면 별채를 이용해 민박을 쳐도 된다.

별채는 5평 정도로 지으면 된다. 흙집으로 짓고 구들방을 갖추는 것이 물론 좋다. 그런 공간이 갖춰지면 가끔씩 권장 혼자 조용히 명상할 장소도 되고, 지인들이 찾아올 때 부담 없이 술 한 잔, 차 한 잔 나누는 여유의 공간으로 활용하면 된다.

사실, 본채의 난방을 구들로 하면 겨울에 매일 불 때는 일도 보통 번거로운 일이 아니다. 그래서 주로 생활하는 본채의 난방은 일반적인 보일러로 하고, 별채는 아궁이로 해서 한번 씩 불 때는 재미도 느끼면 충분하다. 매일 의무적으로 불을 때야 한다면 그것은 재미가 아니라 일이 된다.

별채

필자는 별채에 누마루를 달아 넣었다. 별채가 정자를 겸한 공간이 되도록 한 것이다. 달이 뜨면 달을 보고, 비가 오면 비를 보며 지인과 마주하여 한가로이 담소를 나누니 도시에서 누리지 못한 여유와 호사를 누리는 것 아니겠는가.

> **Tip 창고를 예쁘게 만들려면**
>
> 패널로 창고나 건물을 짓고 나면 그 외벽이 보기 싫다. 드라이비트를 바르면 황토집처럼 연출할 수 있다.

다락과 지하실

한옥에는 수납공간이 부족하여 이를 보완하고자 다락방을 만들었다. 다락방은 어릴 적 어디에 무엇이 숨겨있을지 모르는 보물창고이자 추억의 공간이다. 그런 기억도 작용하여 다락방을 만들었다.

지하실은 환기가 되지 않기에 물건 보관할 때 어려움이 있지만, 다락은 환기가 좋으니 책이나 여러 가지 물건을 보관하는 공간으로 사용하면 된다. 다락은 전망도 좋고, 지붕으로부터 완충 공간의 역할도 하기 때문에 여름에 집을 시원하게 만든다. 겨울에는 닫아 놓으면 되니 난방상의 문제는 별로 없다.

접이식 계단

다락방이 있을 경우 오르내리는 계단 처리가 조금 골치 아픈 문제다.

고정식으로 하면 공간을 너무 많이 차지하고 난방의 효율에도 문제가 된다. 그래서 계단을 접이식으로 만들어 필요에 따라 개폐할 수 있게 해야 난방상의 문제도 없고 계단으로 인해 발생하는 죽은 공간도 방지할 수 있다. 즉 사용하지 않을 때는 폐쇄시킬 수 있는 방식이 좋다.

이 경우에 편리하게 계단을 개폐시키려면 전동식으로 하면 되는데 비용이 비싸다. 계단 접이식도 있는데 필자가 구입한 제품은 계단 발판이 좁고 부실했다. 그래서 인터넷으로 구입한 시스템은 그대로 쓰고, 소목에게 부탁해서 계단을 바꿔 달아 부착시켰다. 계단의 발판 두께 2.5cm, 가로 33cm, 세로 11cm로 했는데 사용하기 적당하다.

필자의 집은 거실과 다락 창문이 연결되어 있어 창문을 열어놓으면 거실환기가 잘 되고, 요리할 때 발생하는 음식 냄새도 쉽게 빠져나간다. 다락방 설치가 가져다 준 또 하나의 이점인 셈이다.

지하실의 용도

지하실의 경우, 잡다한 물건들을 보관하기 위한 목적으로 짓는 것이라면 권하고 싶지 않다. 지하실에는 통풍이 되지 않으니 곰팡이의 온상이 된다. 별 필요 없는 잡다한 물건들로 음침한 공간이 되기 십상이다.

그래서 지하실은 창고 개념보다는 석빙고의 개념으로 하나 만들어 놓는 게 좋을 것 같다. 대지가 평지가 아니라 단이 있을 경우, 토목공사 할 때 조금만 머리 쓰면 거의 공짜로 석빙고를 만들 수 있다. 땅 밑에

굴을 판다 생각하면 된다. 필자는 마당을 넓히면서 자연스럽게 땅굴을 만들었다.

필자의 집에 있는 땅굴은 계절에 따라 다르지만, 여름엔 21도 정도 유지되어 발효실로 사용되고 그 외엔 15도 정도 유지되기에 숙성실로 이용된다. 땅굴의 전면, 즉, 땅굴의 전면, 즉 바깥 공기와 접하는 면에는 덩굴식물을 심으면 온도를 일정하게 유지하는 데 유용하다.

곡식이나 효소 제품 등의 농산물을 대량으로 보관하는 사람들은 저온창고를 갖추는데, 일반인들이라면 굳이 그럴 필요 없다. 향후에는 농사용 전기에 대한 지원도 점차 줄어들 가능성이 많기 때문에 저온창고에 너무 의존하면 안 된다. 토목공사 할 때 조금만 미리 계획해서 자연냉장고인 땅굴을 만들어 놓으면 비용도 들지 않으면서 훌륭한 저온창고를 갖는 셈이다.

마당에는 무엇을 깔까?

 마당이나 진입로, 주차장, 뒤꼍 등의 바닥을 무엇으로 할 것인가도 중요하다. 흙으로 그냥 두면 풀이 무섭게 올라오고 바람이 불면 먼지 날리고 비오면 질퍽거린다. 그렇다고 시멘트로 도배를 하자니 지금껏 콘크리트 속에서 살았는데 그럴 수는 없다.
 흙을 대신하여 깔 수 있는 재료들이 여러 가지 있다. 강자갈, 파쇄석, 고화토, 황토 모르타르, 잔디, 잔디 블록, 넓적 돌, 키 낮은 화초(소엽 맥문동, 애란, 백리향 등) 등등이 있다. 각자의 취향에 맞게 선택하면 된다.

강자갈

 강자갈은 굵기가 몇 가지 있고 색깔도 회색, 노란색이 있는데 노란색이 흙처럼 보여 좋다. 시멘트의 허연 색깔 없앤다고 황토를 많이 섞어 바르면 곧 깨진다.
 흙은 시멘트를 잡아주지 못한다. 그래서 경화제를 섞어 사용하는 방법도 있다. 시멘트를 바르고 굳기 전에 황토물을 만들어 붓질해줘도 색깔은 흙색으로 된다. 돌축대 사이사이에 흙이 있으면 풀도 나오고 지네와 뱀 등 벌레가 나온다. 이때는 시멘트와 흙만 섞어 메워줘도 된다.

한옥집 마당은 흙마당이 제격이라 필자는 노란색의 작은 강자갈을 깔고 곳곳에 백리향과 애란 등을 조합해 심어 단조로움을 덜어냈다. 비교적 만족스럽게 되었다. 마당으로 들어가는 진입로에는 잔디를 깔고 징검돌을 심어 마무리했고, 샘터 부근에는 큰 강자갈을 배치했다. 자갈을 깔아도 풀이 올라오는데 두껍게 깔면 당연히 풀을 잡을 수 있지만, 비용이 증가한다. 그래서 다른 방법으로는 재첩이나 조개껍데기를 밑에 깔고 자갈을 부으면 풀을 잡을 수 있지 않을까 한다. 이 부분은 각자가 연구해 볼 부분이다.

자갈을 깔고 그 위로 차가 많이 다니면 자갈이 흙속에 파묻히게 된다. 이를 방지하려면 차광망을 미리 깔고 그 위에 자갈을 올리면 도움이 된다. 흙마당을 다질 때는 공구점에서 전용 기계를 빌려 사용하면 고르게 다져지기 때문에 유용하다. 토목공사시 굴삭기로 기본 다짐을 해 놓으면 좋다. 잔자갈을 다질 경우에는 간단히 할 수 있는데, 필자는 RV승용차로 여러 차례 다지는 것으로 대신했다.

마당에 잔디를 까는 경우도 많은데, 잔디는 습을 많이 머금고 있으므로 뚱뚱한 사람에게는 좋지 않다. 기호의 문제를 떠나 본인의 체질과 건강에 합당한지도 고려해서 선택할 필요가 있다.

조경수

화단을 조성하는 것은 개인의 취향이니까 모르지만 조경수는 되도록 권하고 싶지 않다. 조경수를 살리면 비용도 만만찮고 옮기는 비용도 추가된다. 잘 가꾸어진 조경수는 폼은 날지 모르지만 시골 정서에는 맞지 않고 오히려 위화감을 조성할 수 있다. 또한 조경수를 가꾸는 시간도 부담이 될 수 있다. 따라서 관상용 조경수는 주변 산에서 뽑아온 소나무 정도로 충분하고 과실수를 예쁘게 키우면서 열매도 따먹으면 된다. 꽃도 서양의 관상용 꽃을 굳이 사지 말고 산야에 가면 이쁜 야생화가 많으니 그걸 캐다 곳곳에 심으면 훨씬 이쁘고 자연스럽다. 도시에서의 조경과 시골의 조경, 그 차이를 이해해야 한다.

 **잔디**

잔디는 4월 초에 사서 심으면 잘 산다. 1평에 칠팔천 원 정도면 구입할 수 있기에 그냥 편하게 사면 될 것이다. 식재 면적이 넓으면 씨를 사서 싹을 틔워 심을 수도 있다. 잔디의 종류도 여러 가지이니 사전에 공부를 해서 선택한다. 경사지나 산소에 있는 일반적인 들잔디는 강하고 잘 자라지만 키가 크고 억세다. 그러므로 마당에 적합하지는 않다. 잔디는 난지형과 한지형이 있고 국산과 외국산이 있다. 국산 금잔디가 무난할 것이나 기후와 용도, 관리의 편이성에 따라 선택한다. 잔디는 한 번 심으면 파내기 어려우니 필수적으로 공부해야 한다. 필자는 생각 없이 산림조합에서 잔디(들잔디였음)를 구입했다가 후회하고 있다. 키도 크고 너무 잘 자라서 자주 깎아줘야 한다.

자갈마당

조동진

그냥
흙 때깔을 닮았기에
곱다…
라고만 했습니다

그냥
자글자글한 소리 하기에
고놈 꼬소하다…
라고만 했습니다

제비꽃 키에 맞춰
땅에 눈을 대던 어떤 이가
슬쩍

"쉿, 이건 비밀인데….
얘네들은 생긴것도 다 다르고
얘기도 제각각 한다우"

그날 이후 저는
시끄러워 잠을 못 잔답니다

II 건축 공사

이집 짓는 데 평당 얼마예요?

집 구경 온 사람들에게 흔히 듣는 질문이다. 어떻게 답해야 할지 난감하다. 사실 나도 집 짓기 전 돌아다닐 때는 그렇게 묻곤 했다. 하지만 그런 질문은 의미가 없는 질문이고, 집주인만 대답하기 난처하게 만든다는 것을 지금은 안다.

똑 같은 설계도로 집을 지어도 평당 가격은 천차만별이다. 목재가 홍송이냐, 낙엽송이냐, 수입송이냐, 어느 나라 수입송이냐, 건조 정도는 어떠하냐, 서까래 길이는 얼마냐, 지붕소재는 뭐냐, 기와라면 토기와냐 양기와냐 강판기와냐, 초석돌은 자연석이냐 공장석이냐, 마감미장 소재는 어떠하고, 창호의 재질, 문의 종류, 토목공사 정도는 어떠한가 등등에 따라 비용 차이가 난다.

일반인들은 그냥 외관만 보기에 기둥두께, 내부구조등도 감안하지 않는다. 그래서 그걸 기준으로 비용을 예상했다가는 차이가 나기 일쑤다. 또한 토목공사는 지형에 따라, 건축주의 의지에 따라 차이가 많이 난다. 큰 조경석을 사오고 성처럼 높은 축대를 쌓으면 비용은 엄청 증가할 것이고 자체에서 나는 돌과 자연에 순응하는 토목공사를 하면 비용을 줄일 수 있다.

한옥은 평당 300만 원에 지을 수도 있고 수공이 많이 들어가면 1000만 원까지도 든다. 비용예상은 이렇게 하면 될 것 같다. 먼저 집 예상평수를 정하고 전기, 설비, 벽체, 미장, 타일, 지붕, 도배, 난방, 전기, 토목 등은 본인이 소재를 선택하여 평수에 비례해서 산정하고 목재도 본인이 구입한 후 목수와 인건비를 협의하면 비용을 최대한 줄이고 오차도 줄일 수 있다. 목수의 인건비는 대개 정해져 있다.

제일 간단하게 하려면 목수에게 내가 가진 돈이 이것뿐이니 맞춰 지어 달라 하면 된다. 물론 집 짓는 중에 건축주의 맘이 바뀌어 구조변경이나 소재변경이 일어나면 추가비용이 발생한다. 이런 일이 흔히 일어나기에 예비비를 준비해야 한다. 20% 정도는 준비해야 한다.

중간 정도의 품질로 한옥을 지으려면 평당 600~700만 원 정도는 잡아야 한다. 명심할 것은 낭비되는 비용이 만만치 않다는 것이다. 충분히 검토하고 공부하고 시행착오를 줄이면 상당부분이 절약된다.

직영이냐 도급이냐(큰돈 줄이는 중요사항)

집을 지을 때는 직영과 도급의 방식이 있다. 직영은 건축주가 주체가 되어 파트별로 사람을 불러 쓰는 방식이고 도급은 건축업자에게 일괄적으로 집 전체 공사를 일정 금액에 맡겨 의뢰하는 방식이다. 통상적으로 일반인들은 관련 기술자와 자재 등을 조달할 엄두도 안 나고 시간이 허락되지 않기 때문에 도급 방식을 택하는 경우가 많다.

도급방식의 문제점
하지만 도급방식에는 세 가지의 큰 문제점이 있다. 이 점을 사전에 충분히 인지하고 도급을 주더라도 줘야 한다. 물론 다 비용과 직결되는 문제들이다.

첫 번째는 관리가 어렵다. 도급 계약이 이뤄지면 이때부터 칼자루는 건축업자가 쥐게 된다. 내 집을 짓는데도 주인 대접 받기는커녕, 잘 모르는 사람이 상관한다는 듯이 객 취급받기 십상이다. 더 큰 문제는 다음이다. 흔히 건축이 진행되는 도중에 자재 구입을 해야 한다며 또는 선금이 있어야 한다며 돈을 요구한다. 그 돈을 주고 나면 이 핑계 저 핑계를 둘러대며 일도 하지 않고 전화도 받지 않고 애를 먹이기도 한다. 자재값이 오르니 미리 사놔야 한다고 하면 주인은 대부분 돈을 주게 되는데 받고 나면 태도가 달라진다. 업자가 다른 곳에 벌여 놓은 공사로 인해 부도를 맞는 일도 가끔 있는데, 피해 다니다보니 아예 연락이 안 되는 일도 있다.

두 번째 문제는 저급 자재를 쓴다는 점이다. 도급 금액이 정해져 있다 보니 업자 입장에서는 주인이 눈치채지 못하는 한도에서 싼 자재를 쓰려고 한다. 집에 소요되는 자재 종류가 많다보니 일일이 다 점검하기가 어렵다. 점검했다 하더라도 온갖 말로 자기 뜻을 관철시키려 한다. 건축주가 이런 자재는 도저히 안 되니 무조건 바꿔야 한다고 하면 그때는 추가비용을 요구한다. 서로 옥신각신 해도 쉽게 원만한 해결점이 나오기 어려운 상황이 되어 버린다. 그래서 도급 계약시에 애초부터 자재 종류가 구체적으로 기재된 시방서를 꼭 첨부해서 계약해야 한다.

세 번째는, 설계대로 진행되지 않는 문제다. 설계도가 있다 해도 업자의 관행이나 편의에 따라 설계와 다른 공사가 얼마든지 이루어질 수 있다. 집주인이 매시간 설계도와 비교하며 지켜보는 것도 아니고, 공정이라는 것이 일정 시간 지나야 결과물을 확인할 수 있는데 그 때가 되면 이미 늦는다. 물론 공사 중에도 집주인의 생각이 바뀌어 설계가 변경될 수 있는데 이때는 추가공사비를 지불하면 된다. 문제는 애초 건축주의 생각과 다르게 자기들 편리하게 공사해 놓고, 원안대로의 변경을 요구하면 추가비용을 요구한다는 점이다. 급기야 공사가 중단되고 업자와의 신경전에 피가 마른다. 그 업자와 타절(공사를 중단시키고 계약을 해지하는 것) 계약이 체결 안 되면 다른 업자와 공사 계약도 못한다. 민사소송을 걸어봐야 시간이 엄청 걸리고 답답한 건 건축주다. 결국 완공 후 새로 부분공사를 하든지 만족스럽지 못한 집에서 살든지 하게 된다.

　도급계약 시에 발생할 수 있는 이런 문제점들을 최소화하기 위해서는 업자 선정 시 사전에 그 업자가 지은 집에 가서 평판을 들어보고 신용도도 조사해야 한다. 아는 사람을 통해 소개 받거나 인지도 있는 큰업체에 맡기면 위험을 줄일 수 있다. 물론 그만큼 비용은 추가된다. 그게 안 될 경우 이행보증서를 발급받아 유사시 보증보험에서 보상받는 방법도 있으나, 이 역시 번거로움을 피할 수 없다. 애초에 믿을만한 업자와 만나는 것만 못한 것이다.

직영방식

　한편 직영방식은 본인이 현장에 붙어서 같이 뛰어야 한다. 그만큼 비용은 절감된다. 대신 건축주가 어느 정도 안목이 있어야 하고 건축주의 사전공부도 필수적이다. 본 책이 도움이 되었으면 한다.

자재를 구매할 때 업자들은 도매로 구매하기에 싸고 건축주가 직접 구매하면 비싸다고 하는데, 그 점은 상당 부분 보완할 수 있다. 요즘에는 대체로 단가가 노출되어 있기 때문에 개별 품목에 대한 이해가 있고 손수 수고하겠다는 마음만 있다면 인터넷으로 검색해서 일괄적으로 도매가로 구입할 수 있다.

한옥의 경우 자재 중에서 목재 값이 가장 많이 들어간다. 처음 목수를 선정할 때 목재구입, 소목, 지붕 공사, 미장, 타일 등등의 업자들을 소개받기로 하고 계약하면 그를 통해 여러 가지 유리한 방법을 찾을 수 있다. 목수들은 연결업자들이 다 있다.

직영방식의 종류

직영방식에도 두 가지가 있다. 하나는 완전직영으로 전부 일당제로 하되 자재는 건축주가 일체 다 사주는 방식이 있고, 파트별로 도급을 주는 절충형이 있다. 즉, 목수와 설계도를 놓고 인건비 총액을 얼마로 결정하는 것이다. 그러면 목수들이 비오거나 추워서 쉬고 휴일이라 쉬고 하는데 대해 스트레스를 받지 않는다. 빨리 하라 마라 일찍 시작하라 마라 등등의 실랑이를 할 필요도 없다. 시간이 돈이니 자기들이 공사 시간을 스스로 관리한다.

대신, 부분 도급을 주더라도 자재에 관해서는 사전에 상의 하는 것이 이중경비를 줄이는 방법이다. 예를 들어 설비업자가 배관을 할 때 어떤 종류의 어떤 재질의 배관을 사용하느냐가 중요하다. 이미 묻고 난 뒤 바꾸려면 추가비용이 발생한다. 전기업자의 경우에도 전선 종류, 스위치박스 등등 취급할 각 부품의 종류가 다양하다. 요즘은 인터넷 정보가 많다보니 검증하기는 어렵지 않다. 이런 일들을 귀찮다 생각하면 돈으로 충당하면 되는 것이고, 내 집 짓는 즐거움이려니 생각하면 좋은 집을 지으면서 돈도 절약하는 것이다.

기성금 지급문제

그리고 선금을 줄 때는 매우 신중해야 한다. 자재 구입 시에는 직접 자재상에 결제하고 인건비나 부분도급에 의한 중간결제도 일이 진척된 후 공정에 조금 못 미치는 수준에서 결제해야 한다. 일이 완료되면 80% 정도 주고 하자 발생 여부를 확인한 뒤 나머지를 주는 게 좋다.

직영이든 도급이든 건축에 문외한인 건축주가 업자에게 휘둘리지 않는 방법은 자재조사를 해서 가격을 메모해 놓는 것이다. 보기에 그럴듯한 파일을 만들어 소지하며 체크하는 것이 좋다. 직영할 땐 직접 구매하니 당연히 조사해야 되지만 도급 시에도 업체 선정시 필요하다. 업체가 제출한 견적서와 자기가 조사한 자료를 비교해보면 대충은 진실을 알 수 있다. 조사하다 보면 동일한 물품도 값싸게 구입할 수도 있다.

직영으로 할 경우 자재에 대한 운반비도 만만치 않다. 본인이 트럭을 갖고 있으면 상관없지만 보통은 그렇지 못하기 때문에 계획을 잘 세워야 한다. 꼼꼼히 체크한 뒤 일괄 구매하는 방식을 사용하면 운반비를 상당히 절감할 수 있다.

필자의 경험으로 볼 때 추천하고자 하는 방식은 절충형이다. 전체적으로는 직영으로 하되 부분도급 형태를 취하는 방식이다. 평생의 소원인 내 집 짓는 일을 온전히 남의 손에만 맡겨놓지 말자. 많은 공부와 수고가 따르겠지만 그것은 즐거움이자 내 집 짓는 사람만이 누릴 수 있는 특권이다. 그 방법이 또한 큰돈을 절약하는 길이기도 하다.

발주계약서 작성하기

 개인들은 부동산 매매나 전세로 들어갈 때 외에는 계약서 쓸 일이 거의 없다. 시골에서 집짓기를 하기 위해 업자와 접촉할 때도 보통은 구두로 상담하고 시작하는 게 일반적이다.
 그런데 일을 시작하고 보면 서로 말이 달라지는 경우가 허다하다. 의도적으로 속인다기보다는 작업에 대한 전문성이 다르고, 명확하게 규정하지 않은 부분에서 각자가 유리한 쪽으로 생각하기 때문이다. 또한 일을 다 해놓고서는 잊어먹었다, 다시 뜯을 수는 없지 않느냐며 배째라 하는 경우도 있다.
 필자가 토목공사를 의뢰했을 때 굴삭기 작업에 네 명의 기사를 쓸 때까지 매번 35만 원씩이어서 다섯 번째도 당연히 그러려니 생각해서 비용 얘기를 하지 않고 일을 시켰다. 그런데 열흘쯤 지나 중간결제 해달라는데 이번에는 40만 원이라고 한다. 장비가 속한 지역에 따라 가격이 다르기 때문이란다. 공사지역의 가격이 우선이다 아니다로 다투었다.

문을 제작할 때도 비슷한 일이 벌어졌다. 문의 갯수가 많다 보니 애초 발주가 이중문이었네 삼중문이었네 하며 우기게 되고, 통유리의 색상에 대해서도 당초 투명으로 얘기 되었네 아니네 등등으로 곳곳에서 의견차가 많았다. 이런 착오는 고스란히 비용증가로 이어진다.

필자는 당초에 그린색의 통유리를 얘기했는데 막상 투명으로 제작된 통유리가 와서 어쩔 수 없이 코팅필름을 구입해 어설프게 직접 붙였다. 재료비만 16만 원 추가되었다. 사람을 불러 작업을 시켰다든지 재제작을 했다면 30만 원은 추가되었을 것이다.

자재 결정의 문서화

이런 일들을 예방하려면, 업자가 제출하는 견적서 말고 작업에 관해 서로 얘기한 내용을 꼼꼼히 정리해서 문서로 2부 작성하고 보관하여 필요할 때마다 대조하고 상기시키면 된다. 그런데 당연한 얘기 같지만 이런 것을 작성하기가 쉽지 않다.

작업의 범위, 소재의 종류, 공사기간, 소요비용, 하자 발생시 처리방법 등등을 구체적으로 작성하면 분쟁과 재공사 비용을 막을 수 있다. 제대로 된 양식을 갖추어서 하기가 어렵다면 상의한 내용을 메모지에 옮겨 놓고 사인이라도 받아놓아라. 물론 업자의 과실이 있을 때 책임지게 하는 방안에 대해서도 명기해 놓아야 한다.

 **하자보증**

각 파트별 공사완료 후 대금 결제 할 때 가능하면 하자보수 보증금을 남겨 두라. 10% 정도면 된다. 업자에게 일단 대금을 완불하면 불러도 잘 오지 않는다. 또 한 가지 방법은 하자보증이행증권를 받아놓는 것이다. 계약서를 작성할 때 이 조항을 넣어야 한다. 이것을 하지 않으려는 공사업자와는 계약을 하지 않는 것이 좋다.

공기는 느긋하게 잡되, 때 맞게 작업하라

공사기간을 너무 촉박하게 잡으면 일이 뒤죽박죽 될 수 있고 일하는 사람과 건축주간의 승강이도 많이 일어날 수 있다. 업자들도 자기 나름의 일정이 있기에 건축주의 뜻대로 잘 따르지 않는다. 공기는 되도록 느긋하게 잡아야 한다.

집 지을 때 스트레스 많이 받는 것 중 하나가 기간일 것이다. 그래서 소위 돈내기 방식으로 계약을 하라는 것이다. 물론 하자발생에 대해서는 사전계약에서 철저히 해두어야 한다.

도목수는 작업장 한 곳에 매달리지 않는다. 이곳저곳 벌린 데도 있고 다음 작업장을 만들기 위해 섭외차 사람을 만나러도 가고 자재 구입하러도 다닌다. 목수라는 직업이 자유로운 직업이어서 건축주가 기대하는 만큼 자기 일만 해 주진 않는다. 시시콜콜 간섭하면 분쟁이 발생하고 결국 낭패를 보는 것은 건축주일 가능성이 많다. 건축주는 처음 당하는 일이지만 목수는 이력이 난 상태가 아닌가. 목수들의 생리를 이해

하고 여유 있게 시작하는 게 좋다.

　나무를 깎는 작업(치목)은 겨울이 좋다. 토목 공사는 땅이 약간 풀렸을 때가 좋다. 그런고로 겨울에 착공허가와 같은 행정적인 절차를 마무리한 뒤 2월쯤 치목을 시작하고 뒤이어 토목공사에 착수하면 된다. 지붕은 장마가 시작되기 전에 무조건 올려야 한다. 그렇지 않으면 비설거지 때문에 애먹는다. 난방과 초벌 흙벽도 장마 전에 마쳐야 한다.

　한옥의 경우 공기를 가장 많이 잡아먹는 게 말리기다. 장마기간에는 거의 일을 못한다. 장마기간 동안 난방을 하면서 계속 말려야 한다. 말리는 기간은 길수록 좋다.

　장마가 끝나면 맞벽을 치고 구들방도 켜켜이 다지면서 틈새를 메운다. 얼음이 얼기 전에 집의 내부와 외부에서 얼 가능성이 있는 부분에 대한 작업은 다 끝내야 한다. 주차장 바닥, 장독 등 콘크리트 타설할 곳, 그리고 황토반죽이 필요한 부분 등은 얼음이 얼면 작업 진행을 할 수 없다. 10월쯤 입주를 한 뒤에는 주변 정리를 한다.

공정별 연결 관리에 유의하라!

집을 하나 지으려면 수많은 공정들이 있다. 내가 모든 것을 다 할 수도 없고 알지도 못하니 분야별로 전문가들을 부르는 것인데, 총괄적으로 생각하는 내 입장에서는 아쉬운 점이 한두 가지가 아니다.

각 공정별 기술자들은 자기 공정만 생각한다. 자기 식대로 자기 편하게 작업하기 때문에 전체 공정은 신경 쓰지 않는다. 그럴 필요도 없다. 그래서 건축주가 체크하지 않으면 재공사 해야 하는 경우가 자주 발생한다. 물론, 각 공정별 담당자들이 책임지지 않을 것이기에 그 비용 증가의 부담은 고스란히 건축주의 몫이다.

예를 들어 전기 배선은 벽체 미장 전에 해야 하는데 이때 콘센트 위치를 일일이 사용하기 편리한 위치에 정해 주어야 한다. 업자는 공사하기 수월한 위치에 설치하려 하기 때문이다. 그런데, 임시 콘센트 위치를 잡아놓았다 해도 벽체 미장 공사를 할 때 무시하고 발라버리면 그 정확한 위치도 모르거니와 파놓은 홈도 없어져 버렸으니 매립 콘센트를 하지 못하고 전기선까지 돌출시켜 설치하든가 아니면 완성된 벽체를 깨어내면서 여기저기 찾아야 한다.

말도 안 되는 일이 벌어지는 것이다. 그렇다고 미장공을 탓하여 손해배상을 청구하기는 어려운 일이다. 주인이 세심히 표시해 놔야 한다. 화장실엔 타일을 발라야 하는데 미장 공사한 면이 고르지 않으면 타일공사가 어렵다. 미장 공사 마친 사람은 그것으로 끝이다. 후일 타일 공사까지 염두에 두고 공사하는 것은 아니다. 필자의 경우 타일공이 말하길 미장 면이 울퉁불퉁해서 타일공이 작업 못한다 하기에, 화장실 미장 벽체를 다 허물고 다시 했다.

또 다른 예로, 목수가 댓살을 칠 때 흙미장을 생각해서 안쪽 면이 보이도록 잡아야 한다. 거꾸로 해놓으면 흙 붙이는 공정에서 애를 먹는다. 뜰방을 최소 세 자 이상 높여야 하는데 그렇게 되질 않았다. 그래서 구들 놓기가 어려워졌다. 높이가 안 나오면 집 다 지어놓고는 아궁이를 못 놓고 보일러를 할 수 밖에 없다. 한옥집은 높여 짓지 않으면 습이 차고 보기에도 좋지 않다. 대충 넘어가서는 두고두고 후회할 수 있으니 되도록 많이 높여야 한다.

한두 가지 예를 들었지만 이렇듯 집 하나 지을 때 신경 써야 할 일이 보통이 아니다. 특히 연결 공사의 경우에는 그 전문가들이 집주인의 입장에서 공사를 하는 것이 아니기 때문에, 집 주인은 발생 예상되는 착오를 잘 찾아내고 관리해야 한다. 잘 못하면 인건비는 인건비대로 늘어나고 공정은 늦어지고 스트레스는 쌓일대로 쌓인다.

결론적으로 집 한 칸 지으려면 수많은 일과 변수들이 생긴다는 점을 감안해야 한다. 건축주의 세심한 관리가 있어야 작업자들과의 마찰도 줄이고 추가 비용도 줄일 수 있다.

 일반적 공사 공정

보통의 가정집 건축은 인허가, 기초공사, 골조공사, 지붕공사, 창호공사, 방수공사, 내부 전기공사, 설비공사, 인테리어 공사, 외부 마감공사 등으로 이루어진다. 이것은 대강의 공정이고 세부적인 설계에 따라 공사 내용이 달라지므로 별도의 공부가 필요하다. 직영이든 도급이든 건축주가 많이 공부해서 알고 있는 것이 비용과 하자를 줄이는 최고의 방법이다.

공부하는 방법은 직접 예상 공정표를 작성해 보는 것이다. 많은 정보를 정리하면 어느 정도 합리적인 공사방법을 선별할 수 있을 것이다.

목수와의 관계설정은 매우 중요!

집을 짓기로 하고 목수를 처음 대면하는 자리는 기분 좋은 만남이 된다. 건축주의 걱정을 미리 살피듯, 시원시원하게 걱정하지 말라고 한다면 새집을 짓는 과정이 순탄할 것이라 예감하여 더욱 기분이 좋아진다.

하지만 대부분의 경우 집을 거의 다 지을 때 쯤 되면, 둘의 관계는 원수가 된다. 사람이 달라져서 그런 게 아니라 서로의 생각 차이가 발생하고, 무엇보다 그로 인해 발생한 비용 증가의 책임 소재 때문에 그렇게 되는 것이다.

그런 문제는 단일 공정으로 진행되는 토목이나 타일, 전기, 미장 공사 등에서도 발생하기 때문에, 작업 기간이 상당히 긴데다 집의 세밀한 부분까지를 관장하는 목수와는 한두 군데서 부딪치는 것이 아니다. 건축주의 입장에서는 처음에 설명을 들을 때는 잘 모르기 때문에 대충 넘어갔지만, 막상 공사가 이루어지면서 결과물이 구체화될 때가 되면 어, 이게 아닌데… 하는 생각이 들게 된다. 그래서 목수에게 항의하면 돌아오는 대답이 뻔하다.

"저번에 제가 말씀드렸잖아요. 그때는 고개 끄덕이시더니.."

"아, 그때는 내가 잘 몰라서 동의했던 거죠. 이렇게 된다는 것을 알아듣기 쉽게 말씀하셨어야죠…."

대개 이런 식이다. 건축주가 집 짓는 일에 대해 잘 알고 있었다면 이런 분쟁들은 사전에 피할 수 있었을 것이다. 그래서 집을 착공하기 이전에 목수와 밥도 같이 먹으면서 충분히 토의하고 궁금한 점들도 상세히 물어보아야 한다. 나는 초보고 건축에 대해 잘 모르니까 알아듣기 쉽게 자세히 설명해달라고 해야 한다. 특히 비용관계는 처음부터 확실히 매듭짓고 시작해야 뒤탈이 없다. 다른 장에서 말했듯이 구체적인 계약서를 작성해야 분쟁이 줄어든다.

건축비 문제

돈 문제는 서로가 정이 들기 전에, 친밀해지기 전에 딱 부러지게 하는 게 좋다. 목수는 이게 상식이고 관행이라고 얘기하며 그냥 넘어가는 부분이 많을 수 있으니, 건축주가 하나하나 체크하고 질문하여 최종 원하는 결과물과의 오차를 서로 줄일 수 있도록 해야 한다. 문의 크기, 문의 위치(환기창, 조명창 포함), 박공의 형태, 기둥의 모양 등등 정말이지 많은 것들을 세밀하게 건축주가 챙겨서 결정해야 한다.

문의 위치나 크기가 정해지면 사전에 나무를 다 재단하기 때문에 만약 수정할려면 한군데만 고쳐서 되는 것이 아니다. 서로 맞물려 있기 때문이다. 고스란히 비용 증가가 일어난다. 그러므로 창문 위치나 크기는 안사람과도 충분히 상의하고 실제 크기를 종이로 오려서 느껴보아야 한다. 필자는 잠자는 안방 창문을 채광이나 환기 땜에 좀 넉넉하게 한다고 벽의 25%정도의 크기로 했는데 외풍이나 안정감을 고려할 때 좀 크다는 느낌이 들었다. 거실이나 주방은 창이 커도 되지만 방의 경우는 굳이 크게 할 필요가 없는 것 같다.

 그리고 하루의 고된 일이 끝나면 술 한 잔 나누면서 노고도 풀어주고 궁금한 사항에 대해 토의도 하는 것이 서로간의 정리에도 좋고 비용도 절감되는 길이다. 목수의 집이 먼 경우는 잠자리와 식사까지 해결해 줘야 하는 경우도 있다. 그래서 되도록이면 출퇴근 가능한 인근 지역의 사람을 쓰는 것이 비용 절약에 도움이 된다.

 새참과 점심은 대개 건축주가 해결해 줘야 한다. 새참은 하루 두 번인데 식사 시간 중간쯤 휴식을 겸해서 한다. 그런데 건축주도 지금은 집이 없는 상태라서 새참을 만들어 해주는 일도 쉬운 일이 아니다. 이런 부분도 새참은 목수들이 알아서 해결할 것인지, 건축주가 매일 해줘야 할 것인지 처음에 확실히 결정해 둬야 오해가 없다. 점심은 보통 인근 식당에서 고정으로 가서 먹으면 될 것이다.

 이렇게 세부적인 것까지 뒷말 없이 하는 게 좋긴 하지만 어디까지나 사람과의 관계이니 칼로 무 자르듯이 할 수는 없다. 건축주가 따질 것은 꼼꼼하게 따지더라도 한 번씩 치킨을 시켜서 격려해 주면 못 한번 박을 자리에 두 번 박아 튼튼하게 해주는 게 사람이다. 결국 하기 나름에 따라 원수가 되기도 가까운 사이가 되기도 한다.

현장에서 사용하는 단위에 대해 알아두자

목수와 얘길 하다보면 그 세계에서 사용하는 단위에 익숙하지 않아 혼선이 온다. 평, 치, 자, 재(일본식 발음으로 사이)등이 전에는 사용되었지만 지금은 공식적으로는 사용하지 않는다. 하지만 현장에서는 사용하는 수도 있으니 상식적으로 알아놓으면 좋을 것 같다.

한 치는 한 자의 십분의 일에 해당하는데 寸이라 한다. 손가락 한 마디에 해당한다. 한 자尺가 30.3cm이므로 30cm라 생각하고 한 치는 3cm로 보면 된다.

체적 단위

재는 길이의 단위가 아니라 체적 단위이다. 가로 세로 1치에다가 길이 12자의 체적이 한 재에 해당한다. 미터법으로 하면 $0.03 \times 0.03 \times 3.6 = 0.00324 m^3$이고 $1m^3$는 얼추 300재가 된다. 그러므로 미터단위로 입방미터를 구해다 300을 곱해주면 재가 나온다.

1입방미터라 함은 가로 세로 높이가 1미터 되는 통의 체적을 말한다. 일본식 말로는 루베라고도 한다. 포크레인의 크기를 말할 때 한 삽에 담는 흙의 양이 2m³, 2루베일 때 02라고 한다. 1제곱미터는 일본식으로는 헤베라고 한다. 일본단위를 배우라는 게 아니고 알고는 있어야 현장에서 바로 이해가 된다.

평방단위

1평은 3.3m²이다. 요즘은 공식적으로 평을 못쓰니까 평을 제곱미터로 바꿀려면 3.3을 곱하고 제곱미터를 평으로 바꾸려면 3.3을 나누면 된다. 그런데 3.3을 나누기가 쉽지 않기에 대충 3으로 나누고 그보다 조금 작다 생각하면 된다. 예를 들어 396m²는 3으로 나누어 132가 나오고 그러면 대충 120평 쯤인가 하면 된다.

목재를 살 때 가로가 6cm 세로가 9cm 길이가 3.6m라 하면 2치×3치×12자= 72/12= 6재가 된다. 제재소에 들어오는 원목은 대개 6자, 9자, 12자 기준으로 들어오기 때문에 본인이 7자가 필요하더라도 9자 목재를 사야 한다. 그리고 목재를 사서 잘라야 하는 경우에는 자르는 부분도 감안을 해야 한다. 톱날 자체의 자르는 폭이 있기에 정확하게 하려면 그만큼의 길이를 더해 주어야 한다. 그리고 12자가 넘는 목재는 별도로 주문을 해야 하고 비용은 많이 증가한다.

목재 소요량 예측

한옥을 지을 때 가장 비용이 많이 드는 항목이 목재비와 인건비다. 통상 목재비는 목재를 다듬을 때 들어가는 인건비와도 직결되기 때문에 목재 구입하는 수량이 중요하다. 목재는 체적을 나타내는 재才(사이)라는 단위로 판매되는데, 1재는 1치×1치×12자로서 대략 3cm×3cm×360cm에 해당하는 목재 체적이다. 일반인들에게는 감이 안 오는 낯선 용어이고 계산하기도 복잡하다. 그래도 목수와 꼼꼼하게 계산하고 따져서 소요량의 오차를 줄일 수 있도록 해야 한다.

기둥 두께에 따라 목재의 수량이 정해지고 기둥 두께는 벽의 두께에 따라 달라진다. 집의 배치도를 주면 기둥과 보, 도리의 갯수는 자동으로 나온다. 벽의 두께에 따른 기둥 두께를 상의하면 나머지 보와 도리의 두께도 나온다. 벽두께는 과거 대심을 하나 세웠을 때 대부분 3치 이내로 했다는데 일반적으로 요즘은 4치로 한다. 필자의 집에는 대심을 두 개 세워 5치로 하였고 그러다 보니 기둥이 굵어졌다.

지붕의 형태에 따라 목재량도 달라지는데 가장 단순한 사람 人자 맞배지붕과 초가지붕으로 많이 쓰이는 지붕면이 네 개인 우진각지붕이 있다. 팔작지붕은 일반 가정집에는 잘 안 쓰인다.

또한 서까래는 얼마나 낼 것인가, 덧서까래를 할 것인가도 정해 주어야 한다. 천장의 형태도 결정해야 한다. 일반적으로 절은 7량구조가 많고 옛날 가정집은 3량이었다. 량은 서까래를 받쳐주는 도리의 갯수에 따라 구분된다.

천장을 높이고 싶으면 5량 정도 해도 될듯하다. 이 부분은 본인이 해당 건축물을 직접 보고 결정한다. 필자는 다락방을 넣고 싶어 한쪽은 5량, 다른 한쪽은 7량으로 했다. 당연히 목재와 인건비는 추가되었다. 결국, 기둥두께, 설계도, 지붕 형태, 천장 형태, 서까래 간격, 길이 등을 정해주면 목수가 거의 정확하게 산출한다.

설계도가 정확하면 좋겠지만 한옥 설계를 정확히 하는 건축사무실이 흔치 않다. 어느 정도 이상의 오차는 책임지라라고 목수에게 다짐하면 큰 오차 없이 소요량을 산출할 것이다. 필자는 애초에 이 다짐을 하지 않았기에 결과적으로 상당량의 목재가 남았다. 목재 값뿐만 아니라 목재를 다듬는 인건비도 추가되었으니 비용이 이중으로 증가한 셈이다.

한옥 짓는 건축주들의 경우 이런 경험을 하는 일이 다반사다. 그래서 새로 지은 집들을 방문하여 건축 자재 남은 게 있는지 물어보아 활용하는 것도 한 가지 방법이다. 목재가 남은 사람 입장에서는 버리기도 아깝고 갖고 있자니 비설거지 등 관리도 힘들고 애물덩어리기에 누가 사겠다 하면 흔쾌히 응할 것이다. 말만 잘하면 공짜. 특히 오래 말려진 나무이기에 훨씬 좋다.

목재의 소요량은 건평 30평 기준으로 15,000재 정도다. 나무의 종류에 따라 비용은 크게 달라진다. 홍송은 말할 것도 없고 육송도 상당히 비싸다. 자금이 넉넉하면 당연히 홍송이 좋겠지만 비용 증가가 상당하다. 그 장점에 비해 비용이 과한 듯하다.

특히 길고 두꺼운 나무가 필요한 기둥이나 보, 도리인 경우 육송으로는 구하기도 어렵고 구해봐야 고가이다. 육송은 대부분 건조가 좋지 않은 일 년 남짓한 것들이어서 변형이 많을 소지가 있다. 필자의 경우, 서까래는 육송으로 하고 두꺼운 기둥이나 보, 도리는 하이다그라스로 시공했다. 가격도 저렴하고 무늬 좋고 변형도 적어 대만족이다. 대부분의 사람들에겐 홍송이라 해도 넘어갈 정도이다. 나무시장에 가서 바로 사는 경우도 있지만 이러저러한 나무와 가격대를 얘기하고 그런 나무가 들어오면 연락주라 하고 기다리면 좋은 나무를 좀더 싸게 구할 수도 있다. 물론 기간의 여유를 가져야 한다. 나무 선택에 많은 연구와 시장조사를 하면 경비가 상당히 절감될 것이다.

한옥의 원목 관리

한옥의 나무 기둥이나 툇마루 등 비가 들이치는 부분은 비로 인해 나무가 상할까봐 걱정하게 된다. 그래서 비에 젖지 않게 하려고 칠을 하는 경우가 많은데, 칠을 해서 얻는 이익보다 손해가 많다는 점을 유념해야 한다.

나무는 물기보다 통풍이 더 중요하다. 비에 좀 젖어도 통풍이 잘 되면 썩지 않는다. 물기를 피하기 위해 니스나 어설픈 칠을 하게 되면 통풍이 되지 않아 나무 속에서부터 썩는다. 항상 물기에 젖어 있는 상태가 아니라면 그냥 두는 편이 낫다.

오일스테인

꼭 칠하겠다면 오일 스테인을 칠한다. 오일 스테인이란 나무의 도장 마감을 할 때 칠하는 일종의 착색제다. 오일 스테인을 구입할 때도 주의해야 하는데, 착색만 되는 것이 있고 방부, 방수, 발수, 방충이 되는 제품이 따로 있다.

발수란 비나 물기가 닿았을 때 스며들지 않고 흘러내리도록 하는 기능인데, 아마인유를 포함하고 있어야 발수 기능이 첨가되므로 구입할 때 확인해야 한다. 그리고 오일 스테인류는 방부가 주목적이기 때문에 방수 기능은 미약하다. 특히 수평으로 누워있는 나무에는 스테인으로 방수를 기대하기는 힘들다. 방수 기능을 꼭 높이려고 한다면 나무에 샌딩을 하고 그 위에 우레탄 도료를 칠해야 확실하다. 대신 방수를 너무 완벽하게 하려다 보면 원목의 질감을 살려내기 어렵다는 점을 감안해야 한다.

식용유를 사용해 칠할 때는 식물씨에서 추출한 기름을 사용한다. 포도씨나 해바라기씨 등이 대표적이다. 칠할 때는 팔팔 끓여 식힌 뒤 칠해야 나무 깊숙이 스며든다. 붓으로 칠하면 마른 후 끈적끈적하기 때문에 마른 헝겊에 적셔 닦아내듯이 바르는 것이 올바른 방법이다.

그리고 유의할 점으로, 다음 해에 덧칠할 경우에는 처음 사용했던 것과 같은 소재로 칠해야 한다. 다른 소재를 칠하려면 샌딩기로 벗겨내고 작업해야 한다. 그렇지 않으면 칠이 먹혀들지 않아 끈적끈적하게 된다.

목재는 어떤 나무냐에 따라 밀도가 다 다르다. 밀도가 성글다는 것은 나이테가 듬성듬성하고 조직이 치밀하지 못하다는 것인데, 밀도가 성글면 습이 많이 배이고 곰팡이도 핀다. 그리고 가볍다. 미송일 경우 그럴 가능성이 높다. 이런 나무는 특히 외벽의 창호로 사용하면 안 된다.

미송과 홍송

필자의 경우, 처음에 문을 짜는 분께 미송과 홍송의 차이를 물었더니 색깔의 차이라 해서, 색깔이야 칠을 해서 바꾸면 되니 굳이 두 배의 비용을 들여 홍송을 사용할 필요가 없다고 판단했다. 그래서 미송을 사용한 것인데 지나고 보니 그런 차이가 아니었다. 곰팡이 문제뿐만이 아니라 장마철엔 나무가 팽창하여 문이 잘 닫히지 않는다. 따라서 바깥으로 난 문일 경우에는 비싸더라도 조직이 단단한 나무를 사용하길 권한다.

비싸도 너무 비싼 측량비

건축허가가 떨어지면 바로 공사를 할 수 있는 게 아니다. 농지나 임야를 대지로 전용하려면 그 면적만큼 분할을 해야 하고 분할을 하려면 측량을 해야 한다.

경계측량은 자기 땅의 경계(시골에선 거의 옛날경계, 즉 돌이나 나무를 기준으로 하였기에 도면과 오차가 있을 수 있다)를 정확히 알기 위해 필요할 때 하지만 분할측량은 허가를 위해 필수적으로 해야 한다.

이중으로 측량을 하다 보니 측량비가 장난이 아니다. 측량비 산정은 대개 넓이에 따라 비용이 결정되기에 말뚝을 몇 개 박던 상관없다. 극단적으로 10분 만에 말뚝 두 개 박고선 사십만 원 내라 한다. 300평 정도는 통상 오십만 원. 한 시간 정도 측량하고선 기십만 원이 후딱 나간다. 측량을 처음 하다보니 얼떨결에 지불하지만 곰곰이 따져보면 과도하게 비싸다.

작은 땅을 측량

경계측량 할 땅이 넓은 경우는 그 옆의 작은 땅을 측량하는 게 낫다. 측량비가 너무 비싸 관계기관에 탄원서를 냈는데 검토하여 현실화하겠다고 답변은 하더니만 그 후속조치는 함흥차사다. 측량을 대개 한두 번 하고 끝나니깐 지속적으로 관심을 가지는 사람이 없다보니 해당기관도 얼렁뚱땅 넘어가는 것 같다.

통상 하루 8시간 일하는 일일용역 8만 원, 준전문가 10만 원, 전문가 13만 원, 최고 전문가 15만 원이라고 하는데, 측량기사 두 명이 한 시간 정도 일하고선 오십만 원, 육십만 원이다. 너무 심한 것 같아 억울하기도 하고 사기 당한 것 같은 기분이 든다.

어쨌든, 측량은 꼭 필요한 것만 모아서 하고 작은 덩어리를 요령껏 해서 비용 줄이고 관계기관에 현실화될 수 있도록 탄원하든가 측량회사를 추가로 설립하도록 국민의 뜻을 모으든가 해야 할 것이다. 현재의 비용은 독점에 심한 바가지 요금이다. 측량점은 되도록 훼손시키지 말고 오랫동안 알 수 있도록 보존하는 것이 좋다.

굴삭기, 알고 이용해야 큰돈이 안 나간다

　굴삭기는 용도가 매우 많은 장비다. 집 짓기 전 터파기, 석축 공사, 황토 비비기, 마당 다지기, 고르기 등 그 용도가 다양하기 때문에 필수적으로 사용해야 하는데, 그만큼 하루 사용하는 비용도 비싸다. 그리고 굴삭기도 여러 종류가 있기 때문에 어떤 굴삭기를 선택하고 운용하느냐가 비용절감에서 큰 부분을 차지한다. 굴삭기는 개인이 소유하기 어려운 장비라서 더욱 그렇다.

　흙의 운반량이 많다거나 큰 돌이 있을 경우에는 중형(06)을 선택하고 그렇지 않을 경우엔 소형(02)을 선택한다. 제조사마다 굴삭기의 종류와 용량이 다양하지만, 산업용이 아닌 가정집에 사용되는 종류로는 02와 06가 일반적이다. 02는 굴삭기 바가지로 한 번에 담을 수 있는 흙의 양이 .2세제곱미터(루베) 정도다. 물론 굴삭기 용량에 따라 하루 사용하는 비용도 달라진다.

석축 쌓기

석축을 쌓거나 조경석을 쌓을 때는 돌을 다루어 본 경험이 풍부한 사람을 불러야 한다. 그렇지 않으면 돌을 맞추지 못해 진도는 생각보다 훨씬 늦다. 장비기사는 열심히 하지만 면 고르기나 방향 선택이 서투르면 시간이 두 배 이상 들고 따라서 비용은 증가한다. 하루 사용료가 35만원에서 50만 원이다. 그래서 장비를 부르기 전에 건축주 입장에서 어떤 일을 어떻게 할 것인지를 충분히 구상해 두어야 한다. 석축을 쌓다가 마음이 바뀌어 재공사를 할 경우가 허다하다.

필자는 뒷담을 쌓을 때, 처음에는 일자형으로 쌓았다가 조경업자의 조언을 들어 조경식으로 다시 쌓았다. 공사를 마친 후 집사람에게 보여줬더니 위에서 누군가 내려올 것 같아 불안하다고 해서, 다시 일자형 석축으로 쌓았다. 정답이 있는 것은 물론 아니지만 사전에 충분히 의견이 조율되어야 재공사의 낭비가 없다는 점을 유념해야 한다. 반복하여 깊이 생각하고 의견 청취를 충분히 한다면, 그만큼 오차 범위가 적어지는 법이다.

그리고 공사를 맡길 때 작업자에게 대충 개괄적인 얘기만 해두고 맡겨버리면 착오가 생길 수 있다. 서로가 생각하는 그림이 다를 수 있기 때문이다. 따라서 주인이 일일이 붙어서 자신이 원하는 그림이 나올 수 있도록 지시하고 감독하는 편이 낫다.

굴삭기 기사 혼자서는 못하고 석축 쌓는면을 봐주는 사람이 있어야 한다는 기사도 있다. 그러면 면을 봐주는 사람의 인건비가 다시 추가된다. 그래서 혼자서도 면을 충분히 맞추는 노련한 기사를 구하는 게 좋고, 그 경우에는 건축주가 도와주어야 원하는 결과를 내며 신속히 작업을 끝낼 수 있다. 돌 받쳐주는 일도 해야하기 때문이다. 돌을 다룰 때는 굴삭기의 바가지 대신 집게(일명 딱따구리)가 아주 좋다.

  결론적으로 장비를 선택할 때는 기사의 성실도(건축주의 지시를 그대로 이행하는), 실력(경력), 집게, 브레이크(돌깨는 장비), 채바가지(잔돌 고르는 장비), 로프(무거운 돌 놓을때 쓰임)등을 구비해서 불러야 한다. 그러려면 주변의 평판을 들어보고 사전에 장비 요구를 해야 한다. 필자의 경우 시행착오만 없었다면 장비 비용에서만 천만원 정도는 줄일 수 있었을 것이라 생각한다.

구들방, 처음 만들 때 잘 만들자

구들방은 시골의 정취를 몸으로 느낄 수 있는 공간이다. 한옥의 구조도 구들방을 기본으로 하고 있다. 시골에 내려와 집을 짓는 사람이라면 본채가 되었든 사랑채가 되었든 구들방 하나 정도는 꼭 만드는 것이 좋다.

구들방의 중요한 요소는 방고래 위에 깔아놓을 넓직한 돌, 즉 구들장인데 굳이 전통 방식의 구들장을 고집할 필요는 없다. 필자의 경우 인근의 150년 전에 지은 대가집을 헐 때 나온 구들장을 미리 봐두었다가 사왔는데 결과적으로 실패했다. 놓기도 어렵고 하자도 많고 쉽게 깨졌다. 요즘 백두산에서 채취해 중국을 통해 들여온다고 하는 수입산 구들장이 오히려 낫다. 사랑채는 수입산으로 깔아 성공했다.

구들방에 흙을 깔 때는 시간을 갖고 충분히 말려야 한다. 흙을 다질 때도 단번에 하려고 하지 말고 켜켜이 다지는 것이 좋다. 불을 지피면 흙의 틈 사이로 연기로 올라오는데, 이것을 메우고 다져 말리는 과정을

구들 놓기

여러 번 반복하며 완성해야 한다. 그래서 시간을 갖고 충분히 다지면서 말리라는 것이다. 그렇지 않고 급한 마음으로 한꺼번에 완성시키면 나중에 다시 뜯어내고 재공사해야 할 상황이 벌어진다.

  유의할 점이 하나 있는데, 구들방엔 숯을 깔지 말아야 한다. 숯은 단열성이 있기 때문에 난방 효과를 떨어뜨린다. 불목돌, 즉 아궁이에 가까운 아랫목 부분의 돌은 두꺼운 것으로 깔아야 한다. 그렇지 않으면 강한 화기 때문에 내려앉을 수 있다.

  아궁이의 입구, 즉 사람이 앉아 불을 땔 때는 자리는 주변보다 낮아서 물이 고이기 쉽다. 때문에 이 주변에는 굴삭기 작업을 할 때 미리 파주고 그 안에 돌을 묻어 덮어주어야 한다. 나중에라도 흘러들 수 있는 물이 아래로 쉽게 내려갈 수 있도록 하기 위해서다.

굴뚝은 통상적으로 지붕 높이보다 약간 높게 하고, 연기의 배기를 원활하게 하고 그을음이 배이지 않도록 팬을 설치하는 것이 좋다. 팬은 철물점에서 구입하면 되고 어려운 작업이 아니니 직접 설치하면 된다.

아궁이가 충분히 데워지기 전에는 연기가 역류하여 나오기 때문에 팬을 잠시 돌려 연기를 빼주면 된다. 연기는 따뜻한 공기를 따라 흐르는 만큼, 불을 피우기 전에는 고래가 차가워 연기가 아궁이 쪽으로 흐른다는 원리를 이해하면 될 것이다.

굴뚝을 만들 때는 그을음을 간간이 제거해야 한다는 점을 감안하여 청소용 문을 만들어 주어야 한다. 연통은 금속제와 플라스틱제가 있는데 플라스틱 종류에는 그을음이 많이 붙어 청소문이 없으면 몇 년이 지났을 때 굴뚝을 부수고 다시 만들어야 할 경우도 있다.

구들방의 장점은 오래 뜨끈한 온기를 전해준다는 점이다. 구들장과 그 위에 깔린 흙의 두께가 지속되는 시간을 결정한다. 흙이 두터우면 데우는 데 오래 걸리지만 한 번 데워지면 오래 가고, 얇으면 빨리 데워지는 대신 빨리 식는다. 그러므로 손님이 자주 오는 방은 얇게 하고, 늘 생활하는 방은 두텁게 하는 게 방법이다.

필자의 방은 평균 한 자(아랫목은 두 자, 윗목은 한 자)가 넘는 두께인데 따뜻해지는 데 열 시간은 걸리는 것 같다. 대신 한 번 데워지면 그 온기가 이삼일은 족히 간다. 일 년 정도 불을 때면 흙의 습한 성분이 다 마르므로 데우는 데 걸리는 시간이 많이 줄어든다. 따뜻함이 요구되는 겨울에는 매일 조금씩 불을 지펴주고, 구들방에는 이불을 펴놓아야 바닥이 따뜻하게 유지된다.

구들방 이용 시 조심해야 할 것이 있다. 흙은 마르면서 줄어들기에 방바닥에 틈새가 있기 마련이다. 따라서 연기가 새어 올라온다. 불이 지펴진 상태나 불씨가 있는 상태에서 즉, 연기가 올라오는 상태에서 잠이 들면 큰일 난다. 나무에서 독가스가 올라온다기 보다 그냥 연기라도 그게 방안에 가득 차면 사람을 질식시킬 수 있기 때문이다. 특히 일반 단열재를 사용한 벽체이면 더욱 심하다. 그러므로 군불은 오전에 끝내야 한다. 즉, 오전에 불을 지펴 저녁에 따뜻해지고 다음 날 아침까지 온기가 유지되도록 한다. 거기에 걸맞은 방바닥의 두께는 20~25센티 정도면 적당할 거라 생각된다.

> **Tip** 바닥 난방 공사
>
> 난방은 크게 구들, 물 난방, 발열 난방이 있는 것 같다. 물을 데우는 방법으로는 기름, 전기, 태양열, 연탄, 우드펠릿, 화목 등등이 있다. 발열 난방은 발열선을 깔고 그 위에 자갈을 깔아 자갈을 데워 난방하는 것이다. 데우는 데 시간이 걸리지만 데워지고 나면 오래 간다. 정부의 방침은 심야전기를 줄이고 태양, 바람, 물 등을 이용한 전

기들인데 사용하는 입장에선 아직 열효율이 미진하다. 보조난방 수준이다. 하지만 점차 효율이 높아져 훌륭한 난방이 될 것이다.

엑셀파이프나 pvc파이프는 햇빛에 노출되면 쉽게 망가진다. 보관 시에는 절대 노출시키지 않아야 한다.

바닥 공사 시에 바닥 단열도 중요하다. 난방비를 줄일 수 있기 때문이다. 밑으로 방출되는 열을 잡아주는 것이다. 필자는 황토로 다지고 숯을 깐 뒤, 다시 황토를 깔고 비닐을 덮고 자갈을 깔고 난방열선을 깔고 자갈을 깔고 황토로 마감을 했다. 편리하게 하려면 숯 대신 아이소핑크(압출 발포 폴리스티렌)등을 깔면 간편하고 저렴하다. 바닥 단열을 잘 해놓으면 한번 난방으로 오래 가기에 중요한 사항이다.

관 연결하기는 직접 할 수 있다

집에서 나오는 오폐수관을 기존 관으로 연결해야 하는데, 이 부분은 관에서 지원해 주지 않는다. 마을 전체가 동시에 할 때는 기반시설이므로 해주지만 귀농자 한 개인의 집일 경우 따로 예산을 책정하여 해 줄 수 없기 때문이다.

내 집에서 길까지 연결하는 것은 내 몫이라 하더라도, 아랫집에서 길 따라 우리 집 앞의 길까지 연결하는 부분도 처음에는 해주지 않는다고 했다. 우여곡절 끝에 그 부분은 지원을 받았다. 길에서 집까지의 거리는 30미터 정도인데, 전문 설치 기사에게 의뢰했더니 삼백만 원을 달라 한다. 너무 비싼 것 같아 집의 설비공사를 하던 기사에게 물었더니 백만 원에 해주겠다고 한다.

관 연결

가스총

그렇게 공사를 시켰는데, 막상 관을 묻을 때 보니 별 특별한 것이 아니었다. 그냥 관 두 개 갖다 대놓고 이음포를 두르고 볼트로 조이기만 하면 된다. 방향이 틀어지는 문제는 90도나 45도짜리 이음관을 대고 처리하면 된다. TV의 리모콘 조작법 배우는 것보다 훨씬 쉬울 정도다.

그래서 두 번째 설치할 때는 내가 직접 했다. 마당을 좀 더 파내려야 했기에 다시 파내고 공사를 한 것이다. 이번에는 볼트로 조이는 게 아니라 가스총으로 굽는 것이었는데, 오히려 더 쉬웠다. 관을 비슷하게 갖다 대고 이음포 두르고 토치로 불을 뿜어 구우니 이음포가 줄어들며 꽉 조여졌다. 나름 재미도 있고, 재료비로 삼십만 원밖에 들지 않았다.

구배 관리

관을 연결할 때 주의할 점은 경사를 잘 유지해야 하고 관이 깨지지 않도록 깊이나 위치를 잘 조정해야 한다는 점이다. 위로 무거운 것이 지나가도 상관없도록 하기 위해 관 옆으로는 돌을 세우고 관 위아래에는 부드러운 흙이나 모래로 채운다. 관의 윗부분이 깨져 틈이 생기면 지네가 관을 타고 화장실로 올라올 수 있고 이물질이 쌓여 막힌다.

관을 묻을 통로는 미리 파놓아야 하는데 굴삭기 작업이 있을 때 해놓는 것이 좋다. 처음 설비기사에게 관 연결 작업을 의뢰했을 때도 통로는 미리 파두었다. 오폐수관은 심한 악취가 날 수 있으므로, 냄새 방지를 위해 집수정이나 U트랩을 설치해 줘야 한다. 그 외에도 냄새 역류방지 제품들이 있으니 적당한 것을 골라 필히 설치해 준다.

엑셀관 연결

난방용 엑셀관을 시공할 때도 몽키스패너만 있으면 쉽게 연결할 수 있다. 지름이 맞는 크기의 관과 연결쇠(직선, 직각)만 구입하면 된다. 주의할 점은 이음관에  닿는 엑셀면이 평평해야 물이 새어나오지 않는다. 그러니 잘 드는 칼로 자르든가 갈아서 평평하게 한다. 작두가 있으면 쉽게 자를 수 있다. 엑셀관을 묻을 때는 얼지 않도록 보온재를 반드시 함께 묻어줘야 한다.

 설비 배관은 철저하게

벽체에 수도 배관시 결로현상이 생겨 벽이 항상 축축하게 젖어 바스러진다. 따라서 보온재를 입혀주어야 한다. 또 다른 방법은 아예 노출시키는 방법도 있다. 불편한 점도 있지만 하자 발생시 보수가 수월한 장점도 있다. 돈이 좀 들어도 확실하게 하려면 pip 이중배관을 한다. 이것은 큰 배관 속에 작은 진짜 배관이 있는 것으로 복층유리 개념이다. 목조주택인 경우 결로가 생기면 썩어 들어간다. 나중에 고치기 어려운 일이므로 명심해야 할 사항이다.

황토의 갈라짐을 방지하려면

황토는 습도를 조절하고 실내의 냄새를 제거하며, 원적외선이 방출되어 건강상의 효과가 있는 등 많은 장점이 있지만 관리하기가 어렵다. 황토는 돌이나 나무 등 어떤 것과도 잘 붙지 않고 수분이 건조되면서 부피가 줄어 갈라진다는 문제가 생긴다.

황토의 갈라짐을 방지하기 위해 옛날에는 우뭇가사리, 수사(水瀉, 소귀나물), 찹쌀 등을 함께 반죽하여 발라주었다. 물론 지금도 좋은 방법이지만 많은 사람들이 다양한 방법을 강구하고 있다. 닥나무 섬유나 짚(많이 넣을수록 안 갈라짐)을 넣기도 하고, 철망을 깔고 바르기도 한다. 짚의 경우 재래적으로 많이 사용해 왔는데 곰팡이가 생길 수 있다는 점 정도는 미리 알아 두어야 한다.

황토 모르타르

황토의 마감 미장 시 최근에는 대부분 황토 모르타르를 사용한다. 황토 모르타르는 그 재료에 따라 가격도 색깔도 다양하다. 인터넷으로 검색해서 본인 취향에 맞는 것으로 선택하면 된다.

황토 모르타르의 일반적인 색깔은 붉은 색이거나 진노랑 색이다. 흙색으로 바꾸려면 여기에 검정 색소를 조금 타면 된다. 필자는 숯물을 탔는데, 간단하게 하려면 먹물을 타도 된다. 한꺼번에 많이 만들지 말고 조금 만들어 발라본 뒤 조절하여 결정한 뒤 바른다. 마른 후의 색상을 봐야한다.

모르타르를 사용하지 않고 하는 방법도 있다. 황토와 모래를 1:1.2 정도의 비율로 섞어 바른 후 어느 정도 마르면 넓은 붓으로 물칠을 한다. 그러면 흙이 씻겨서 갈라진 부분으로 들어가 메워지고 모래 부분이 드러나게 된다. 이 작업을 몇 차례 해주면 황토의 갈라짐도 해결되고 흙이 옷에 묻지도 않는다. 대신 이 작업을 하려면 상당한 시간이 소요된다. 물론 세월이 지나면 또 갈라진다.

필자는 사랑채 벽에는 순수하게 흙으로만 대충 투박하게 떡칠하듯 붓질을 했고, 본채의 벽은 댓살을 이중으로 친 후 황토를 넣고 황토 모르타르로 마감 미장을 했다. 마감 미장은 전문가가 아니면 매끈한 면을 내기가 어렵다. 초보자가 면을 매끈하게 할 수 있는 방법은 미장을 마친 후 굳기 전에 물 묻은 붓솔로 문질러 주는 방법이다.

순수한 황토인 경우 세월이 지나면 갈라짐이 생기고 틈이 벌어지는 것은 어쩔 수 없다. 황토가 좋은 줄은 알지만 이런 문제가 있기에 최근에는 화학 첨가물을 혼합시켜 이를 방지하려는 제품들이 나와 있다. 하지만 그 첨가물들이 결국은 몸에 좋을 수 없는 것들이라는 게 필자의 생각이다.

우리 재래의 전통적 방식은 댓살을 엮고 짚을 버무려 벽을 쌓는 방법이었다. 댓살이 흙을 잡아주기에 심하게 갈라지는 현상을 어느 정도 저지해 준다. 필자의 본채 방 역시 앞서 말했듯 댓살을 이중으로 쳤다. 그러고 나서 황토 모르타르로 마감 미장을 한 것이다. 이렇게 하면 표면에 금이 조금 생기는 건 어쩔 수 없지만 속까지 갈라지는 일은 생기지 않는다.

지인과 흙벽 작업

외풍 잡기

 전통 한옥이나 일반적인 시골집의 경우 외풍이라는 문제가 있다. 집을 다 지은 뒤 외풍을 잡으려면 그만큼 힘들고 시간도 많이 든다. 완전히 잡기도 어렵다. 외풍이 생기는 가장 큰 원인은 나무와 흙의 수분이 마르면서 미세한 틈들이 벌어지기 때문이다. 물론 단열의 문제도 있다. 애초부터 바싹 마른 나무를 사용하면 어느 정도 예방되지만 단가가 높아진다. 스팀으로 찐 목재 또한 그만큼 비싸다. 그리고 아무리 마른 나무라 해도 시간이 흐르면 줄어들게 마련이다.
 집 지을 때 미리 감안해서 대비하면 비교적 손쉽게 외풍을 줄일 수 있다. 아래는 필자가 사용했던 방법들이다. 참조하면 활용할 내용들이 있을 것이다.
 첫째, 나무와 나무가 포개지는 부분에는 애초부터 솜이나 실리콘 등을 대고 포개준다.
 둘째, 나무와 흙이 접하는 부분에는 나무에 홈을 파든지 쫄대를 대준다. 나무와 쫄대 사이에 틈이 생길 수 있기에 홈을 파주는 방법이 더 효과적이다.

셋째, 한옥 창호인 경우 미닫이문은 외풍 차단이 어렵기에, 바깥의 문은 여닫이문으로 해야 하며, 이 때 문 안쪽으로 쫄대를 대 준다. 쫄대는 폭을 좁게 하거나 턱까지 넓게 하는 방법이 있으니 선택하면 되고, 넓게 하면 보기는 좋은데 비용이 추가된다.

넷째, 서까래가 제일 문제인데, 초벌 흙을 바른 후 충분히 말려 틈이 벌어지면 흙으로 또 메워야 한다. 여의치 않을 때는 철물점에서 폼을 구입하여 마감 미장을 한다. 미장하는 사람의 세밀함이 필요하다.

다섯째, 단열에 신경 써서 시공해야 한다.

미닫이와 여닫이

바람 새는 곳이 없어도 겨울엔 벽을 통해 한기가 전해온다. 바람이 새는 듯한 느낌이다. 단열이 안 되기 때문이다. 벽을 두껍게 하면 도움이 되지만 투입한 비용에 비하면 효과는 크지 않은 편이다. 벽에 단열재를 넣으면 간단하지만 그러면 죽은 벽체가 된다.

숯 단열

숨을 쉬면서 단열도 되는 방법이 없을까? 단열은 공기층이 많으면 효과적이다. 이 때 활용할 수 있는 소재가 숯이다. 벽의 중간에 숯층을 만들어 주면 단열과 제습 탈취 등 다양한 효과가 있다. 숯가마에 부숴진 숯을 주문하여 가져온 뒤, 숯가루를 벽체 가운데 넣어 숯층을 만든다. 지역에 따라 다르지만 한 가마에 15,000원 정도의 저렴한 가격에 살 수 있다. 왕겨숯으로 단열을 할 수도 있지만 구하기도 만들기도 어렵다. 단열성으로만 보면 ALC 및 스티로폼, 코르크, 유리섬유, 친환경소재인 아이소핑크 등이 있지만 종합적으로 생각할 땐 숯층을 만드는 것이 좋을 것 같다.

앞에서 외풍의 방비에 대한 측면만을 얘기했는데, 사실 외풍이 나쁜 것만은 아니다. 단열만이 목적이라면 단열재나 시스템창호로 완벽하게 단열할 수 있지만 이 경우 환기가 문제가 된다.

주방에서 요리할 때 후드를 작동시켜 틀어도 급기가 불량하면 배기 또한 어렵다. 완전히 밀폐되고 차폐된 공간에서 생선을 굽거나 삼겹살을 구우면 그 오염이 심각하다. 폐암 여성 환자들의 과반수가 비흡연자라고 하는데, 요리할 때 나오는 유독가스로 인해 폐암 발생율이 높아진 것이라고 한다. 그만큼 요리할 때 환기가 중요하다.

단열재로 완벽히 차단하여 시공한 경우에는 외풍이 없기에 후드를 틀었을 때 급기를 위해 창문을 열어줘야 한다. 그것도 후드 가까이에 있는 창문을 열어야 한다. 한옥의 창은 한지문이고 단열재도 자연소재로 했을 경우에는 곳곳에서 급기가 이루어지는 것이니 자연스럽게 환기가 된다.

필자의 경우 벽에 댓살을 이중으로 치고 숯 섞은 황토를 사이에 넣고 양쪽에서 벽치기를 해서 15cm 두께로 벽을 만들었다. 그래도 추운 날에는 외풍이 있다. 아예 숯만으로 가운데를 채우면 단열 효과는 더욱 높아졌을 것 같다는 생각도 든다. 하지만 외풍을 완벽히 차단하는 방법보다는 적당히 허용하는 것이 건강을 위해서는 좋다.

아파트에서만 살던 사람에게는 외풍이 처음엔 익숙하진 않다. 하지만 시간이 지나면 외풍이 좀 있더라도 항상 환기가 제대로 되는 환경이 답답함도 없고 건강에도 좋다는 걸 느낄 것이다. 필자가 간혹 도시의 아파트에 가면 그 답답함이 피부로 바로 느껴진다. 실내에서 옷을 좀 두텁게 입고 적응하면 외풍은 오히려 반길 일이다. 모름지기 여름에는 좀 덥게 살고 겨울에는 좀 춥게 살아야 하듯, 바깥 환경과 완전히 차단된 실내공기는 결코 좋을 리가 없는 법이다.

차단 비용을 절약하려면 집 전체에 차단재를 사용하지 않고 침실이나 거실 등 필요한 벽체에만 차단재를 설치하는 것도 방법이다.

 한지 방충문

한지문은 이중으로 하는데 방충문까지 하면 삼중문이 된다. 문값도 늘어나고 문틀도 넓어진다. 그래서 저자는 안쪽문의 바깥 면에 방충망을 붙였다. 문 하나를 줄인 셈이다. 겨울엔 한지를 바르고 여름엔 한지를 떼어내어 방충문으로 사용한다.

하방 쌓기

하방下枋이란 말 그대로 하면 아래쪽 인방引枋이란 뜻인데, 인방은 창이나 출입구 등 벽면 아래쪽에 상부의 하중을 견디도록 가로지르는 나무를 뜻한다. 하방을 쌓는다 함은 그 인방의 아래 부분에 돌이나 흙으로 쌓아 다져주는 작업이다. 표준어로는 하인방下引枋인데, 현장에서는 보통 하방으로 쓰인다.

돌과 흙으로 하방을 쌓을 때는 주의할 점이 있다. 우선 잔돌이 많으면 보기 싫다. 그래서 돌과 돌 사이에 소위 메지(벽돌이나 돌 사이 줄눈

마감의 일본말)를 넣어 보기 좋게 하는데, 최소한 사람의 머리통 정도의 크기가 되어야 보기에 좋다.

석공이 작업할 때 돌 사이의 틈 메우기를 그다지 꼼꼼히 하지 않는다. 물론 작업일수를 늘려 세심하게 작업해 줄 것을 요구하면 되겠지만, 이 정도는 건축주가 오히려 더 꼼꼼하게 할 수 있는 것이니 직접 옆에 붙어 같이 작업하는 편이 좋다. 돌 사이의 틈 메우기에 신경 써야 하는 것은 틈새가 있을 경우 벌레나 외풍이 생기기 때문이다.

하방은 비가 들이치는 부분이라 순수한 황토만으로 메지하면 흘러내리게 된다. 그렇다고 시멘트로 시공하면 미관상 좋지 않으니 피해야 하고, 취향에 따라 하얀 석회를 사용할 수도 있다. 흙의 컨셉을 유지하려면 황토 모르타르와 시멘트를 섞으면 된다.

엑셀관 보온재 사용

하방 안벽에는 싱크대로 연결되는 엑셀관이 붙어 올라가는데, 이 때 보온재를 잊고 깜빡하면 엑셀관에 찬물이 지나면서 결로현상이 생겨 물이 배이고 인근 하방이 항상

숯 깔기

축축하다가 흙이 떨어져 내린다. 주의해야 할 점이다. 그리고 하방으로 사용하는 돌은 부숴지지 않는 단단한 돌로 해야 한다. 약한 돌은 표면이 가루처럼 자꾸 떨어져 내린다.

액셀관에 보온재를 안입혀 지금 젖은 부분의 흙이 바스라짐

> **Tip 일반 건축물의 기초공사**
>
> - 기초공사의 공법 : 한옥이 아닌 최근의 건축방법으로 철근콘크리트조, 경량 목구조, ALC구조 등을 많이 선택된다. 어느 방법이든 기초의 방식은 줄기초, 매트기초 둘 중 하나를 선택하는 것 같다. 둘 중 어느 것을 선택할 것인가는 대지의 토질과 형성 과정을 검토해야 하고, 건축물의 구조도 관련이 있다. 기초는 다시 할 수 없고, 향후 부동침하 등의 하자를 생각하여 건축사의 자문을 받는 것이 가장 확실할 것이다.
> - 전기와 설비 공사의 연계 : 기초 공사를 할 때, 외부와 내부의 연결을 하는 전기, 상하수도, 정화조 등을 같이 공사해야 한다. 따라서 직영공사인 경우 각 부문별 공사 업체에 연락하여 같이 시공할 수 있도록 조치를 하여야 한다.
> - 향후 골조공사와의 관계 : 기초공사의 주요 하자는 바로 나타나지 않지만, 거의 항상 나타나는 문제는 수직과 수평의 문제이다. 향후 골조의 시공 편의성, 하자 발생을 좌우하는 문제로서 건축주가 기초공사를 할 때 지속적 점검을 해야한다.

장판 깔기

황토 바닥일 경우 장판은 최대한 천천히 까는 게 좋다. 황토는 상당 기간 많은 습기를 함유하고 있기 때문에 완전히 말린다는 것은 불가능하다. 습기가 배어 있는 상태에서 장판을 깔면 밀착도가 떨어지고 고르게 되지 않는다. 숨을 쉰다는 100% 국산 닥나무 장판으로 시공한다 해도 피할 수 없다. 그래서 황토가 최대한 많이 건조될 때까지 기다려 늦게 장판을 깔라는 것이다.

장판 시공 순서

장판을 까는 순서의 첫 번째는 균열 방지 조치를 취하는 일이다. 균열 방지 기술로는 망 넣기, 해초풀 넣기, 켜켜이 다지기, 종이풀 넣기 등등의 방법이 있다. 이런 조치를 취한 뒤 바닥 미장을 한 후 자연건조로 며칠 간 말렸다가 약한 난방으로 서서히 말리고 그 다음부터 본격적으로 매일 난방을 해준다. 급하게 온도를 올려 난방을 하면 쩍쩍 갈라진다.

둘째, 균열이 가면 다양한 소재로 틈새를 메워준다. 마른황토, 찹쌀풀, 내열실리콘 등등의 재료가 있다.

셋째, 초배지를 바르고 대자리(대나무 자리)를 깐 뒤 생활한다. 방에 꼭 맞는 크기의 대자리를 구하려면 별도 제작을 해야 하기 때문에 비싸다. 기성품 중에서 몇 개를 구입해 겹쳐 깔아 사용하면 된다.

넷째, 최소 1년 이상의 충분한 시간이 흐른 후 초배지를 떼내고 그 사이 발생한 균열을 메운 뒤 다시 초배를 하고 장판을 깔아준다. 황토 표면에는 흙알갱이들이 있어 초배지가 잘 붙지 않는데, 부스러기 흙들을 잘 쓸어내고 찹쌀풀을 묽게 끓여 드문드문 도포한 후 붙이면 잘 붙는다.

다섯째, 취향에 따라 콩댐을 한다. 콩댐이란 생콩을 물에 불려 간 뒤에 장판 위에 여러 차례 덧발라서 물기가 스며들지 않게 하는 것을 말한다. 방법은 메주 생콩을 하루 정도 불린 후 믹서기에 갈아 광목 주머니에 넣어 장판에 두들기면 된다. 이 때, 주머니 입구를 잘 묶어 새어나오지 않게 한다. 콩댐은 많이 할수록 색깔이 좋아지므로 최소한 다섯 번 이상 해 준다. 콩댐을 할 때 처음부터 들기름을 섞어 초벌 바르기를 하는 경우도 있다.

물론 장판 깔기 전에 긴 시간을 두고 바닥을 켜켜이 다지는 것이 기본이다. 황토를 다질 때 벌레나 개미 등 곤충의 침입을 막으려 소금을 뿌리는 경우가 있다. 물론 그 효과는 있겠지만 그로 인해 습이 생겨 바닥이 축축해져 곰팡이가 생길 수 있다. 여러 해 건조된 소금이 아니라면 간수가 들어 있어 계속 물이 흘러나오기 때문이다.

 벽 도배시 주의사항

벽지를 바를 땐 흙벽과 나무를 연결해서 나무의 일부를 잠식해서 바른다. 1년 정도 지나면 흙벽은 틈새가 벌어지기에 덮어버려야 외풍이나 벌레가 없다.

지붕 시공하기

양옥으로 집을 지을 경우 지붕은 대부분 아스팔트 슁글을 사용한다. 아스팔트 슁글은 특수 아스팔트 사이에 강한 유리섬유를 넣어 만든 지붕재인데, 자재가 가볍고 시공이 쉽고 저렴하고 색깔도 다양하고 깔끔해 보여 장점이 많다. 10년 정도 지나면 떨어지기도 한다는데 대개의 다른 지붕도 그 정도의 하자는 있다. 슁글은 단열이 문제인데 그 부분만 신경 써서 시공해 주면 된다.

지붕재

한옥 지붕의 경우 지붕재로는 기와를 비롯하여 너와, 굴피, 초가, 이미테이션 초가, 돌판 등을 사용한다. 기와에는 토기와, 양기와(시멘트 기와), 강판기와 등이 있다. 필자의 본채 지붕 면적이 60평 정도 되는데, 토기와로는 3천만 원, 양기와로는 850만 원 정도의 견적이 나와 형편상 양기와로 시공했다.

토기와 지붕과 양기와 지붕이 붙어 있으면 둘 사이의 차이가 좀 나지만, 양기와 지붕만 있을 때는 미관상 큰 차이가 없다. 강판기와의 경우에는 차이가 바로 느껴진다. 강판기와는 좀 가벼워 보이지만 저렴하고 유지비용 적고 시공이 간단하다. 토기와는 여름에 뜨거우면 터져 갈라질 수 있고, 양기와는 5년 정도 지나면 색이 바래 칠을 다시 뿌려줘야 한다.

방수 처리

어떤 종류의 지붕을 선택하든 방수시트를 깔아주어야 한다. 때문에 기와지붕이라서 특별히 비새는 걱정을 할 필요는 없다. 기와 지붕은 이음새에 코킹(caulking)을 하지 않으므로 세월이 흐르면 들이치는 비에 누수가 된다. 물론 이에 대비해 옛날에는 기와 밑에 생석회층을 두어 방수를 했지만 요즘에 그런 강회다짐을 하는 경우는 거의 없다. 방수시트를 깔아주어 해결하면 된다.

양옥으로 지은 지붕의 경우 여름에 시원하려면 흙을 많이 올리든지 단열재를 쓴다. 아스팔트 싱글이 맘에 들지는 않지만 비용 때문에 선택했다면, 싱글 위에 태양광 집열판을 올리는 방법도 고려해볼만 하다. 지붕도 깔끔하게 처리하고 난방이나 전원으로 활용할 수 있으니 일석이조다.

기와지붕

지붕 견적을 받을 때 유의할 점은 건축 면적과 지붕 면적은 다르다는 점이다. 서까래 길이와 지붕 높이, 지붕 형태에 따라 차이가 있지만 통상 바닥 면적의 2배 내지 2.5배 정도인데, 이것을 기준으로 평당 단가를 곱하여 비용을 예상하면 된다.

필자는 개인적으로 초가집에 대한 미련이 많아 사랑채라도 초가지붕으로 하고 싶었는데, 2년에 한 번씩 지붕 이는 번거로움이야 감수하겠지만 각종 무공해 벌레들이 무섭다는 식구들의 반대에 부딪쳐 결국 포기하고 말았다.

어릴 적 초가지붕 이는 날이면 이웃들이 모여 함께 일하면서 오랜만에 고깃국도 먹고 사람 북적거리는 모습이 축제와 같았다는 기억이 아스라이 살아 있다. 볏짚 냄새도 좋았고 새 지붕을 이고 나면 새집이 만들어진 듯 들떴다.

그래서 내 집에 초가지붕을 얹을 날이면, 마을 어르신들 모셔다 이엉도 만들고 지붕을 이면서 따뜻한 고기국이라도 대접하는 작은 축제를

생각했었는데 조금 아쉬움이 남는다. 이미테이션 초가라도 사랑채에 올릴까 생각해 봤는데 3년 정도 지나면 색이 바래져 초가의 맛은 없어지는 듯해서 생각을 접었다.

Tip 낙숫물 유도기

한옥집의 운치 중 하나는 낙숫물이다. 하지만 낙숫물이 애물단지가 되어서는 안 된다. 낙숫물이 집 안쪽 흙벽으로 들어오지 않게 축담 돌을 배치한다. 그런데 기와 끝의 경사가 매끈하지 않아 빗물은 기와 끝선보다 훨씬 안으로 감아 떨어진다. 이를 감안해서 축담 선을 맞추든지 아니면 기와 끝에 낙숫물 유도기를 붙인다. 낙숫물 유도기는 투명 셀로판지를 적당히 잘라 기와 가운데 붙인 것인데 필자가 고안해 낸 이름이다.

천장 마무리하기

거실이나 부엌에는 내부 천장을 따로 하지 말고 원목 그대로의 미감과 높이가 주는 개방감을 살려주는 게 좋다. 문제는 원목이나 송판이 말라 줄어들면서 바람이 새어 나오고, 거기에 톱밥까지 우수수 날릴 수 있다는 점이다. 살면서 바람 불 때마다 톱밥이 떨어지면 난감한 일이다.

통상적으로 전통 한옥 시공 시에는 지붕 천장의 판자 위에 잘린 나무며 톱밥 등을 그냥 두는 경향이 있다. 그러다 보니 바람이 세게 불면 틈새로 톱밥이 떨어지는 것이다.

이를 방지하기 위해서는 천장 작업할 때 송판 위의 톱밥을 제거하고 틈새를 덮어야 한다. 목재가 마른 후에는 다시 틈새가 벌어지기 때문에 이를 대비할 방법도 강구해야 한다. 송판을 포개서 까는 것도 한 가지 방법이 되겠지만, 목재 비용이 증가될 것이다. 이 부분은 각자가 저렴하면서도 간편한 방법을 연구해 볼 일이다.

개방천정과 중간천정

명품 화장실 만들기

일반적으로 화장실 문을 열면 대개 변기가 먼저 보인다. 미관상으로 썩 좋은 그림은 아니다. 그래서 변기를 보이지 않도록 감춰서 배치하면 어떨까 하는 생각을 해보았다.

방법은 차단벽을 하나 만들어 그 뒤에 변기를 두고, 남은 부분은 수납장으로 사용하면 된다. 문을 열었을 때 바로 시야에 들어오는 벽면은 아트타일이나 아트월로 활용하면 고급스런 분위기도 연출된다.

화장실에 변기가 보이지 않으니 이 공간은 말 그대로 화장하는 공간처럼 보인다. 행여 누군가 화장실 문을 벌컥 열었을 때도 사람이 보이지 않으니 민망한 상황이 벌어지지 않아서 좋다.

화장실 바닥과 천장

욕조는 화장실 바닥에서 20센티 정도 내려서 묻어주는 게 좋다. 그렇게 하면 좁은 화장실이 조금 넓어 보이고, 욕조를 이용할 때의 안정감도 훨씬 증가된다.

화장실 천장은 물기가 차도 변형이 없는 자재들을 사용하면 된다. 돔형식의 천장은 공간을 넓어 보이게 하고 고급스러움도 연출된다.

화장실 바닥에는 난방을 넣어 두는 게 좋다. 추운 날 동파 위험도 없고 샤워할 때 훈훈해서 좋다. 바닥 타일이 돌이므로 따뜻한 돌 위에 누워 있으면 돌찜질이 된다. 화장실

변기감추기

바닥의 방수 처리는 필수다. 그렇지 않으면 어디론가 물기가 내려갔을 경우 조금씩 지반이 내려앉게 된다.

그리고 바닥에 타일을 붙이기 전 단계인 세멘트 미장을 할 때, 바닥면을 편평하게 만들도록 유의해야 한다. 나중에 타일을 뜯어내고 재공사를 해야 할 수도 있다. 미장공과 타일공이 다르기 때문에 벌어질 수 있는 일이다. 이런 이중 공사의 염려를 덜려면 미장할 때 타일공을 불러 원하는 바를 미장공에게 정확히 요구하라고 하면 뒤탈이 없다.

> **Tip 상수도 공기유입을 막아야 한다**
>
> 지하수나 산물을 취수할 때 펌프를 이용하는 경우 수도꼭지에서 물이 퍽퍽 튀거나 변기 물 받는 소리가 비정상적으로 시끄러우면 이는 펌프로 유입되는 호스에 공기가 빨려드는 것이므로 사람 부르지 말고 연결 부위나 취수구를 점검하여 꼭 잠근다.

전기공사

인근 전봇대에서 200미터 이내의 공사는 한전에서 무상으로 해준다. 거리가 이를 초과할 때는 미터당 5만 원 정도의 비용을 사용자가 부담해야 한다. 단 5가구 이상이 되면 무상으로 해 준다는 점을 참고로 알아두면 좋다.

한전이 공사해 주는 범위는 집에 있는 계량기까지 전선을 연결해 주는 것이 전부다. 그 이후의 전기 작업은 건축주의 몫이다. 통상적으로 건축업자가 전기업자를 섭외해서 데려와 내부 공사를 하기 때문에 전기업자는 외지인일 경우가 많다. 그런데 계량기에서 두꺼비집까지의 연결은 지역 한전사무소에 신고하고 허가를 받아야 하며, 이 일은 보통 지역업체가 한다. 그러므로 두 가지를 다 지역업체가 하도록 하면 비용을 줄일 수 있다.

전기공사비는 평당 10만 원 정도 하는데 계약하기 나름이므로 몇 군데 견적을 받아본다. 지역업체에 의뢰하면 하자 보수가 원활하지만 외지업체인 경우 포기해야 한다.

임시전기

그리고 집을 짓는 과정에도 전기가 반드시 필요한데 이때 이웃집에서 끌어 쓰는 방법과 임시전기를 신청해서 쓰는 방법이 있다. 물론 기간이 길고 사용량이 많으면 임시전기를 사용하는 게 유리하다. 이 경우도 지역 업체가 진행한다면 일괄 공사비로 저렴하게 할 수 있다.

농사용 전기

전기의 종류에는 주택용과 농사용, 일반용이 있고 주택용에는 사용량에 따라 누진제가 적용된다. 그래서 주택용으로 전기를 많이 사용하여 일정 단계를 넘어서는 경우 단계마다 요금 할증폭이 매우 크다. 2013년 1월 기준 100Kw 미만은 Kw당 59원, 200Kw 미만에는 Kw당 122원, 300Kw 미만은 Kw당 183원, 400Kw 미만은 Kw당 273원 등으로 차이가 많이 난다. 그러므로 팬션을 하는 경우 월 350Kw 이상 사용한다면 일반용을 신청해서 사용하는 것이 유리하다.

농사용과 일반용은 누진제가 적용되지 않는다. 그런 이유로 편법으로 농사용을 주택에 끌어 사용하다가 과태료를 부담하는 경우가 왕왕 있다. 처음부터 농사용은 농사 짓는 데만 쓴다고 생각하는 게 마음 편하다. 농사용과 주택용의 경계가 애매한 부분이 있긴 한데 이는 각자가 공부하기 바란다.

두꺼비집 개통 이후 내부 전기공사를 건축주가 직접 하는 경우도 있는데 이 부분은 각자의 경험과 실력에 달려 있으므로 스스로 판단해야 한다. 전기공사는 위험할 수 있기에 무리하게 욕심내면 안 된다. 그리고 직접 공사하더라도 사용허가는 전문 인허가 업체에서 받아야 하므로 이 비용은 피할 수 없다. 소위 도장값이 들어간다.

가정집에서는 보통 3Kw를 사용하는데, 본인의 특수 여건에 따라 더 쓸 계획이 있다면 5Kw 정도로 신청하는 게 좋다. 전기 공사 시에는 배선의 종류, 전선 노출 여부, 합선 누전 방지, 개보수의 편의성 등을 꼼꼼히 고려해야 한다.

 낙뢰조심

시골에선 도시와는 달리 홀로 떨어져 집이 있기 때문에 낙뢰로 인한 피해 사례가 있다. 필자도 두 번이나 당해서 통신기기가 고장이 났다. 피뢰침을 세우는 건 다른 데 가는 낙뢰도 끌어오기 때문에 위험하다. 접지공사를 반드시 하고, 낙뢰가 시작되면 전원을 끄는 게 상책이다.

고사지내기

보통 터파기 하기 전, 상량할 때, 그리고 입주할 때 고사를 지내라고 한다. 고사를 지내기도 그렇고 안하자니 그것도 찜찜하다. 터주신이니 성주신이니 하는 것이 어디 있나, 다 미신 나부랭이지 하고 생각하시는 분들도 있다.

물론 그렇다. 자연만물에 범신은 깃들어 있으되, 내 집에 들어앉아 살면서 내게 복을 주고 벌을 주고 하는 신은 없다. 있다손 치더라도 평소에 한 번도 안 찾다가 저 잘 살자고 음식 조금 차려 놓고 이렇게 해 달라 저렇게 해 달라 소원을 빌면 신들 입장에서도 기분 좋을 리 없다. 결국 음식도 자기들이 다 먹는 것 아닌가. 어떤 종교는 돼지머리에 절하는 것은 우상 숭배라 하여 아예 고려의 대상도 아니다. 다 일리가 있는 생각이다.

그런데 이렇게 생각해 보자. 축구경기를 하기 전에 선수들은 둥글게 모여서 손을 맞잡고 파이팅을 외친다. 이창호도 바둑이 시작되기 전에 눈을 감고 고요히 마음을 가라앉힌다. 하물며 자기가 평생 살 집을 지으면서

아무런 생각이 없을 리 없다. 나는 어떤 자세로 집을 지을 것이며 이 터에서는 어떤 삶을 살 것인가에 관해 많은 생각을 했을 것이다. 그것을 마음에만 두면 실행력이 약해지니 정갈한 시간에 정화수라도 떠놓고 다짐의 시간을 갖는다고 생각하면 어떨까. 고사란 그런 차원에서 보면 된다.

집을 지탱해 줄 땅과 주변의 산, 나무들에게 소리 내어 약속을 하는 것이다. 그래서 고사는 "---해주십시요, ---소원합니다"라고 하면 얌체 짓이고 "---땅님, 산님, 바위님 저는 이렇게 하겠습니다"라고 약속을 하면 의미 있는 고사가 될 것이다.

고사가 끝나면 찾아주신 고마운 분들과 집을 짓는다고 고생하는 분들과 함께 차려진 막걸리와 안주거리로 덕담을 나누며 조촐한 잔치를 벌이면 그 또한 행복한 시작이 아니겠는가.

사실 상량식 때 목수들에게 한 턱 내는 것은 그간 노고를 치하하고 앞으로도 성심성의껏 잘해달라는 의미이다. 이것이 상례화되어 있다 보니 안 해주면 목수들 입장에선 서운할 수 있다. 큰 돈 들어가는 것 아니기에 해주는 게 좋다.

제4장

시골살이의 마음산책

젊게 살려면

 인간의 뇌는 이미 경험한 일들을 신경 써서 기억하지 않는다. 10살짜리 아이와 50살 어른이 어떤 장소를 갔을 때 10살짜리 아이의 뇌가 더욱 부지런히 움직인다. 대부분 처음 보는 것들이기에 그렇다. 아이에게 그 하루는 기억할 것이 많은 긴 하루가 되는 셈이다.
 이미 본 것이 많은 어른은 호기심 없이 사물을 본다. 어떤 장소에서 시간을 보내도 뇌에 각인되는 게 별로 없다. 40살은 40의 속도로 50살은 50의 속도로 세월이 흐르는 것은 이 때문이다. 반복되는 생활을 하면 기억되는 부분이 적어지고 망각의 시간이 많기에 세월은 그만큼 빨리 흘러가게 인식되는 것이다.
 그러므로 오롯이 알찬 하루를 가지려면 새로운 것을 많이 해야 한다. 창의적인 일을 많이 하는 사람에겐 하루는 길게 기억된다. 예술가나 명상을 많이 하는 사람은 항상 새로운 생각을 많이 하기에 젊다.
 도시와 시골 중에 어느 곳이 더 창의적인 공간인가? 시골이다. 도시에선 거의 같은 시각에 일어나 같은 코스로 출근하고 일하다가 같은 코스로 퇴근한다. 일 때문에 만나는 사람이 다를 수는 있지만 일로 인해 만나는 사람이기에 뇌는 그렇게 즐겁게 기억하지 않는다. 1년을 출퇴근하면서 봐왔던 길가의 간판을 사람들은 별로 기억 못하지 않던가.

시골은 어떠한가? 일어나는 시간이 정해진 게 아니니 내키는 대로 일어나고 그날 하루일과도 꼭 정해진 게 아니니 그때그때 달라진다. 누군가 연락이 오면 호미자루 팽개치고 그대로 만나러 갈 수 있다. 봄 신명이 지펴 일하기 싫으면 손 툭툭 털고 그냥 휘익 강 따라 산 따라 걸을 수 있다. 속박이 없기에 하루가 들쭉날쭉하다. 물론 작년과 똑같은 농사를 반복적으로 짓는 사람에겐 창의성이 들어설 자리가 없다.

전지하는 형태에 따라 나무는 달리 자라고, 퇴비에 따라 열매의 맛도 달라진다. 농약 대신 생태 약을 개발하려면 그 길 또한 무한하다. 들판에 널린 풀들의 약효는 제각기 신비롭고, 수종 탐구 또한 신천지이다. 이런 부분들은 연구개발 할 소지가 무궁무진하다.

농사는 창작활동이다. 집을 가꾸는 일에 있어서도 한옥이나 황토집은 수시로 돌보고 가꿔줘야 한다. 집은 살아 있다. 나무가 숨쉬고 황토가 숨쉰다. 자연은 살아 움직이기에 항상 새롭다. 평사리 들판은 매일매일 다른 색깔이다. 자연과 함께하는 삶은 그래서 젊다.

별나들이

조동진

애들아 애들아.
달아줌마가 환히 비춰주신대 일어나봐.
아랫동네로 놀러가자.
쉬잇,
북두아저씨, 샛별아줌마 잠귀 밝잖아 조심해.

옳지 저기가 좋겠다.
그래도 우리가 스타들인데 아무데나 앉을 수 없잖아.
깨끗하고 이쁜 감나무 이파리에 다들 앉아.

유후, 아 재밌어.
우리 동네는 그네도 없고 너무 심심해.
바람오빠 더 세게 밀어줘요.

뭐라고, 아유 차례대로 얘기해.
한꺼번에 말을 걸면 어떡해.
음, 내가 좀 미모하긴 하지만…

알았어 여치야
나도 네 목소리가 좋아.
호호호, 베짱아 울지마.
네가 열심히 사는 거 나도 알아.
아, 찌륵아 방아깨비 니들도 왔네.
근데 귀뚜리야 넌 넘 빨리 온거 아냐?
그렇게 보고 싶었어? 이궁…

어, 근데 넌 누구니?
왜 우리 흉내를 내고 있어?
피이, 흉내라고, 난 니들 언니야.
나도 하늘에서 놀러왔는데 여기가 넘 좋아 사는거야.
여기선 날 반딧불이라 불러. 반짝반짝.

얘들아, 그만 올라와.
나도 인제 자러가야겠어.
알았어요 달아줌마.
조금만 더 있다요, 근데 여기 좀 비춰봐요.
감오빠 초코렛 근육이… 어머머…

청학동을 찾아서

사람이 죽으면 천국이나 지옥에 간다한다. 그런데 그곳에 갈 땐 육신이 가는 게 아니므로 영혼이 간다는 의미일 것이다. 하지만 영혼이란 물질로 이루어진 것이 아니기에 감각기관이 없다. 따라서 불구덩이의 뜨거움도, 맛난 음식의 식감도 느낄 수 없다. 그러니 천국의 의미는 다르게 찾아야 한다.

마음이 평온하고 행복하면, 더할 나위 없이 지금이 좋으면, 그야말로 천국 아니겠는가. 도시에서의 삶에서 그런 기분을 느끼시는가. 어젯밤 야근이나 술자리로 늦게 자다보니 잠은 부족하여 혼미한 상태에서 출근하며 오늘 일을 챙겨보면 마음은 또 어두워진다. 실적이 부과되고 시간에 쫓기고 진급 준비하랴 고객 관리하랴 그야말로 전쟁터다. 직장이 있어도 그만큼의 걱정, 없으면 또 더한 걱정이 온종일 짓누른다. 행복하다고 생각했던 적이 언제였든가. 진급했을 때. 목표를 달성했을 때. 식구가 예쁠 때. 하지만 오롯이 그 행복을 누릴 마음의 여유가 없다. 행복한 일이 없어서가 아니라 행복을 느낄 마음의 공간이 없는 것이다.

물론 시골에도 먹고 살아야 하니 걱정거리가 있다. 사람이 살아가는데 걱정이 없을 리가 있는가. 걱정이 없으면 오히려 그 무료함에 질식한다. 행복은 불행이 깔려 있을 때 느껴지는 것 아니겠는가. 하지만 걱정을 여유 있게 받아들이고 행복을 오롯이 느낄 수 있다면 천국의 문이 열리기 시작한다.

새소리에 잠이 깨어 집 주변을 산책하면 철마다 다른 풀꽃들이 눈에 띈다. 환하게 웃는 들꽃을 보면 그 귀엽고 앙증맞음에 덩달아 내 맘도 환해진다. 일터(농장)가 집 가까이 있고 딱히 출근시간이 정해진 것 아니니 느긋하게 식사를 하고 오전 일과를 시작한다. 흙을 일구고 나무를 만지고 하는 일들은 사람을 상대하는 일보다 훨씬 수월하고 스트레스가 덜하다.

공기도 좋고 자연먹거리도 싱싱하니 자연스럽게, 건강도 좋아져 몸도 가뿐하다. 또한 육체노동으로 땀을 흘리니 몸에 있는 스트레스나 찌꺼기들이 쑤욱 빠져 나간다. 헬스장이나 사우나에서 흘리는 땀하고는 비교가 안된다. 몸을 움직이니 소화도 잘되고 금방 배가 고파져 식사 때가 기다려지고 입에 들어가는 음식이 또 그렇게 맛나다. 산해진미가 있어서 그런 게 아니고 텃밭에서 쑤욱 뽑아온 채소들, 산자락에서 캐온 나물들, 그냥 그대로 된장에 싸먹고 찍어먹어도 맛있다.

만나는 사람들도 나와 이해관계가 있는 사람들이 아니니 서로 부담이 없고 편해서 각자 준비한 음식을 모아서 소풍가듯 먹으면 되고 술자리에 가서도 자연스레 분담해서 계산한다. 모임은 강제성이 없어서 늦게 가도 되고 안 가도 되고 중간에 빠져도 되고 제 편한 대로 어울리면 된다. 딱히 내일 출근할 일도 없으니 밤이 늦은들 무슨 대수랴. 時失里. 그야말로 시간을 잊은 동리가 되는 것이다. 시간을 잊고 즐거운 시간이 연속된다면 그야말로 그곳이 무릉도원이자 청학동이고 천국이 아니겠는가.

나를 찾아서

누군가는 밝은 대낮에 등불을 들고 자기를 찾아다녔다 하고 고승들도 전국을 돌아다니며 자기를 찾아 헤맨다 한다. 지금도 산속 토굴이나 선방에서는 참나를 찾아 정진하는 사람들이 많을 것이다.

참나를 찾을려면 참나가 무언지 먼저 알아야 할 것이다. 불교에서는 내가 부모에게서 태어나기 전 모습을 참나라고 말한다. 세상에 태어나 주변 환경에 물들지 않은 순수한 상태의 영혼을 말한 듯하다. 하지만 태어나기 전의 영혼, 즉 범우주에 녹아있는 영혼에는 '나'라는 의식이 없다. 그런 의식이 있으면 순수하지 않기에 범영혼이라 할 수 없다. 그러니까 그건 참나의 모습이 아니고 신의 상태라 말할 수 있다.

태어나기 전에는 '나'라는 존재가 없으므로 그 후의 모습에서 찾아야 한다. 우리가 태어날 땐 '나'라는 자각이 없다. 엄마와 눈 맞추고 엄마가 들려주는 '엄마' '맘마'라는 소리에 이건 맘마구나 이건 엄마구나 하며 하나씩 인지해나간다. 그렇게 '나'는 점차 형성되어 나가는 것이다. 그러므로 '나'는 태어난 후 주변 환경에 의해 형성되는 것이므로 내가 죽으면 '나'라는 의식을 가진 영혼은 영원히 사라진다. 따라서 내가 인지하는 전생이나 후생은 없는 것이다.

'나'는 일생동안 끊임없이 변화해 나간다. 그런데 주변의 주입식 세뇌나 사회에서 요구하는 부분들이 나의 의지와 무관하게 내 속에 쌓여져 간다. 내 의지가 아니게 끌려가는 '나'인 것이다. 누군가에게 조종당하는 로봇이 되는 것이다.

따라서 내 의지, 내가 하고 싶지 않은 것들만 골라내버리면 그나마 순수한 '나'에 가까워진다. 도시에서 바삐 움직이는 '나'는 어떤가! 내 의지와는 상관없이 태엽처럼 쳇바퀴 돌듯 돌아가는 '나'는 어떤가! 그런 환경에서 나를 주장하고 찾으려고 노력한다고 뜻대로 되겠는가.

내 하고 싶은 대로, 주위의 눈을 그나마 의식하지 않고 살아갈 수 있다면 참나에 점차 접근해 가는 것이다. 그 곳이 어디인가? 돈의 무게에 짓눌려 살아가는 도시인가, 좀 가난해도 자유롭게 살 수 있는 시골의 삶이 그곳인가. 나를 찾고 싶다면, 내 인생을 찾고 싶다면 시골로 오시라.

시간여행

대개 사람들은 과거를 돌아보며 후회를 한다. 그 때 그냥 해버릴걸. 내가 왜 망설였지. 아, 십 년만 젊었어도. 아니 일 년만 젊었어도. 그렇게 후회하며 우리는 살아간다. 왜 그럴까. 사실 막상 그 판단의 시점에서는 이것저것 고려하고 생각할 게 너무 많다. 그래서 그런 것들을 다 무시하고 결단한다는 게 쉬운 일이 아닌 것이다. 근데 지나고 보면 그때 걸림돌이 되었던 부분들이 사실 별거 아녔고 무시해도 되는 것들이 많은 것이다. 그게 뭐라고···.

실행하기에 가장 좋은 순간은 지금이다. 시작이 반이다. 지금도 늦지 않다. 등등 용기를 주는 격언들을 우리는 많이 듣지만 귓등으로 흘려버리기 일쑤다. 그래서 지금 과감히 결단력을 가지는 방법에 대해서 생각해 본다.

현 위치에서 뒤를 돌아보며 후회하는 것이 아니라 가만히 눈을 감고 미래의 세계로 시간여행을 떠나본다. 일 년 후, 오 년 후, 십 년 후의 내 모습을 그려보는 것이다. 내가 이 선택을 했을 땐 어떻게 살 것이고 저 선택을 했을 땐 어떻게 살 것인지 우선 그 모습을 그려본다. 그 다음엔 미래의 '나' 속으로 들어가 오늘을 뒤돌아 보는 것이다. 현 시점에서 과거를 돌아봤듯이, 미래의 내가 되어 오늘을 돌아보는 것이다. 그러면 많은 상황들이 객관적이고 장기적으로 보이게 되고 좀 더 나의 인생에 걸맞은 선택을 하게 된다.

우리가 살아가면서 많은 선택을 하게 되는데 현명한 선택을 하는 게 쉽지 않다. 나는 그때마다 중요한 것과 중요하지 않은 것으로 가른다. 그러기 위해선 중요한 것이 뭔지 정해야 한다. 아니 중요한 것이 뭔지 깨달아야 한다. 사람들은 연초가 되면 다들 가족의 건강과 행복을 기원한다. 건강과 행복이 제일 중요

하다는 것이다. 근데 그걸로 끝이다. 정작 그 이후 살아갈 때는 건강과 먼 섭생, 행복과 거리가 먼 일상들을 살아가고 있다. 건강과 행복이 중요하기에 그렇게 기원을 해 놓고 이 핑계 저 핑계 대며 다르게 사는 것이다. 누가 그렇게 살고 싶어 산다요… 하면서.

하나를 얻으려면 하나를 버리는

게 아니라 많은 걸 버려야 한다. 행복을 원한다면 버릴 수 있는 한 많은 걸 버려야 한다. 부자는 천국에 가지 못한다는 말은 돈이 많은 부자를 지칭하는 게 아니라 부자가 되려고 많은 욕심을 가진 사람을 뜻 한다고 생각한다. 욕심을 가지면 행복에서 멀어진다. 등에 진 짐을 내려놓으면 얼마나 홀가분한가. 지위의 짐, 돈의 짐, 명예의 짐, 인정의 짐, 권력의 짐. 다 내려놓으시라. 그래서 남의 눈 의식하지 말고 마지막 옷마저 벗어버리고 자유롭게 살아간다면 그 얼마나 행복할 것인가. 백척간두에서 한 발짝 내딛어야 새로운 깨달음을 얻는다 했다. 많은 걸 내려놓으면 마음의 눈은 밝아지고 건강과 행복을 찾을 수 있는 판단을 하게 된다. 이 책을 읽고 계시는 지금이 적기이다. 귀농을 결정하시라.

묘목 키우기에서 배우는 자녀교육

책에는 나보다 앞서 이치를 깨달은 사람의 생각이나 내가 해보지 못한 경험을 한 사람의 경험담이 담겨 있다. 책을 읽는 이유는 지적 호기심과 재미 외에도 먼저 터득한 사람들로부터 배워 시행착오를 줄이고 깨우침을 얻겠다는 다양한 목적이 있다.

그런데 예를 들어 자연에 관한 책에 국한시켜 볼 때, 누군가 자연에서 깨달은 바를 옮긴 책에는 걸러서 봐야 할 대목이 있다. 먼저 저자의 주관으로 사물을 파악했기에 주관이 개입되었다는 점이고, 문자의 한계성 때문에 표현이 충분하지 못할 수 있다는 점이며, 끝으로는 그 글을 읽는 독자의 주관에 따라 본뜻이 왜곡될 수 있다는 점이다.

그래서 책이나 글로 읽기 이전의 상태, 즉 직관적으로 자연과 마주하는 것이 중요하다. 본인이 직접 자연을 살피고 이를 통해 자연을 넘어 인간과 사회에 대한 이치까지 깨달을 수 있다면 더 없이 좋은 일이다. 자연 자체가 문자가 주는 왜곡 없이 족집게 개인지도를 해주기 때문이다. 그런 의미에서 묘목을 키우면서 자녀 교육에 대해서도 함께 생각을 해보았다. 사람이나 나무나 다 같은 생물이고 자연이니까….

■ 묘목을 옮겨 심은 뒤에는 바로 거름을 주지 않는다.

숙성되지 않은 거름에는 가스도 많고 독성이 아직 많이 남아 있다. 이런 거름을 주면 어린 묘목은 감당하지 못하고 누렇게 떠서 죽는다. 아무리 좋은 것이라 해도 받아들일 상대의 능력이 부족할 때는 함부로 주지 말라는 가르침이다. 요즘 부모들은 자기 욕심 때문에 어린 아이들에게 너무 많은 것을 주입시키려 한다. 영재교육과 조기교육이라는 미명으로 애들을 혹사시키는데, 이는 묘목에게 거름을 주는 일과 다름없다. 감당 못할 부담을 주어 급기야는 누렇게 뜨는 묘목이 되게 하는 짓이다.

■ 묘목을 옮겨 심은 후에는 잔가지를 잘라줘야 한다.

나무를 옮기기 위해 파내다 보면 자연히 뿌리 일부가 잘라지게 된다. 이 상태로 이식하게 되면 양분을 빨아들이는 뿌리의 힘은 약한 반면 상대적으로 가지가 많기 때문에 나무는 부대끼게 된다. 그래서 가지 중의 튼튼한 놈은 살리고 나머지는 정리해 주어야 한다.

애들도 어릴 때는 뛰놀면서 자연 그대로의 어린 기운을 발산하기만 하면 되는데 너무 많은 것을 가르치고 주입시키니 무리가 따른다. 여러 공부 과목에다가 그림, 피아노, 속독, 태권도, 바둑 등 너무 많은 걸 배우게 하면 뿌리가 자리 잡지도 않았는데 너무 많은 가지가 뻗쳐있는 격이 된다. 잔가지를 잘라주듯 아이에 부담을 주는 것을 줄여야 한다.

■ 묘목에 지주대를 세워 묶어주면 발육이 30% 잘 된다.

나무가 바람에 흔들리면 뿌리가 제대로 자리 잡기까지 오랜 시간이 걸린다. 나무가 지닌 에너지를 그쪽으로 소비하여 그럴 것이다. 묘목에 지주대를 세워주면 그것을 든든히 믿고 바람에 덜 시달리며 자신의 에너지를 성장을 위해서만 집중한다.

어른은 아이들에게 그런 지주대 같은 존재다. 매서운 가르침이나 어른 세계에나 적용되는 당위성을 너무 강요하기 보다는 언제라도 따뜻하고 든든한 등을 내어 주는 존재로 있어 주는 게 좋다. 혹시 아이가 어떤 거짓말을 했을 때는 심하게 야단치는 대신 이렇게 말해 보자. "그래 아빠도 거짓말 한적 있어, 근데 넌 그걸 솔직하게 얘기하는구나. 넌 용기있는 멋진 아이다. 아빠는 널 믿는다." 아이는 부모의 거울이다. 좋은 습관 다정한 모습을 보여주는 것이 든든한 지지대이다

■ 나무가 어느 정도 자란 후에는 웃가지와 서로 부딪치는 가지를 정리해 준다.

나무의 웃가지에는 열매가 열리기 어렵다. 부딪치는 가지들 또한 서로의 열매를 흠집 내고 그늘을 형성하여 제대로 된 열매를 맺지 못하도

록 한다.

아이들도 마찬가지다. 너무 위로 치뻗는 웃가지처럼 교만심이나 자만심, 다른 아이들과 서로 충돌하는 이기적인 마음은 훗날 좋은 열매를 맺도록 하기 위해 잘라주어야 한다.

시골의 여름나기

여름나기라는 말은 왠지 더위와 싸우거나 피한다는 느낌이 든다. 도회지에 살 땐 에어컨 밑에서 가을 같은 여름을 지내면서도 피서니 바캉스니 하며 요란을 떨었다. 시골에서의 여름은 대적해 이겨내야 할 적이 아니라 더불어 즐기는 친구가 되었다.

이른 아침 이슬 맺힌 풀길을 걸어도 좋고, 그냥 놀기 아까우면 지심 매기를 하며 아침, 저녁 어둠과 밝음이 어우러지는 야릇한 풍광을 즐겨도 좋다. 시원한 국물에 국수 한 그릇 말아 먹고 누마루에 누워 낮잠 한숨 늘어지게 잘 수 있는 것도 길고 긴 여름날의 해님 덕분이다.

매미소리에 잠 깨면 오후 일과를 시작하고 뚝뚝 흐르는 땀을 맘껏 즐긴다. 초목의 습한 열기로 데워진 몸뚱이는 시원한 물줄기로 가라앉히고 후텁지근한 내장의 열기는 반 잔의 소주와 이슬 맺힌 맥주를 콸콸 부어 뽀글뽀글 올라오는 탄산을 들이켜 해소한다. 소맥이 목구멍으로 시원하게 넘어가는 그 순간이 오면 비로소 한낮의 땀과 후텁지근한 습기가 소맥의 빛나는 순간을 위한 준비였음을 알게 된다. 여름날 고단한 노동으로 굳은 다리를 의자에 올린 채 등받이에 기대 흘러나오는 음악에 지그시 눈을 감고 마시는 소맥은 여름날이 제격이다.

적당히 취한 게슴츠레한 눈으로 창 너머 별님이 들어오면 툇마루에 나가 반딧불이의 공연을 지켜보는 것도 시골의 여름밤이 아니면 경험하지 못할 아련한 시간이다. 간혹 멀리서 지인이 찾아오면 말린 쑥대에 불을 붙여 매캐하고 향긋한 모깃불을 밝히고, 별을 이야기하고 동요를 부르며 어린 시절로 돌아가는 것도 시골 산간의 여름밤이 선사하는 추억이 된다.

장대 같은 여름비라도 오는 날이면 횡재하는 날이다. 게으른 자에게도 허용되는 시골의 공인된 휴일이니 빗소리 자욱한 마루나 사랑방에서 온종일 뒹굴어도 맘에 거리낌이 없다. 비 내리는 이런 날 오후, 아내가 지짐이라도 부쳐오면, 고급 음식 먹으며 노래 듣는 몇 십만 원 짜리 도시의 디너쇼 부럽지 않은 소낙비 오케스트라 지짐쇼가 된다.

언제 이렇게 여유로운 날들이 또 올 것인가. 하루를 지루해 하며 여유를 부리는 호사는 또 얼마나 고마운 일이던가. 그러니 다가 올 가을의 바지런함을 위해 충분히 느긋하게 여름을 즐길 일이다.

여름나기를 하려면 물길 단단히 할 모래주머니와 예초기를 준비하고 나무 기둥도 손봐야 하지만 무엇보다 빼놓을 없는 것들이 있다. 스물네 개 들이 맥주 박스와 소주 한 박스, 모깃불 피울 쑥대 몇 다발이다.

그것들이 내가 맞을 여름의 행복과 여유를 준비한다. 그것들만 있다면, 내 여름은 올해도 축제다.

쏘맥

조동진

쏘맥은 소주와 맥주를 섞은 술이 아니다.
쏘맥은 음주(陰酒)와 양주(陽酒)가 어우러진 새로운 술이다.

교접의 열락을 아는가.
천둥 울리고 번개치는 지락(至樂)을 경험했는가.
더운 기운은 상승하고 찬기운은 아래로 내려와
두 기운 합쳐 새로운 하나가 탄생하면
너도 없고 나도 없는 무아의 열락이 있을 터.
陽이 깔리고 陰이 올라타야 할 것이다.

누가 쏘맥의 황금비율을 정하는가.
누가 3:7이니 2:8이니 가볍게 단정짓는가.
수태기의 암컷은 강한 수컷을 원하고
잉태의 굴레에서 벗어난 암컷은 부드러운 손길을 원하지 않던가.

영육(靈肉)이 열기로 달아있다면
양기(陽氣)는 밑간하듯 깔아주어 시원함을 살릴 것이요,
빗소리 자욱한 날
충만한 음기를 감당하려면 陽물을 강하게 할 것이다,

술잔을 여리게 잡는 이, 돋아나는 새싹과 같아

陽酒 많으면 쓰다 할 것이요,
덥석 잔을 움켜쥐는 이, 거친 목을 가졌으니
陰酒 많으면 싱겁다 할 것이다.

첫 잔은 인사 정도 소주를 넣어야 하고
술기운에 기분이 올라가면
차츰, 소주의 높이도 올릴 것이다.
연이어 피아의 거리도 지워지지 않던가.

陰과 陽으로만 세상을 보는가.
왠지 모를 적요(寂寥)가 뒤따르지 않던가.
음양에 화락(和樂)의 기운을 안배하지 못하면 한 세상 놓친 것이다.
쏘맥잔은 절반을 넘기지 마라.
그 절반엔, 마주앉은 이의 눈빛을 담고
옆자리의 육자배기를 말아 넣어야 한다.

순가락 엉덩이에 和氣를 모아
가만가만 陰을 어루만져 내려, 陽의 밑바닥을 힘껏 찍어라
음양의 탄성이 불꽃처럼 터지면
완 샷~

천한 것이 소중하다

천한 것과 귀한 것의 차이는 그 수량의 많고 적음에 핵심이 있다. 천한 사람이란 지위가 낮음을 의미하는 것도 천한 사람의 숫자가 많기 때문이다. 보석이나 수제 명품은 수량이 적기에 귀한 것이고, 물이나 공기나 공장에서 쉽게 대량으로 찍어내는 제품들은 흔한 것이고 곧 천한 것이다.

자본주의의 시장 원리상 귀한 것은 비싸고 천한 것은 싸다. 그러다 보니 반대로, 비싼 것은 귀하다 여기고 싼 것은 천하게 여긴다. 배금사상이 깊어지는 사회일수록 돈을 기준으로 모든 것을 판단한다. 천하고 귀한 것은 단지 그 수량의 많고 적음에 기인한 것이지만, 사람들은 착각하여 정신적인 의미의 차등을 두는 것이다. 귀하면 소중하고 천하면 하찮은 것이라 생각하는 것이 현실이다.

그렇다면 천한 공기나 물이 정말로 하찮은 것인가. 그것 없이 한시라도 살 수 있는가. 흔한 옷가지나 신발이 없으면 하루라도 맘 편히 움직일 수 있는가. 만약 하루를 정하여 비싼 고급차를 없애는 것과 버스나 소형차를 없애는 것 중의 하나를 시행한다면, 어느 쪽이 우리 생활에 더 큰 불편을 줄까? 비싼 보석이나 명품 가방은 없어도 생활에 아무런 지장이 없다. 사람들에게 필요하고 소중한 것은 오히려 사람들이 소위 천하다고 생각하는 것들이다. 사실 필요하기 때문에 흔하고 흔하기 때문에 천하게 여길 뿐인 것이다. 마찬가지 원리로 흔하게 만나는 사람, 지금 내 주변에 있는 사람이 소중한 것이다.

세상에는 수많은 직업이 있다. 조직 사회를 운영하기 위해 분업을 하고 각자에게 주어진 일에 종사하는 것이 곧 직업이다. 대통령도 필요하고 청소부도 필요하고 판사도 필요하고 농부도 필요하다. 그 모든 직업은 사회 전체가 돌아가는 데 있어 필요하기에 존재하는 것이다. 그 분야에 종사하는 사람이 많으면 천하고, 적으면 귀하게 보일지 모르지만 그것을 잘 들여다보면 숫자의 차이 이상의 것이 아니다. 각자의 직업은 인간 세상에 다 필요해서 만들어진 것이기에 필요성과 중요성으로 볼 때는 모두가 동일하다. 오히려 천한 직업이 사람 사는 사회에는 더 필요하고 소중하다.

한편, 고귀함이나 천박함이라는 단어는 정신적인 부분을 말하는 것이다. 우리가 흔히 말하는 천박하다의 의미는 문자 그대로 얕다는 것이다. 잔머리를 굴리고 그 잔머리를 이용해 자기 이익을 꾀할 때 천박하다고 말한다.

사전적으로는 지식이 얕은 것도 통상 천박하다고 하지만, 그것은 착각이거나 오류일 뿐이다. 예컨대, 학문이나 수양을 깊이 했다 하더라도 자기 것으로 온전히 소화하여 실행하지 못하고 남을 현혹하여 이익을 얻기 위한 용도로 자신을 변호하고 합리화하기 위해 사용한다면, 그 사람은 실제로는 천박한 사람인 것이다. 그러므로 가방끈이나 독서량이 고귀와 천박을 가르지 못한다.

고귀하다는 단어 뒤에는 고귀한 희생, 고귀한 사랑처럼 그 무엇보다 값진 인간 행동을 의미하는 단어가 붙는다. 그러므로 고귀하다는 것은 지위가 높은 것이나 지식이 많고 깊은 것과는 아무런 관계가 없다. 남을 배려하고 남을 위해 값진 어떤 행동을 할 때 고귀하다고 불릴 자격이 있는 것이다. 학식은 없더라도 자신을 돌보지 않고 자식을 위해 피땀 흘려 일하고 지나는 사람에게 자기 먹을 것 아끼지 않고 내어주는 시골 할머니는 고귀하다고 말할 수 있다.

황진을 향한 오롯한 마음을 간직한 채 결국에는 왜장을 껴안고 목숨을 바친 기생 논개에게 우리는 고귀한 희생, 고귀한 사랑이라 말하며 비석까지 세우고 시를 지어 칭송하지 않는가. 이에 반해 명품 가방을 들고 외제차를 몰고서는 장애인 주차장에 떡하니 주차하고 제 볼 일 보러 가는 여자에게는 천박하다고 하는 것이다. 그러므로 고귀함과 천박함을 가르는 잣대는 이타적이냐 이기적이냐에 있다.

농자는 천하지대본이라 했다. 농사짓는 사람은 그 수가 많지만 소중한 일을 하는 사람들이다. 농산물이 없으면 온 국민들이 하루도 살 수 없지 않은가. 햇볕에 그을린 검은 손과 검은 얼굴은 소중한 모습이다. 시골집에 다녀오는 사람들의 손에는 항상 두툼한 먹을거리가 들려 있다. 농사를 짓는 사람들은 나눠먹는데 익숙하기에 이타적이라 할 것이다. 그러므로 농사를 짓는 사람들은 고귀하다. 따라서 농사를 짓는 사람은 소중하게 대접받아야 하고 또한 고귀한 사람들인 것이다.

신화 만들기

살다 보면 누구나 힘든 고갯길을 만나고, 그 고통이 견딜 수 없을 만큼 힘들면 포기하고 싶은 생각도 들게 마련이다. 이럴 때 따뜻한 손 내밀어 주는 사람이 있으면 지쳐 넘기 어려웠던 고갯길을 수월하게 넘을 수 있지만, 그런 인연이 내 맘대로 되지 않는 것 또한 인간사의 불편한 진실이다.

인연은 내 바람이나 다른 사람의 의지만으로 되는 것이 아니다. 꽃이 피어남을 얘기할 때 법정 스님이 시절의 인연이라 표현했듯이, 인연은 그야말로 인연이 되고 때가 맞아야 한다. 내가 포기하고 싶을 만큼 힘들었을 때 그런 이가 곁에 있으면 참으로 고마운 일이요, 없다면 어쩔 수 없는 내 복이다. 천수답에 내리는 비 같은 손길이 아니라, 원할 때마다 나오는 따뜻한 손이라면 참으로 좋으련만….

그래서 사람들은 종교를 갖게 되고 급할 때마다 기도를 한다. 종교가 지닌 수많은 맹점에도 불구하고 인류와 더불어 수천 년을 넘어 여전히 존속되는 근본 이유이기도 하다.

종교의 힘은 신앙, 신심과 같은 절대적인 믿음을 전제로 사람에게 위력을 발휘한다. 그렇다면 자기만의 종교, 자기만의 신화를 가져보는 것은 어떨까? 종교처럼 광범위하고 절대적인 힘을 발휘하자는 뜻이 아니라, 최소한 나보다 약한 사람에게 작은 지팡이가 되어주고 등불이 되어주는 것은 가능한 것이 아닐까. 특히 부모가 어린 자식에게 이런 신화를 만들어 준다면 평생의 힘이 될 신앙과 같은 것이 생길 것이다. 이를테면 이런 것들이다.

"애야. 널 가졌을 때 커다란 용이 여의주를 물고 뱃속으로 들어오는 꿈을 꾸었단다. 넌 용처럼 하늘을 날아오를 거야."

"널 가졌을 때 백일기도를 드렸더니 꿈에 신령님이 나타나 말하기를, 섬진강에 나가 자시에 거북을 방생하라 이르더라. 그렇게 했으니 그 거북이 평생 널 지켜주실 거다."

"넌 어려서 기억할지 모르지만 아빠가 술이 취해 몸을 가누지 못하고 비틀거릴 때 다섯 살 네가 몸을 던져 아빠를 부축하더라. 엄마는 그때 널 보고 너무나 감동 받았단다. 어려운 사람을 돕고 효심이 깊은 네가 자랑스러워."

세 번째 얘기는 실제로 필자에게 있었던 일이라서 아들에게 들려준 기억이 있다. 흘려버려도 좋을 작은 얘기들일지 모르지만, 아이들에게는 평생 잊지 못할 각인처럼 새겨져 어느 순간에 적지 않은 힘을 발휘하는 동기가 된다. 신화 같은 거창한 이야기가 아니라도 좋다. 작지만 서로 공감할 만한 이야기이면 그것으로도 충분하다.

그런 신화는 남이 아닌 자기 자신을 위해서도 필요하다. 나는 그런 신화 따위는 없이 비참하게 살아온 사람이라고? 아니다, 그렇지 않다. 스스로 지난 인생을 돌아보면 신화 몇 개쯤 갖지 않았던 사람은 한 명도 없다. 너무 자신을 낮춰보지 말자. 당신이 지금 이 시간까지 살아왔다면 그 동안 어떤 기적들이 분명 있었다. 남들이 다 인정할 기적은 아니더라도 어쩌면 기적 이상의 힘을 발휘하며 건너왔던 위대한 순간들이 있었을 것이다.

"그래, 난 그때 정말 열심히 했었어… 사실 난 맘만 먹으면 뭐든 할 수 있는 놈이야. 난 누릴 자격도 있어."

자신이 살아온 역정 중 가장 자랑스러운 부분을 꾸미고 부각시켜 자신만의 신화로 만들어 마음 한편에 자기만의 동상을 세우는 것이다. 자신이 잘 나갈 때나 일상이 평화롭게 유지될 때는 그 따위 신화가 위력을 발휘할 리 없겠지만, 힘들고 어려워졌을 때 이런 신화를 갖고 있는 사람과 없는 사람의 차이는 매우 크다. 그러니, 자식들을 위한 그리고 나 자신을 위해 신화를 만들어 보자!

화를 내지 않는 삶

사람이 화났을 때 나온 입김을 응축해서 그 액을 동물에 주사했더니 즉사했다고 한다. 얼마나 신빙성이 있는지 모르겠지만 그만큼 화 나있을 때의 기운은 독이나 다름없다는 얘기다. 그런 독을 늘 몸에 품고 산다면 어떠할까. 그런 울화를 해소하지 않고 안으로 삭인다면 내장부는 또 어찌될까? 또한 화가 났을 때는 피가 산성으로 바뀌어 면역력이 약해지면서 나쁜 세포들의 활동이 활발해진다. 그래서 화는 만병의 근원이라 하는 것이다.

화가 나면 긴장하고 스트레스 수치도 급격히 높아진다. 결국 화는 극대치의 스트레스를 수반한다. 그러므로 화가 나서 스트레스가 올라가면 바로 풀어버리는 것이 제 몸을 위해서는 좋겠지만, 화를 발산하면 그것이 남에게 피해를 주는 것이니 아예 생기지 않도록 하는 게 최선이다.

화는 대체로 어떤 상황이나 어떤 사람의 행동이 내 기대에 미치지 못할 때 일어난다. 특히 그 상황이 사람을 급박하게 만드는 것이라면 머리

가 돋을 정도로 화가 난다. 따라서 기대치를 낮추고 살아야만 화가 덜 난다. 하지만 사회생활 하다 보면 화를 내지 않는다는 게 말처럼 쉬운 일이 아니다. 남의 돈을 벌려면 내 뜻대로만 할 수 없고, 남들과 어울리다 보면 자연 비교하게 되고 그 과정에서 속도 상하고 화도 나게 마련이다. 무심하게 마음먹겠다 다짐해도 그게 쉽지 않다. 조직 생활을 하고 일에 급박하게 쫓기다 보면 그런 다짐은 어느새 잊어버리게 된다. 그래서 얼굴은 굳어지고 웃음도 잃어가고 내장도 굳어가서 병이 생기는 것이다.

일단 화가 나면 무작정 참으려고만 하지 말고 화가 난 그 이유를 유심히 분석해 볼 필요가 있다. 화가 나있는데 차분히 분석하겠냐고 반문할 수 있지만, 이것도 연습이니 하다 보면 습관이 된다. 조건반사적으로 화내기 전에 곰곰이 상황을 분석해 보라.

서울로 가는 길이나 방법은 여러 가지다. 꼭 내가 생각하는 방법으로 가지 않아도 된다. 비록 내 방법이 좀 더 효율적이고 빠르다 하더라도 조금 늦은 방법으로 서울로 가도 세상은 별로 바뀌지 않는다.

예를 들어 답답하게 주차하는 여자들을 보며 혀를 차는 사람이 주변에 많다. 여성들은 주차할 때 몇 번이고 차를 움직인다. 한 번 만에 능숙하게 주차하는 남자들은 답답할 것이다. 하지만 주차능력 무딘 여성들이 살아가는 데 큰 문제가 있는가. 다들 아무 일 없이 잘 살아간다. 주차 좀 미숙하다고 문제 될 것 하나도 없다.

조직 생활의 경우에 속도와 효율만을 따지다 보면 자연히 좀 더딘 사람에게 화를 낸다. 하지만 지나고 보면 사실 별 문제가 되지 않는다. 화를 내서 아랫사람과의 관계가 경색되면 오히려 조직의 목표를 달성하는 데 있어 성냄이 저해요인이 된다. 느리게 가는 것 같지만 그 길이 더 행복하고 결과도 크게 나쁘지 않다는 것이다.

화를 내는 또 하나의 이유는 자존심 때문이다. 자존심은 자기 스스로를 존중하는 마음이지 남이 만들어 주는 것이 아니다. 따라서 자존심 때문에 화를 내는 것은 어불성설이다.

무공의 절정고수는 그 무공을 안으로 갈무리하여 함부로 드러내지 않는다 하였다. 진정으로 자존심 강한 사람은 자존심이 없는 것처럼 보인다. 어린애에게 자존심을 세우려고 하는 사람은 없지 않는가. 내가 어른처럼 큰 마음을 먹으면 자존심에 연연하지 않는 법이다.

하지만 수목은 고요하고자 하나 바람이 끊이지 않는 게 사람의 삶이다. 주위의 환경이 나를 가만두지 않으니 웬만한 수양만으로는 이겨내지 못하는 것이 현실이다. 그래서 환경이 중요하다. 남과의 비교나 경쟁에서 자유로운 환경에 있다면 자연히 화낼 일도 없어진다.

시골에서는 느긋하게 농사짓다가 시간이 나면 맘 편한 이웃 골라서 만나고 거북한 상대는 대충 지나치면 된다. 지출 경비를 줄여서 돈에 대한 부담을 줄이고 살면 굳이 수양하지 않아도 크게 화낼 일도 스트레스도 받지 않으니 대충 도인이 된다.

그렇게 살면 재미가 있냐고 할 지 모르지만 스트레스가 충만하여 복잡하게 살 때가 재미있었던지 자문해 보라. 나이가 들면 새롭고 신기한 것에 재미를 느끼기 보다는 변하지 않고 안온한 것에 깊은 맛을 느낀다. 산을 벗 삼고 구름과 마주보고 산새와 얘기하고 철철이 피어나는 금은화, 찔레꽃, 들국화, 산목련과 데이트하면 나름의 재미가 쏠쏠하다.

더구나 귀농한 사람들은 생각이 비슷하기에 만나보면 대부분 공감대가 형성된다. 굳이 남의 일에 간섭하지도 관여하지도 않고 존중한다. 나이도 별 상관하지 않고 성별도 대충 중성으로 되어 남녀가 어울리는 게 도시에서처럼 그렇게 어렵고 조심스럽지 않다.

맘 편하다는 것. 나이가 들수록 편안해져야 하지 않겠는가. 억지로 화를 삭이는 게 아니라 자연스레 화가 없어지는 것, 그것이 시골의 삶이다.

충만한 삶

맥박 측정기가 100에서 140으로 갔다가 서서히 100, 80, 60, 40으로 떨어지면서 삐~ 소리와 함께 화면에 일직선이 지속되면 의학적인 사망이다. 그런데 맥박이 50 정도로 가늘게 유지만 되고 있다면 의학적으로는 살아있다 하겠지만 진정한 의미로 살아있는 것일까? 생체 에너지가 극히 미약하여 거의 사망한 상태나 다름없다. 살아도 살아 있는 게 아니다.

의식의 생체에너지에도 같은 이야기를 할 수 있을 것이다. 의욕이 넘치고 행복감이 충만하여 얼굴이 환한 사람과 의욕을 잃고 흥미도 잃고 멍하니 넋을 잃고 있는 사람과는 어떤 차이가 있을까. 육체는 살아있으되 정신의 생체에너지는 미약하여 반죽음 상태나 다름없다. 이 경우 그 육체가 인지하길, 정신이 거의 죽어가고 있으니 육체도 서서히 죽어가야 한다고 여길 것이며 결국 그렇게 될 가능성이 농후하다. 정신의 방향대로 육체가 따라가며 병들어 가는 것이다. 살아도 살아있는 게 아닌 상태가 되는 것이다.

 사람마다 정신의 에너지 상태에 따라 육체가 지각하는 방향이 달라지기에 이러한 차이가 곧 건강에 상당한 영향을 줄 수밖에 없다. 사랑하면 예뻐진다는 얘기나 일소일소 일로일로라는 얘기는 비유적인 표현이 아니라 진실에 가까운 얘기다.

 사람이 숨 쉬고 생활한다고 하여 오롯이 살아있다고는 말할 수 없다. 똑같은 100살을 산다고 해도 살아서 어떤 정신 에너지 상태로 시간을 보내느냐에 따라 전혀 다른 삶이 된다. 무기력하게 보내는 시간, 웃지도 않고 경직되어 보내는 시간은 죽음에 가까운 상태이고, 매사 의욕적이고 활발하며 미소 짓는 상태는 삶이 충만한 상태다.

 어차피 살아가야 할 삶이니 이왕이면 행복하고 충만하게 살고 싶지 않은가. 여러 가지 등짐에 파김치가 되는 도시생활보다 봄이면 피어나는 야생화처럼 시골의 삶에는 생기와 충만함이 있다.

봉창

조동진

봉창에 스민 달빛
보자기 만들어

소쩍새 소리 담고
찔레꽃 향기 담아

고운님 오시는 날
술잔에 띄우리라

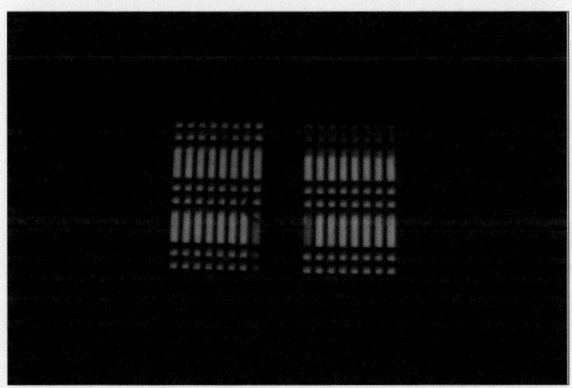

제4장 시골살이의 마음산책

귀농귀촌, 알아야 할 88가지

1판 1쇄 펴냄 2013년 7월 25일
1판 2쇄 펴냄 2014년 1월 15일
개정판 1쇄 펴냄 2016년 2월 25일
개정판 2쇄 펴냄 2019년 8월 25일

지은이 조동진
발행인 정현수
디자인 나승영

펴낸 곳 심포니
등록 2007년 11월 8일 경주 제 2015-000009 호
주소 경북 경주시 외동읍 앞등길 99-8
전화 070-8806-3801 **팩스** 0303-0123-3801
이메일 jhs20020@naver.com

ⓒ조동진 2013
ISBN 978-89-93173-51-2 (03300)
값 16,000원

이 책은 저작권법에 따라 한국 내에서 보호를 받는 저작물이므로 무단 전재 및 복제를 금합니다.
이 책의 국립중앙도서관 출판시도서목록(CIP)은 www.nl.go.kr/ecip에서 이용하실 수 있습니다.
(CIP제어번호: CIP2013011489)